宁德商帮
发展启示录

周建波 孙秉南◎著

知识产权出版社

全国百佳图书出版单位

图书在版编目（CIP）数据

宁德商帮发展启示录/周建波，孙秉南著. —北京：
知识产权出版社，2017.5
ISBN 978-7-5130-4800-2

Ⅰ.①宁… Ⅱ.①周… ②孙… Ⅲ.①商业史—研究—宁德 Ⅳ.①F729

中国版本图书馆 CIP 数据核字（2017）第 049902 号

内容提要

本书作者从宁德独特的地理自然环境、丰厚的社会人文传承出发，以社会、政治、文化、经济为背景，深入剖析了宁德商帮在不同时期的发展历程，并且最终将目光延伸到这个商帮陷于困境的现在。在指出了造成这种困局的内外原因之后，又为其展现了光明的前景。本书作者不局限于对宁德商帮发展的关注，还对晋商、徽商、温州商帮、日本综合商社等进行了综合的研究、比较，因此本书具有普遍的意义和极大的价值。

责任编辑：杨晓红　　　　　　　　　　责任出版：刘译文
封面设计：李志伟

宁德商帮发展启示录
周建波　孙秉南　著

出版发行：知识产权出版社有限责任公司　网　　址：http://www.ipph.cn
社　　址：北京市海淀区西外太平庄 55 号　邮　　编：100081
责编电话：010-82000860 转 8114　　　　责编邮箱：1152436274@qq.com
发行电话：010-82000860 转 8101/8102　发行传真：010-82000893/82005070/82000270
印　　刷：三河市国英印务有限公司　　　经　　销：各大网上书店、新华书店及相关专业书店
开　　本：787mm×1092mm　1/16　　　印　　张：16.5
版　　次：2017 年 5 月第 1 版　　　　　印　　次：2017 年 5 月第 1 次印刷
字　　数：300 千字　　　　　　　　　　定　　价：39.00 元
ISBN 978-7-5130-4800-2

推荐序一

看了周建波教授领衔的团队为福建"周宁商帮"立传的这部著作，我禁不住要为他们的这部极有价值的成果点赞。

在中国近现代历史上，明清晋商、徽商、粤商和浙商等"十大商帮"为人所称道。改革开放以来，在新的时代条件下，以自然地域、宗族关系为纽带，以相互支持、共谋发展为特点的"联合体"纷纷涌现，尤以粤、浙、苏等地"新商帮"著称于世，它们是改革开放的产物，又为改革开放做出了突出贡献。现在，人们看到了，在这些人所共知的商帮或联合体以外，还有一个同样值得大书特书的福建"周宁商帮"，从而为改革开放画卷填补了一项空白。

可贵的是，作者对周宁商帮的前世今生做了详尽的评述，使人们对这个经济联合体有了立体的了解。独特的地理自然环境、丰厚的社会人文传承，曾经怎样地创造了周宁商帮历史的必然和辉煌；出于人所共知的原因，这个商帮在新中国成立以后的一个长时期，不可阻挡地消失于闽北崇山之中；改革开放的春风又怎样地唤醒和催生了新的周宁商帮；然而，作者没有止步于重温其崛起并取得辉煌的历史，而是将目光一直延伸到这个商帮陷于困境的现在。在指出了造成这种困局的内外原因之后，又为其展现了光明的前景——当然，关键是能否抓住改革开放的新格局和新机遇，例如"一带一路"；还在于能否继续发扬创新的精神，跨出新的步伐。可以说，周宁商帮是一个个例，可是从历史到现实，从成功到挫折，再到对其在新的时代条件下再次崛起的期待，都具有典型的普遍意义。这部作品最大的价值就在于此。

在中外经济史研究中，无论是单纯考据、排斥理论，还是在以论带史旗号下，扼杀真正的历史研究，都是不可取的。将历史研究与理论阐释相结合，是该书的一大特色，因此阅读本书不仅能让人兴趣盎然，同时又给人理性分析的启发和指引。要做到这一点，除了其他条件之外，长期深入反复调查研究是必不可少的，这同眼下在功利主义驱使下出现的某些粗制滥造的速成之作恰成鲜明对照。再说一句，该书体现的优良作风对于人才培养也是非常有利的。有理由期待并相信，周建波教授指导和带领的学术团队，在今后岁月中创造出一项又一项优秀的成果。

晏智杰

2017.3.23

晏智杰：著名经济学家，曾任北京大学党委常委、宣传部长、经济学院院长。在西方古典经济学、新古典经济学的研究方面有深厚的造诣，首倡"多元要素价值论"，为党的十六大做了理论准备。

推荐序二

最近我有幸拜读了周建波教授的新作——《宁德商帮发展启示录》。本书展示出一幅波澜壮阔的宁德地区商贸发展的浮沉画卷。这是一部宁德地区的商贸经济发展史，更是一部中国现代商贸经济的发展史，对我国改革开放三十多年后，在新的形势下，如何办好企业具有很大的指导和借鉴作用。我真诚推荐大家去读一读。

凡是走上创业之路的人，谁不想成为能够带领企业久盛不衰的企业家？但企业究竟怎样才能久盛不衰，包括我在内的很多人都比较迷茫。生活中，很多人没有长远目标，缺乏睿智的眼光，形不成系统的经济发展理论，缺少再创新高的目标，或是盲目乐观，盲目扩张和转型，让自己多年的辛苦积累付之东流，把自己变成向银行还债的重大债务人；有的企业，资金积累足够三代人用，可是却背上六代人都还不清的债务；还有很多企业，虽然开始发展迅猛，可是昙花一现，最后逃脱不了"三十年河东，三十年河西"的残酷咒语。因此，要想让企业走长盛不衰之路，就需要不断地学习，走持续的读书和学习之路，不断地丰富自己的商业智慧。周教授在这部新作中，把企业家碰到的困境和问题非常深刻地归类总结出来，同时，把如何解决这些问题也写得淋漓尽致，给企业家指明了方向。

当然，经济理论类的书不同于文艺小说那样引人入胜，读经济类的书有时会感到枯燥乏味，然而要当个企业家，就非读经济理论不可。周教授的这部书一气呵成，大气磅礴又细致入厘，读着既有"黄河之水天上来，奔流到海不复回"的磅礴之感，又有"君不见高堂明镜悲白发，朝如青丝暮成雪"的悲叹之感；既有"随风潜入夜，润物细无声"的喜悦之感，又有"山穷水尽疑无路，柳暗花明又一村"的豁然开朗之感。这本书，让我的心境跌宕起伏，如诗如歌，让我想到了企业初创时的激情，团队协作时的温情，企业成功后的豪情，企业滑坡时的危情……

是呀，企业初创时，企业家是抱着咬定青山不放松的精神，这时搬一座山都不难。然而，一旦成功就放松了警惕，连围一堵墙都难。在不经意间，很多企业家的硕果丢了，钱流光了，企业倒闭了，事业烟消云散了。然而，随着年龄的增长，想再爬起来追上长跑的人，已力不从心了。走在路上的企业家们，打开一扇门易，但稳中求进、大步向前走出去难。这些难解难分的问题，周教授都讲到了，这里我不举书中实例，还是读者自己去看吧。

办企业最难的不是初创时低三下四去求人，饿着肚子去办事，遭到别人白眼鄙视；最难的是成功之后如何保持冷静，如何提高危机意识，如何避免产生浮躁、自大、自狂等阻止人前进的行为。这时，成功往往变成了失败之母。我从周教授的书中深刻体会到了这些！比如周教授说宁德地区的钢贸企业，有三高：高利润，高风险，因此要高防范。高利润往往让人忘记高风险，埋伏着的高风险又被高利润抬高着，这时如果没有高防范的措施，企业将一步步滑下去，这正印证了"高处不胜寒"的道理。周教授在这里引用了《老子》的话："祸兮福之所倚，福兮祸之所伏"，劝诫企业家一定要深谙其道。

毛泽东主席曾经说："没有文化的军队是愚蠢的军队。"而今，没有文化的企业家将只会昙花一现。周教授的这部长篇巨著，细说了宁德商帮的沉浮，然而，作者又岂止在讲宁德商帮？我从中看到了企业家顽强拼搏的精神，看到了血和泪的教训，看到了企业家面对困境的坚定与坚韧，看到了企业家坚持创新的艰难……

读周教授的这部著作，让我有一种"梦里寻她千百度，蓦然回首，那人却在灯火阑珊处"之感。当我们在危机中苦苦寻求新发展思路时，周教授这部新著将是一盏现成的指路明灯，让我们豁然开朗，于灯火阑珊处找到目标。

这本书还让我感受到，做企业一定要有家国情怀。要有坚定的爱国主义思想，有关心社会，关爱家乡发展的责任心，只有这样，我们企业家才有发展的希望。国家兴，则民族兴、企业兴；国家富，则民族富、企业富；国家强、民族强，企业和企业家才会有尊严。宁德地区企业家在兴旺发达时期，不忘为国家、为社会、为家乡做贡献，所以在他们遇到困难时，国家没有抛弃他们，社会依旧关心他们，方方面面都对他们表示出关心，让失意的企业家感到温暖，让下坡的企业家重新定位，走转机之路。这就是企业家爱国、爱社会、爱家乡的温暖回报。

本书的最后，周教授画龙点睛，告诫企业家要重视学习，要高度重视企业文化建设，特别提到打造文化品牌，增强商帮软实力的两大课题：继承传统，打造企业文化和努力承担社会责任。周教授讲得入情入理，讲到了我们企业家的心坎上，本书真正体现出：商天下，文引航，这的确值得每一个企业家去认真学习和思考。

储吉旺

2017 年 3 月 29 日

储吉旺：宁波如意股份有限公司董事长，全国优秀退伍军人，全国慈善最高奖——中华慈善奖获得者，中国作家协会会员，北京大学经济学院校外导师，曾多次随胡锦涛、温家宝、习近平等国家领导人出访，是一位集企业家、慈善家、作家于一身的传奇人物。

前　言

在改革开放 30 年的历史上，福建省宁德市可谓一个响当当的品牌，以至媒体有低调的"宁德商帮"之说。仅以宁德市下辖的周宁县为例，该县 20 万人中，有一半的人在外做贸易，其中主要在以上海为中心的长三角，大约有 8 万人，而且做的普遍是钢材贸易，几乎垄断了该领域的全国市场，在相当长一段时间内，他们的价格成为行业的风向标。截至 2012 年，周宁籍商人在上海创办的大型钢材市场已有 30 多个，经销钢材的企业遍及上海各个区域。若把上海周边的昆山、苏州、无锡、江阴等地都算上，周宁籍商人创办的大小钢铁流通企业有 5 000 多家，年销售总额达 800 亿元，年创利税达 30 多亿元，成为上海闽商圈内一支重要的引擎力量。

一、周宁商人何以走上了钢贸的道路

为什么宁德人普遍走上了与钢材贸易相关的道路？这就与历史传统有关了。俗话说，靠山吃山，靠海吃海，靠传统吃传统。还是以周宁为例，从县志和有关老人的介绍中可以看出，从明朝起，这个县就有发挥山区特长、炼铁、外出补锅以及销售山珍、药材的传统，成为农业的有力补充，以致越来越多的人走上外出经商的道路。即使新中国成立后阶级斗争抓得最厉害的六七十年代，这一外出经商的传统仍在偷偷摸摸中进行，始终没有中断过。周宁人一直延续着外出经商的传统，而改革开放则为这一传统带来了新的契机。改革开放后，随着农业联产承包责任制的成功，一方面富裕后的农民要走出乡村，将过剩的产品贩向城市，另一方面收入不断提高的城市市民也有能力购买农民的产品，于是城乡之间形成良性交换系统。而经济发展自身会不断产生新的需求，这就为进城兜售农副产品的农民不断提供新的发展机会，并最终成为城市市民。

城市化带来了更多的贸易机会，同时增长的还有投资。对周宁人来说，城市建设，尤其是交通、通信基础设施以及房地产业的快速发展，将它们炼铁、补锅的优势充分发挥，以至短时间内发展起一个在全国产生重要影响的钢贸产业，并将全县一半的人口吸引到了外地，成为县财政的重要支柱。换言之，正是得益于城市化的快速进行，才有了以周宁为代表的宁德商帮的大发展。从时间线索而言，最初城市经济的发展、市民生活水平的提高，推动城市建设出现改造浪潮，这对从事炼铁、补锅的周宁人来说，无疑提供了大发展的机会。此后，城市经济的进一步发展，人民生活的不断提高，推动各地纷纷大兴土木，由此迎来了包括交通（机场、铁路、公路等）、通信以及房地产在内的城市化的快速发展，这对周宁人来说不仅意味着市场的进一步扩大，还进一步强化了他们在钢铁贸易方面的竞争优势，以至产业越做越大。以空间视角而论，地理位置的便利使得周宁人在 20 世纪 80 年代主要往西南走，到改革开放的前沿，最先富裕起来的珠三角地区发展；及至 90 年代，随着浦东的开放，苏南乡镇企业，浙江私人企业的发展，以上海为中心的长三角迅速发展起来，周宁人在巩固珠三角市场的基础上，利用地理位置之便掉头北上，在以上海为中心的江苏、浙江等地迅速发展起来，出现了许多有影响的企业家，如周华瑞、魏明生、郑长地、肖家守等。例如，邓小平南方谈话刚发表时，无锡龙之杰控股集团有限公司董事长郑长地还在家乡开着 5 吨的东风车搞长途运输呢！因为经常有机会运货到上海，上海的广阔市场、浦东大开发的历史机遇，令他产生了到上海创业的雄心壮志，这才有了全国知名的带钢集散中心和带钢价格指数单位的无锡龙之杰钢材市场的诞生。

长三角、珠三角作为中国经济最发达的地区，周宁人在这里站稳了脚跟，也就意味着取得了钢贸领域的全国市场的发言权，这就是 2012 年之前周宁商人在全国名声鹊起的原因。

二、周宁商帮繁荣背后的阴影：对空间市场转移重视不够

俗话说，隔行如隔山。要从事一个行业，必须了解该行业的特点。据笔者的考察，第一，钢贸行业与交通（公路、铁路、机场）、通信等基础设施以及房地产息息相关，重复购买周期长，不像油盐酱醋等日用品行业，重复购买周期短，这意味着目前卖得越好，未来卖得便越差，因此该行业的从业者必须做好游走四方，在空间上不断开拓新市场的打算，这是该行业的性质决定的。第二，钢贸行业与基础设施领域的投资息息相关的特点，意味着该行业的从业者，必须时刻关注着政府相关政策的变化，随时准备着向新市场扩张。同时，还要关注着世界经济风云变化所造成的经济周期的变化。毕竟经济高潮期，市场需求强烈，对基础设施的投资大；反之，经济低潮期，市场需求减少，对基础设施的投资随之减少，这对行业的影响是很大的。第三，该行业属于钢铁行业的下游产业，主要做的是贸易而非生产及研发，对技术的要求不高，进入的门槛低，适合力量弱小的民间资本进入。第四，正由于该行业属于钢铁行业的下游产业，产品同质化程度高，是对资金要求甚大的资金密集型行业，这预示着该行业的从业者必须联合起来才能提高竞争优势，相互担保随之产生。而民间资本因为自身力量的弱小，一方面发财欲望强烈，敢闯敢拼，以至于到了无法无天的程度，无疑这大大扩散了风险；另一方面这些民间资本承担市场风险的能力又弱，一旦世界经济危机的时间长一些，或者城市化速度放慢，导致对钢贸的需求下降，这些力量弱小的民间资本很容易因扛不住市场风险而"跑路"，进而连累那些替他们担保的健康企业，这就是造成周宁商帮目前集体性崩塌的原因。并非这些人有意为之，实在是迫不得已。

　　钢贸行业的上述几个特点意味着这是一个利润高，风险也很大的行业。作为该行业的从业者，第一，必须重视空间上的市场扩张；第二，必须关注世界经济周期、国内政策变化对钢贸市场需求变化的影响。第三，必须高度重视风险防范，尤其因相互担保产生的风险防范。笔者认为，对钢贸市场的空间转移重视不够，是导致周宁商帮目前集体性崩塌的根本原因，而这一阴影恰恰孕育在周宁商帮最繁荣的新世纪初。这正应验了《老子》的话，"祸兮福之所倚，福兮祸之所伏"。

中国地理环境的特殊性使得东部地区农业、轻工业发达，西部地区重化工业发达，而东西部地理位置的遥远使得初期东部地区的发展所需要的能源、原材料是建立在与海外交换，即"三来一补""大出大进"的基础上，这意味着初期东部经济的发展必然拉大与西部的差距。而东部经济发展所引致的对原材料、能源需求的越来越大，也使得从海外进口的价格必然越来越高，这意味着开发西部、振兴东北时机的成熟。2000 年，国家提出实施西部大开发战略；2003 年，国家提出实施振兴东北老工业基地战略；2004 年，国家提出实施中部崛起战略，并在政策、资金上予以大力支持。为此，也有不少周宁人跑到西安、沈阳、郑州等地创业，但是地理位置的遥远使得周宁商人不像在珠三角、长三角那样，以规模的力量迅速进入，以致短时间内建立竞争优势，这意味着进入新世纪后的开发中西部、振兴东北以及中原崛起所引发的快速城市化的发展机会，周宁商人并没有把握住。例如，按照媒体所讲的周宁人全县 20 万人口中一般在外地经商，其中 8 万在长三角，这意味着在其他地方的不足 2 万。而从另一方面来说，经过长期的发展，东部地区的交通、通信等基础设施相当完善，即使偶有投入，数量也不大。而基础设施的投资更换周期较长，这意味着主要扎堆于东部地区的周宁商帮必须果断地向中西部地区的新兴市场转移，否则市场的崩塌是迟早的事情。

2008 年经济危机爆发后，为了实现"保八"的目标，避免 4 千万农民工失业带来的社会震荡，国家投入了 4 万个亿，主要集中在中西部地区的交通、通信等基础设施层面。在这种情况下，周宁商帮产业空间布局的缺陷暴露无遗。一方面，对于朝气蓬勃的中西部地区的钢材市场，周宁商人没有着力投入；另一方面，东部交通、通信基础设施的基本完成，更重要的是城市化速度的放慢所带来的房地产的萎缩，意味着对钢材需求的大幅下降。在这种新市场未开发出来，旧市场又严重萎缩的情况下，周宁商人焉能不败！

三、相互担保：压垮周宁商帮的最后一根稻草

　　压垮周宁商帮的最后一根稻草正是他们引以为傲的相互担保。不同于北方企业的超大规模，南方企业的发展用经济学家钟朋荣的话讲，是"小狗经济"，亦即中小企业居多，其优点是创新精神强，弱点是规模小，抵御外部环境打击的能力差，这就需要相互帮助。而南方居民普遍系北方大族南下，聚族而居的特点导致祠堂、祖坟、庙宇众多，能够通过定期不定期的群体聚会建立共同的价值观，便于相互激励和约束，这就为周宁商帮为获得银行巨款而相互担保提供了文化、制度方面的大力支持，他们以"一家出事、其他帮补"方式博得了银行等金融机构的信任，由此大大提高了周宁商帮的竞争优势，使得他们在与同行的竞争中摧城拔寨，凯歌高奏。有统计显示，在大约 8 万周宁人从事的上海钢材贸易市场，他们占据了当地建筑钢材批发市场 70% 的份额。

　　然而，2008 年全球经济危机将周宁商帮市场空间布局的缺陷暴露无遗，昔日有助于增强周宁商帮竞争优势的相互担保，现在则以"一损俱损"的方式成为压垮周宁商帮的最后一根稻草。作为上海钢贸圈带头大哥的周华瑞由此痛苦地认识到，抱团并非只有好的一面。面对上海钢贸业全线崩盘、钢贸商人人自危的困局，周宁人此前屡试不爽的内部"灭火"，已然无法再完成自我救赎。

　　钢材销售不畅以及销售价格的直线下降，促使嗅到了危险味道的银行紧急收贷。周宁商帮起初是打脱牙硬撑着，依靠民间高利贷来还银行的贷款，以维护信誉，而将翻身的希望寄于未来的市场变好上。如果在过去，这种可能还真的存在，因为城市化的快速发展使得钢材的需求很高涨，倘若只是因为政策或其他市场的原因，不长的时间还真的会过去。不过，这一次，周宁商帮失算了。他们遭遇的是市场空间结构的变化，就是再忍耐，再等待，也换不来市场高潮的再一次爆发。在这种情况下，周宁商帮的集体性塌陷就不是偶然的了！

　　从历史上看，明清十大商帮之首的晋商也是因为相互担保而瓦解的，但根本上讲和周宁商帮一样，是因为市场空间结构的变化而遭到致命性打击的。俗话说得好，要想富，先修路。地理空间结构对市场的形成和转化有着非常重要的影响，随着亚欧贸易由以前的路上运输转向海上运输，晋商地理位置的优势顿失，这和目前周宁商帮的遭遇如出一辙。虽说市场总是不以人们意志的转移而变化的，但也是有规律可循的，即总是从先容易开发的地方开始，逐次走向不容易开发的地方。具体到当代中国，钢贸市场的开发顺序是从东南沿海地区开始，走向中西部地区；从大城市开始，走向中小城市和农村；从本国开始，沿着一带一路，走向全世界。只要顺应这一规律，即能长时间地适应市场的需求，从而做大做强。

四、文化素质不高：周宁商帮集体性崩塌的深层次原因

其实，无论晋商还是周宁商帮，遭遇巨大挫折的深层次原因是对文化学习重视不够，以致认识能力欠缺，只能随波逐流，而无力引领时代浪潮。笔者在《成败晋商》一书以及2012年"世界首届晋商大会"的主题发言中提道，就晚清各商帮的基本素质而言，晋商无疑是最高的，他们的员工忙时上班，闲时打算盘学外语，但这些都属于商业基本功的范畴。真正对商业发展影响最大的，还是社会政治、经济、文化演变对于市场需求变化的影响，而这就需要在商业基本功之外，更多地研究人文、社会和自然科学，这样才能更好地把握未来，这就是为什么现在北大、清华的各类企业家、总裁研修班越来越开设人文、社会科学课程的原因。以周宁商帮而言，他们的奋斗精神特别强烈，这与他们家庭作坊式的发展模式有关，对有关商业发展的各种信息都愿意倾听、搜集，但这些还都局限于具体工作的范畴，还未上升到预测市场变化、引领时代浪潮的层面。周宁商帮中也出现过一些大企业家，如周华瑞、魏明生、郑长地、肖家守等，但他们和那些小企业家一样，仍然更多地关注微观具体工作层面，而没有上升为关注全球经济发展，关注中国经济发展以及政治、文化、科技、人口环境变化对于钢材市场的宏观影响层面，无疑这限制了他们的思维。而人无远虑，必有近忧，事实上，我们在2011年暑假赴上海、无锡、苏州、西安，以及宁德等地考察的时候，他们也流露出对未来的恐慌，也在思谋变化。并且做这个课题本身也是他们思谋变化的一部分。只是他们的担心来得太早了些。2011年的暑假调查刚结束，还未进入到写作状态时，到11月份即传来了周宁商帮遭遇严重挫折，有可能全军覆没的信息，这导致原来课题规划的好些内容不得不调整，也使得出书的计划一拖再拖，直到目前。

也有一些周宁商人抱怨，正是2008年经济危机后国家4万个亿的投资计划最后害了他们。周宁商人肖传新回忆说，"四万亿后，银行握着巨额的信贷业务，都为钱找出路而发愁。当时中央要求银行业加大对中小企业的扶持力度，钢贸公司因从业人数少，属于中小企业范畴之内，但钢贸行业又是一个资金密集型行业，一旦贷款就是上千万。这种行业的特质受到银行的青睐，就在这间办公室内，各银行行长纷纷来拜访，希望我们能贷款，帮助他们做大业务。"叶子青回忆那段疯狂的时光时也说，当时银行行长都跑到福建商会的会长办公室，准备好文件让会长签字。他概括出"六个只要"。"只要会长签字，担保后授信规模就能达到8亿元；只要有钢材市场，有担保，国内银行都给商户贷款；只要钢材市场的老板签字担保，银行就能放款1亿元到2亿元；只要有福建人进入外地钢贸市场中，用担保贷款，都能融资成功；只要有交易平台和仓单，都能变相融资；只要是闽东人，就能申请信用卡，都是100万元起步。"

这种模式放大的结果就是钢材市场在长三角遍地开花，钢贸企业成为一些地方政府招商引资的座上宾。"占地少，资金量大，利率高，能带动银行业和GDP的发展，甚至出现专门为钢贸企业服务的支行，双方进入紧密合作期。"不过，正是这建立在大量优惠条件基础上的高数额贷款，最后害了周宁商人。正如前面所分析的，东部地区城市化速度的放慢意味着对钢材需求的大幅萎缩，而金融市场对钢材信贷的急剧扩张则意味着市场供应的大幅增加，"在2010年左右，钢贸市场在江浙一带遍地开花，在江苏、连云港甚至出现

13个钢贸市场",由此必然造成市场的不振,销售价格的一路下滑,而银行的紧急收贷只能让周宁商人欲哭无泪,欲喊无声,忙了半辈子,最后反欠了一屁股债。

对于上述议论,笔者很能理解,并予以充分的同情,但决不认同。早在1937年,毛泽东在《实践论》中就谈到过对待外部信息的正确态度是"去粗取精,去伪存真"。一者,别人的劝说终究是外部因素,最终作决策的还是自己;二者,别人提供的无论乐观还是悲观,好还是坏的信息,终究还要经过自己脑袋的加工后才能得出结论。如果作出的是正确的结论,则结局美好;反之,则结局悲惨。俗话说,"听话要听音,敲锣要听声"。说话的人除非是诽谤,否则是不承担责任的,承担最终责任的是听话的人,这用民间的话说,就是"不会听话"。说到底还是自身认识能力有限,不能够做到知己知彼,不然古人为什么老说"知己知彼,百战不殆;知己不知彼,一胜一负;不知己不知彼,每战必殆"呢!

另外,人这一生在前进的过程中要经受各种考验,其中最重要的是孟老夫子所说的"贫贱不移,富贵不淫,威武不屈",而"贫贱不移""富贵不淫"也可用生活中常说的"骂杀"和"捧杀"来反映。当一个人不成功时,很难得到社会的信任,各种资源自然也不会向他倾斜;而当他一旦成功,成为社会拥戴的英雄时,各种资源遂源源不断地向其倾斜,套用经济学的话,这就叫"资源向有效率的方向配置"!对周宁商人来说,固然要过贫穷关,更要过成功关、荣誉关。当周宁商帮成为响当当的品牌,以前连想都不敢想的各种资源源源不断地涌来时,如何保持清醒的头脑,在各种各样的诱惑中不迷失道路,就成为周宁商帮必须要面对的问题。

《易经》云:"法久则弊,变则通,通则久。"《老子》说:"柔能克刚,弱能胜强"。笔者相信经过这番考验,在市场的摸爬滚打中积累了许多经验,有强烈的吃苦精神,不甘服输的周宁商帮一定会觉悟起来,一定能够走出逆境,这姑且也算是市场这个老天爷对他们的考验吧!毕竟大势没有变。中国蒸蒸日上这个基本格局没有变,中西部地区,尤其是中国走向世界的"一带一路"战略对基础设施的投资需求强烈,这就对钢材市场的发展提出了高要求。只是钢材贸易发展的市场空间格局在变，正从东部地区走向西部地区，正从本国走向国外，这对周宁商帮提出了高文化素质的要求，不能再像过去那样仅仅局限于商业基本功的要求，而是要继承人类文明，既要做好同不同文化地区民众进行交易的准备，更要做好迎接全球市场变化，预测未来市场走向，引领时代浪潮的准备，这才是周宁商帮二次创业，再次崛起的保证。

五、致谢

本课题是应江苏大华国信资信评估有限公司总裁孙秉南先生的要求而开展的。孙总是北大经济学院与美国管理科学技术大学合作的 2010 级项目管理研究生课程班的学员，我有幸给他上过《儒墨道法与现代管理》《成败晋商》两门课程，他对民族文化，对经济发展、制度变迁的影响，尤其是对明清商帮文化表现出浓厚的兴趣，这也是他要与我就"福建宁德商帮文化及成长转型"课题进行合作的原因。当时我孤陋寡闻，还没怎么听说过宁德商帮、周宁商帮，对钢贸这个行业也不是很了解，但我同样表现出很浓厚的兴趣，毕竟这是传统商帮文化在新时代下的延续和继承，很有研究的价值。这样双方一拍即合，并于 2011 年夏天组织了 5 个小组，有 26 名学生参加社会调查，其中我带的小组赴福建宁德，秦雪征老师带的小组去江苏苏州，李绍荣老师带的小组去江苏南京，杜丽群老师带的小组去上海。研究生叶淏尹同学带的小组去江苏无锡，牛雪同学带的小组去陕西西安。我们在各地受到了以周宁为代表的宁德商人，比如周华瑞、魏明生、郑长地、肖家守等的热情接待，当然从他们身上也学习了很多。比如，我所带领的赴福建宁德小组即受到宁德市政府、周宁县委、县政府的热情接待，周宁商帮的杰出代表，无锡"友谊钢贸城"的开创者魏明生先生更是亲自给我们讲述创业和发展的经历，陪我们去他的家乡礼门乡考察，并数次宴请我们。考察期间，正赶上魏总的公子，无锡"友谊钢贸城"总经理魏翰晖先生带着妻儿回乡探亲，相谈尽欢之余，又接受小魏总的邀请，于 9 月份专程赴无锡进一步考察。应该说，没有以宁德市委、市政府，周宁县委、县政府，以及无数的宁德商人的大力支持，这本书是无法完成的，在此一并致谢！

在此还要特别提一下这个课题的另一位大力支持者李忠强先生。李先生是一位普通的周宁钢贸商人，他有着强烈的家乡情结，积极支持该课题的研究。起初他和孙秉南先生是本着好好总结周宁商帮模式的目标来开展这项研究的，到后来周宁商帮遇到严重挫折，他又本着好好总结成败，以图东山再起的目标开展这项研究。其实，在这场严重的灾难面前，李先生的企业也受到沉重打击。我跟他交流的过程中，每每说到周宁商人目前遇到的严重困难，他都忍不住痛哭失声，令人唏嘘不已。

在这里还要特别感谢北大经济学院的秦雪征老师。秦老师是北大经济学院的青年才俊，科研能力非常强。他本科即是北大经济学院的学生，后到美国留学，获得博士学位后又回到北大经济学院任教。宁德商帮课题的设计就是他负责的，其后又参与调研、写作，审阅文稿，为本课题的完成做出了巨大贡献。按常理，秦老师应该署名的，但秦老师做好事不留名，反复说自己只是对这个课题本身感兴趣，帮大家一个忙而已，在此特别向秦老师表示感谢。北大经济学院的优秀毕业生叶淏尹女士对全书的文字进行了加工，在此一并致谢。

尽管调查结束不久即接到周宁商帮遭遇严重挫折的消息，但正如前面所说，中国蒸蒸日上的大局没有变，开发中西部、东北振兴以及一带一路战略均需要大量的基础设施的投资的格局没有变，变化的只是市场空间格局的调整，因此周宁商帮仍有着远大前途。司马迁说，"天将降大任于斯人也，必先苦其心志，劳其筋骨，饿其体肤，空乏其身，行拂乱其所为，所以动心忍性，曾益其所不能。"我相信周宁商帮经过这一番沉痛的教训，一定会觉悟过来，一定会在重视商业基本功的同时，更重视对人类文化传统的继承和学习，这样他们才能再度辉煌地崛起。让我们拭目以待。

周建波

2017.3.15 于北京大学

目　录

第一部分
宁德地区的基本情况

第二部分
宁德商帮发展之路

第三部分
前景与转型

第一部分

宁德地区的基本情况

本部分重点介绍宁德地区的基本情况，包括基本环境、家族制度和当地的人文精神与文化传统。通过介绍，宁德地区的基本面貌跃于纸上，有助于了解宁德商帮在全国各地建立市场模式的背景情况。

第一章　宁德地区的基本环境

一、宁德地区的自然环境与经济概况

1. 自然环境

宁德市位于福建省东北部，地处洞宫山脉南麓，鹫峰山脉东坡，东面濒临太平洋，中北和中南部又有呈北东—南西、西北—东南走向的太姥山和鹫峰山延伸的天湖山两条，构成了沿海多山地形。地貌主要特征是地势西北部高，东南部低，中部隆起，大致呈"M"形梯状地势；地表切割强烈，水系相当发达，溪河纵横交错，水能资源丰富；海岸线蜿蜒曲折，港湾众多而深浚，岛屿星罗棋布。由于山峦重叠，岩石构造不一，以及海拔高低悬殊，形成地域气候差异，有利于各种动植物生存，以及人们对自然资源的开发利用。西部中山地区山坡陡峭，基岩裸露，悬崖绝壁，沟谷纵横，急流飞瀑。东部沿海一带以低山丘陵为主，海拔 200～600 米。但其间也有异峰突起之处，如福鼎太姥山，海拔 917.3 米，山体由燕山晚期的钾长花岗岩构成，是福建省最佳风景区之一。

宁德全市土壤类型丰富多彩，共分红壤、黄壤、山地草甸土、紫色土、湖土、滨海风沙土、水稻土、盐土八大类，续分为 20 个亚类，50 个土属，58 个土种。在各土类中红壤和黄壤分布最广，红壤有 1 170.15 万亩，占总面积的 57.99%，黄壤有 298.66 万亩，占总面积的 14.8%。在耕地土壤中水稻土分布最广，共有 171.639 万亩，占总面积的 8.51%。全市土壤养分偏低且偏酸性，表现为PH值偏低及土壤中全氮、全磷、全钾及速效磷钾中多数含量偏低。土壤分布状况随地形而改变，也因土壤受侵蚀及气候植被和人为长期生产活动影响，土壤既呈现出地带性分布，又呈现有区域性分布的特点。

宁德市属中亚热带海洋性季风气候，光能充足，热量丰富，雨水充沛，境内局部地区具有包括南亚热带或北亚热带，以及南温带等多种多样的农业气候类型。全市各地年均气温为13.4℃～20.3℃，日平均气温≥10℃，每年无霜期为206～323天。各地多年平均降水量1 250～2 350毫米，年平均降水日160～210天，是全省多雨地区之一。降水分布趋势，一般是山区多于沿海，平地少于山地。本市主要农作物生产季节的4—10月降水量多年平均1 200～1 600毫米，能满足作物耗水需要。全市多年平均≥10℃期间的干燥度为0.62～1.24，蒸发量1 080～1 050毫米，相对湿度为79%～83%，一般是干燥度、蒸发量沿海高于山区，相对湿度山区大于沿海。

宁德境内水系发达，河流密布，较大的河流有24条，流域总面积为1.19万平方公里，占全市土地总面积的88.46%。其中最大的交溪和霍童溪两条水系的干流及其10条较大的支流，控制面积0.78万平方公里，占全市流域总面积的65.5%。地下水资源约占水资源总量的14%，分布于全市各地，特别是西部、北部和中部地区。全市的水资源总量在丰水年204.35亿立方米，平水年为144.69亿立方米，偏枯年117.84亿立方米，枯水年98.45亿立方米。多年平均为149.16亿立方米，人均为5 638立方米，耕地亩均有6 828立方米，高于全省平均水平。水能资源理论蓄存量191.64万千瓦，可开发利用装机容量131.09万千瓦，占蓄存量的68.87%。降水是本市水资源的主要来源，由于季风气候以及地质、地形、植被等的影响，境内水资源在时间和空间上的分布同降水量大致吻合，但很不均匀，地表径流形成了高值区和低值区。

宁德地处沿海，海阔港深。海岸线长度878公里，居全省设区市之首；海域面积4.46万平方公里，浅海滩涂面积9.34万公顷，可供作业的海域面积是境内陆地面积的3.3倍。区域内有岛、礁、沙、滩、岬角、水道、河口共1 215个，大小港湾29个，其中三都澳深水岸线长度居全省港口之首。

可以看到，宁德地区的自然条件总体来说并不优越，多山和贫瘠的土壤多少阻碍了农业的发展；但宁德地区区域差异比较大，沿海和内陆之间的差异尤其显著，这对宁德地区的经济发展状况和当地人的性格产生了较大影响。

2. 经济概况

宁德市辖1个市辖区、1个开发区、6个县，代管2个县级市，包括：蕉城区、东侨开发区（东侨新区）、寿宁县、霞浦县、柘荣县、屏南县、古田县、周宁县、福安市和福鼎市，不同县在宁德商帮的形成过程中发挥了不同的作用。

历史上，宁德经济长期以发展农业为主，直到现在，其经济发展在东南沿海长江三角洲、闽南金三角、珠江三角洲一带仍属于薄弱地区。其经济主要特征有：第一，产业结构水平较低，农业所占比重较大，这些年虽然已有了长足的发展，但比之发达地区仍有差距；第二，农业正在从小农经营向产业化发展，但产业化程度仍不足；第二，境内工业门类较为齐全，但工业化程度较浅，制造业发展缓慢；第三，境内企业以中小型企业为主，技术与经营管理水平较低，竞争力较弱；第四，地区内县域经济发展不平衡，沿海四县GDP占全市超过七成，而山区五县不足三成。

3. 农业发展历程

1949年之前，宁德地区长期处于封闭状态，农业生产力低下，发展较为缓慢。新中国成立之后，宁德农业发展经历了几个主要阶段。一是1950—1957年，这一时期实行了土地改革，农村开展互助合作，解放了生产力，并加强栽培技术指导，农业生产得到迅速恢复和发展。1957年地区粮食总产量达到57 157吨，比1952年增长24.8%，年均增长6.3%；农业总产值达到2 997万元（按1980年不变价），比1952年增长53.46%。二是1958—1966年，这一时期受"共产风"以及自然灾害影响，农业生产受到重挫，粮食歉收。1962年，全面贯彻《农村人民公社工作条例（六十条）》，农业生产略为恢复生机。三是"文化大革命"期间，由于大搞"政治评分""穷过渡"，农民生产积极性再次受到挫伤，给农业生产带来负面影响，但另一方面，由于先进耕作技术、优良品种、农业机械的推广与应用，农业生产还是保持了一定的发展势头。四是十一届三中全会后，农村进行经济体制改革，全面实行家庭联产承包责任制，调整农业产业结构，种植业由单一型逐步向综合开发型发展，农业产值也得到了巨大发展。到 1992 年，全市农业总产值达到 10 276 万元，比 1949 年增长 6 倍多；粮食总产量达到 91 804 吨，比 1949 年的 34 965 吨增长 162.56%；农村住户人均纯收入 786 元，比 1978 年的 81 元增收 705 元。到 2015 年，全市农业总产值达到 444.85 亿元，粮食总产量 64.06 万吨，农村居民人均可支配收入 12 391 元。

4. 工业发展历程

宁德早在宋代就有兴办手工业的记载。历史上宁德工业以矿业、铸造业和简单手工业为主。宋元祐年间（1086—1093 年），境内有过银、铜、铁矿开采，明清时期又在坑原、新岭、大王前等地炼铁铸钢。宁德陶瓷业从明朝起有过 300 年的繁荣鼎盛时期。但由于地理条件限制，简单手工业生产并没有取得太大的发展。直到新中国成立前夕，宁德地区工业基础仍很薄弱，生产以手工作坊加工为主，企业均由私人或联户兴办。1949 年春，全县城乡登记开业的作坊和场店共有 55 家，且绝大多数是以手工或简单工具操作。

20 世纪 50 年代，随着农业生产的发展，工业、手工业生产也得到恢复发展。1954 年，全县私营、个体手工业和加工业户迅速增加到 602 户，从业人员增至 1 518 人。至 1957 年，全县工业总产值从新中国成立初的 360.55 万元上升到 851.83 万元（按 1980 年不变价），增长 1.36 倍，年均递增率 17%。1958—1959 年又兴建机器、农具、化工等 20 多家国营厂。全民所有制职工增加到 3 817 人，为 1956 年的 29.36 倍。60 年代，先后受"大跃进"、自然灾害和"文化大革命"冲击，工业生产遭到严重破坏。直到 1970 年大批项目陆续建成投产，全县工业总产值开始上升，到 1978 年达 4 916.31 万元。1978 年改革开放后，宁德工业开始进入全面高速发展阶段。15 年中工业总产值从

1978 年的 4 916.31 万元增至 1992 年的 24 351.39 万元，增长 395.32％，年均增长 33.02％。工业企业从 105 个增到 1 447 个，增长 12.78 倍。

二、宁德沿海经济与山区经济：霞浦县与周宁县之对比

要考察宁德商帮的兴起，有必要考察宁德地区的经济发展情况。虽然宁德地区经济发展速度较快，但基础薄弱和结构不平衡仍旧成为持续发展的障碍。但在宁德内部，区域之间发展也极不平衡，而宁德商帮的主体主要来自经济落后的西部山区，霞浦地区较为丰富的物产和较高的人均收入使得当地人不愿外出。通过对沿海较为富裕的霞浦县和山区较为贫穷的周宁县的比较，可以进行更为细致和深入的分析。

1. 霞浦地区经济发展现状

（1）农业发展

霞浦县位于福建省东北部，与台湾地区隔海相望，拥有丰富的山海资源。从经济上讲，霞浦县的陆上农业经济条件相对不足，主要表现在陆地耕地面积较少，土壤较为贫瘠。1949 年全县耕地面积为 30.55 万亩，人均仅 1.56 亩。从 50 年代起，全县耕地面积总体处于不断减少的趋势，随着人口的增长，人均耕地面积进一步减少。到 1965 年，人均耕地面积为 0.945 亩，1980 年降至 0.683 亩，到 2001 年进一步降到 0.543 亩，同期数据还远远不及同样耕地稀少的周宁县。但由于地处沿海平原，受气候影响，霞浦县水稻一般一年两到三熟，相比周宁县一年一熟的单季稻还是一定程度上弥补了耕地面积不足的负面影响。

由表 1-1 可以看出，霞浦县人均粮食产量并不高，甚至略低于同期周宁县数据，单凭陆上耕地资源，霞浦县很难养活起数十万人口。

表1-1　若干年霞浦县人均粮食产量表

年份	粮食产量（万吨）	人均粮食产量（公斤）
1952	40 974	193.11
1965	64 223	218.26
1975	96 007	261.73
1980	117 229	292.87
1985	123 954	293.15
1990	132 280	287.63

　　但是与周宁县地处内陆不同，霞浦县最大的优势在于其丰富的海洋资源。霞浦县的海域占全省海域面积的21.76%，海洋渔场28 897平方公里，浅海、滩涂696平方公里，分别占全省的30.17%和23.76%，捕捞、养殖、航运等海洋经济在闽东地区属首屈一指。比如2006年，霞浦县海洋渔业总产值22.078亿元，占全县农业总产值的71%；水产品总产量34.75万吨，其海带养殖面积、紫菜养殖总产、水产总量、浅海滩涂开发利用率均列全市第一。大约可以带动农民人均纯收入增长8%。因而尽管耕地严重缺乏，人均粮食产量低下，霞浦县的农业经济总值却远远高于周宁县，人均农业产值也明显高于周宁县，这完全可以保证农民丰足甚至富足的生活条件，也自然使得霞浦县农民没有像周宁县农民那样受迫于生存压力外出劳务。1949年以后霞浦县若干典型年份的人均农业生产总值见表1-2：

表1-2　若干年霞浦县人均农业产值表

年份	农业生产总值（万元）	人均农业产值（元）
1949	2 074	106.11
1952	2 594	122.25
1957	4 712	190.08
1965	3 830	130.16
1975	7 096	193.45
1980	10 284	256.93

（2）工业发展与经济结构

由于农业经济较为发达，人民长期处于较为丰裕的生活状态，特别是丰富的海洋资源给予霞浦县巨大的禀赋优势，这一地区长期缺乏生存压力与工业化的动力，这也就导致霞浦的工业部门发展较晚、比重较轻。1949 年之后一直到 50 年代末，霞浦地区的工业化进程十分缓慢，自 60 年代后才有了较为明显的加速趋势。尤其是 70 年代中期之后，不仅工业部门有了长足发展，第三产业也有了一定基础。1957 年全县工业产值还只占总产值的不到百分之十，运输、邮电、建筑、商业、饮食、服务等行业更是共计只占 4.27%，到 1975 年，工业产值已经占到 22.81%，运输、邮电等服务业产值更是增长到 20.59%，已经初具规模。但从总体来看，霞浦县的经济结构中第一产业仍然占据主要地位，工业化进程较为滞后且程度较低，直到 1988 年工业产值仍未超过农业产值。

从表 1－3 可以看出霞浦县仍是一个农业大县。在工业方面，霞浦县的主要工业板块包括农产品加工、汽车摩托车配件、竹木加工、皮革服装等行业，工业化程度均较低，特别是主要组成部分农产品加工工业只是粗加工发达，而船舶业则由于基础不足、缺乏规划，加之福安、台州发达的造船、拆船业竞争强烈，也面临着较大的发展困境。

表 1－3　霞浦县若干年份工农业产值与百分比

年份	农业产值（万元）	农业产值百分比（%）	工业产值（万元）	工业产值百分比（%）
1949	2 074	92.34	171	7.61
1952	2 594	90.92	239	8.38
1957	4 712	86.05	530	9.68
1965	3 830	65.97	803	13.83
1975	7 096	56.61	2 859	22.81
1980	10 284	51.75	6 258	31.49
1988	14 435	42.76	14 351	42.51

注：据 1980 年不变价格计算。

资料来源：《霞浦县志》，第 196－198 页。

霞浦县工业化程度较低，主要的原因就在于其优越的海产资源禀赋。长期以来霞浦县的海产品如鱼类、海带、紫菜都只进行晒干、腌制等粗加工甚至不进行加工就直接销售，已足以保证乡民的丰衣足食，导致乡民缺乏深加工的意识和经营理念，同时长期这样发展也导致当地资本积累十分分散，无论是食品深加工还是其他工业板块所需启动资本不足，更制约了工业化发展。

2. 周宁地区经济发展现状

（1）恶劣自然环境下的落后农业

根据人口迁移的推拉力理论，人地矛盾是在传统社会中促使农民迁移的最重要推力，周宁县在这方面非常典型。周宁县较为恶劣的自然环境以及这种自然环境对周宁山民性格的影响，在经济上，则表现为耕地的不足、土壤的贫瘠和农业产量不高，这造成了周宁县落后的农业。周宁县耕地面积只占总的土地面积的 10.76%，而且大多为红黄壤，缺乏肥力。加之周宁县海拔高，年均气温较低，一般福建平原地区的水稻一年两到三熟，但周宁县的水稻大多是单季稻，一年一熟。这使得周宁县的人均耕地和人均农业产量都很低，存在大量的剩余劳动力和隐蔽失业。如 1945 年劳动力人均耕地只有 5.34 亩，如果以劳动力平均耕地 6 亩算，剩余劳动力近 3 000 人；如果以人均耕地算，则该年人均耕地只有 2.25 亩，完全养不活近 5 万人口。到 1949 年，人均耕地略有上升，但也只达到 3.05 亩，折合成货币的话人均只有 104.7 元[①]。事实上，从 1915 年开始，周宁的总人口都在 5 万上下波动，因此人均耕地和人均农业产值长期较低。1949 年之后，耕地面积呈现出缓慢下降的趋势，但人口却快速增加，使得人均耕地不断下降；虽然农业技术的发展提高了单位面积产量，但人均农业产量的增加极其缓慢，而且在 1978 年之后，呈现下降的趋势。[②] 如图 1—1、图 1—2 所示。

---

① 郑步钦：《周宁县志》，中国科学技术出版社，1993 年，第 91—97 页。
② 根据《周宁县志》整理。

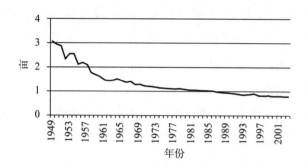

图1-1　1949—2001年周宁县人均耕地变化趋势图

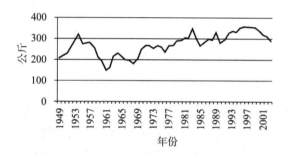

图1-2　1949—2001年周宁县人均粮食产量趋势图

人均耕地的下降趋势非常明显，人均粮食产量的波动较大。对产量取对数，再加入时间趋势进行简单计量，如表1-4所示。

表1-4　人均粮食产量的时间趋势

	系数	标准差	大统计量	P值
T	−0.001 83	0.005 141	−0.356 58	0.722 8
T^2	0.000 019 5	9.21E−05	2.116 439	0.039 1
C	5.453 019	0.060 036	90.828 58	0

可以看出，人均粮食产量没有显著的线性趋势，略呈二次型，但二次项系数为0.000 019 5，也就是说在1953年之后，每年人均粮食产量增加0.002%，在经济上是极不显著的，可以说，1949年以来人均粮食产量没有多大变化，如果当地农民不外出谋生，2001年的生活水平和新中国成立初期的生活水平并无多大提高，可见周宁农业的不发达。在这种土地贫瘠、人多地

少、农民生活水平长期得不到提高的情况下，外出作工、经商自然成为周宁人必然的选择。可见，在传统经济结构下，自然环境不仅通过塑造人的性格特征影响经济行为，也直接促成了人们经济行为的动机。

（2）工业化的桎梏

在传统社会向现代社会的转变中，工业化是经济增长与发展的主要动力。1949年之后，周宁地区的工业化进程总体来看是呈加速趋势的，尤其是改革开放之后，第二、第三产业的发展较为迅速。但从总体来看，周宁的产业结构仍旧以第一产业为主，产业高度较低。

到1988年，周宁还是一个农业县，工业只能吸纳少部分剩余劳动力。据统计，1999年机械工业、冶金工业、化学工业、电子工业、食品工业、纺织与医药工业、印刷工业等七大工业从业人员仅为1714人[①]，可见周宁县工业规模较小，吸纳劳动力的能力较低。

阻碍周宁县工业发展的最大区位因素无疑是交通，崇山峻岭造成了交通不便。1978年之后，即使周宁县打通了更多的公路，许多乡村都可以直接通车，但没有国道、高速公路和铁路过境，交通条件仍旧很差。极高的运输成本阻碍了大型工业项目的建设和投资，而且周宁县人口少，市场容量小，教育水平也较为落后，缺乏专门的技术人才，也没有特殊的矿产资源，与周围地区比较，基本没有区位优势。这种工业瓶颈是由当地的自然和社会条件造成的，短期内难以改变，要获得发展，只能走出去。

（3）外出务工的传统

周宁县的自然环境十分恶劣，山高林深，土地稀少而贫瘠，灾害频发，造成了周宁人地关系紧张，农业收入极不稳定，在依靠气候和土地的农业社会，这无疑意味着贫穷与落后。而土地分配的不均衡更加剧了人地关系的紧张。从历史上的记载来看，自明朝中期以后，土地兼并很严重。以民国时期为例，周宁全县耕地面积只有12.42万亩，地主富户占全县户数的4.44%，却占有了耕地总数的21.61%。中农、小土地出租者及其他职业者，占户数的

---

① 孙绍旭：《农村劳动力转移模式实证分析——以周宁劳务输出百年变更为个案》，香港天马出版有限公司，2008年，第101页。

28.63％，占耕地的 25.89％，占总户数 66.95％ 的贫农和雇农却只占有 22.35％ 的土地，生产资料的这种极端占有方式导致了收入的极端不平均，加剧了原本由单纯的自然因素导致的贫穷。一部分的周宁人迫于生产的压力不得不另谋生路。明朝中后期，当江南地区出现资本主义萌芽时，周宁农民就开始利用农事间隙，外出谋生，主要形成了三个方向的劳务转移：闽北道、闽东道和江西道。出闽北的农民从事扛木桶、烧木炭等苦力活；闽东地区则是当时的一个重要的白银产区，银矿的开采和运输需要大量的劳动力，这一方向的劳务输出形成了好几条"白银古道"；江西方向主要是运送一些土钢土铁。虽然这些都没有形成规模化的商业组织和产业，但是作为一项传统被保留了下来。及至民国时期，社会动荡不安，加之军阀混战，税赋沉重，外出务工渐趋流行。仅有 50 000 人的周宁县竟然有 4 000 多常年工和季节工到建瓯、建阳、崇安、霞浦、罗源等地和邻省的部分地区从事铸锅、土木建筑、扛木桶、织棕衣、弹棉被、经销人参鹿茸、岩菇等生意。外出务工队伍形成了固定的模式，不再是分散的个体行为，而成为了有组织的群体行为。他们以血缘关系或者拟血缘关系为纽带，组成工程队，由经验丰富、技艺娴熟的技工带领，集体外出。在外出务工的过程中，周宁人形成了自己的一套经营理念。组织上他们分工协作、统一指挥；生产上严守质量关，保证自己的信誉和形象；最具现代特色的是他们的销售策略，他们把厂内生产的一部分产品挑到乡下销售，这样做不仅扩大了市场，而且收集信息，反馈到生产领域，指导下一期的生产。这些经营理念是在长期的务工传统中形成的，由于周宁人把外出劳务当作是长期的工作，因此他们所考虑的收益就不仅仅是一期的收益，保持良好的信誉和形象才是关键，唯有这样才能保证长期发展。

新中国成立以后，社会恢复了安定的局面，人口进入了一个快速增长时期。周宁县的劳务输出也经历了曲折的增长。在周宁，三十年间人口增长了两倍，总的耕地面积却下降了，虽然人均粮食产量由于技术的提高相比 1949 年时有所改善，但还是维持在一个很低的水平，所以外出谋生的动力依然存在。再则，新中国成立以后交通条件极大地改善了，相继修建了小浦、梨外、城纯、七礼、梧玛等公路，1975 年实现了社社通车。到 1976 年全县 9 条公路

149.73公里。交通条件的改善带来了外出成本的下降，既节省了时间又节省了费用。但是新中国成立以后劳务输出面临着不同于动乱时代的阻力，当时国家的经济指导思想是计划经济，领导者认为单凭人的理性可以使得社会达到最优的状态，这反映在现实经济中就是对于人的严格控制和约束，同时，对经济发展阶段的错误认识，对资本主义生产关系的过度紧张，使得外出务工的自食其力的行为也带上了剥削的色彩。这种经济上的"左倾"错误，伴随着政治上"左倾"错误的极端化也日益走向极端，成为周宁县劳务输出的一个人为阻力。在这些力量的相互作用之下，周宁县的劳务输出在新中国成立以后大致可以分为三个阶段，第一阶段是1949—1957年，由于国家对经济的管制还不是很严重，当地政府采用"农副结合，以农养副"的政策，政府带头有序地引导劳动力外出。第二阶段是1957—1970年，这一时期，国家的"左倾"思想泛滥，地方政府迫于压力，不得不严格控制劳动力流动，所以这一时期发展受到了打击。第三阶段是1970—1976年，政府忙于政治斗争，对民众的日常生活干预减少，对劳动力的迁移管制实际上已经放松。民国时期，周宁县劳务输出的地点主要集中在闽北和闽东地区，至新中国成立以后，范围扩大，后期已经扩张到了周边省区。综上，可以归纳出新中国成立以后周宁县劳务输出的两个特征：第一，总体上保持增长，到1973年已经达到了万人的规模；第二，伴随着限制人口流动的政策文件而发生波动，不过这些文件在现实中发挥的作用被生存的压力减弱了。

自明朝以来就一直持续的外出务工传统，为当地的文化氛围中输入了一种流动的活力，深深地影响和塑造了周宁人的性格。在他们的身上能够强烈地感受到其冒险的精神、开放的思想、敏锐的市场觉察力，这些都是改革开放之后周宁人能够在商场上大展宏图的不可缺少的素质。最后，焦点对准其铸造的传统，如果说上述谈到的外出务工传统在影响宁德商帮中是以一种间接的文化制度起作用的，那么铸造的传统则直接赋予了周宁人一个可以说是天生的比较优势。

铸造传统并不是当地的手工业自我衍生出来的，它的发展是外出务工带来的。在这些外出谋生的人当中，有相当大的一部分集中在这一行业。这一行业相对于苦力劳动来说，附加值更大，再则由于它对特殊技术的需要，容易形成垄断，避免竞争。明朝时，便有一部分人在当地炼制土钢土铁，然后贩运至江西，日积月累，周宁人炼钢技术慢慢精熟，形成了独特的手艺，"东洋锅"便由于其壁薄耐用而广受欢迎。其经营规模也日益扩大，清朝中期以后，闽东闽北聚集了大量的由周宁人开设的铸造厂，吸纳了大量的剩余劳动力。但是新中国成立之后，这个行业受到了冲击，铸造厂或被当作资本主义的经济形态被没收，变成了公家经营，或者直接被关闭了。但是经营的理念和铸造技术却并没有失传，继续传承了下来。在改革开放初期，整个中国的市场几乎是一片空白，国家采取双轨制改革，在公有制以外开辟出一个以私有产权为基础的市场，这时候，成功靠的基本就是胆识和先动优势。尤其在贸易行业，它的运作不完全依靠纯物质资本，还依靠商人对于社会资本的掌握，社会资本的多少又在相当大的程度上取决于进入时间之长短，一旦某个群体在这些行业站稳了脚跟，他们就会形成垄断，排斥后入的资本。在初期，周宁人靠着对铸造、钢铁这一领域的熟悉，抓住了市场的机遇，于浦东开发之时，奋力突进，抢占了先机，逐步地垄断了上海的钢材贸易建材市场。

三、周宁地区的自然地理环境和经济发展状况

1. 自然环境与农业

·周宁县地处福建洞宫山脉南端，鹫峰山脉东部。境内峰峦起伏，沟深岭峻，溪涧密布，溪谷山峰纵横交错，地形复杂。县境海拔由 65 米上升到 1 506 米，平均海拔 800 米，系高海拔的山区；县城高踞牛岭、仙岭之巅，海拔 880 米，是全省海拔最高的县城。县境有山峰 661 座，其中海拔 1 000 米以上的高峰就有 282 座。境内最高点与最低点之间高低相差 1 441 米。境内地貌有中山、低山、丘陵三个类型，以中山为主。其中，中山占全县面积的 61%，分布在 75 个行政村，占行政村总数的 53.57%。这一地带地势较险峻，山坡倾斜度为 20～30 度，沿溪流两岸悬崖峭壁坡度达到 50～60 度；低山占 26.6%，

分布在 39 个行政村，占行政村总数的 27.68%，这一带山体坡度也有18～30度，一些地区地形较为险峻；丘陵占 12.4%，分布在 26 个行政村，占行政村总数的 18.57%，山体坡度为 15～25 度，总体而言相对较为开阔平坦。

表1-5　周宁、柘荣、寿宁、蕉城、福鼎、霞浦地貌比较一览（单位:%）

地貌 县别	山地		丘陵	平原	盆地	滩涂
	中山	低山				
周　宁	61.00	26.60	12.40	—	—	—
柘　荣	58.60	35.05	3.70	—	3.20	—
寿　宁	44.64	37.38	17.98	—	—	—
蕉　城	73.35		12.72	3.59	2.95	6.21
福　鼎	91.03			8.97		
霞　浦	9.23	12.59	72.07	6.11	—	—

　　与同属山区的邻县相比地貌艰险，比之地处海边的低海拔县霞浦，周宁的劣势更加一览无遗（见表1-5）。霞浦县地处宁德东北，背山临海，地貌复杂，但整体海拔较低。县境内有主要山峰398座，其中海拔 1 000 米以上的 4 座，大多数为 500 米以下的低山。

　　由于其特殊的山区地理条件，周宁县自古以来就有耕地不足的特点。1942 年，编查耕地面积合计为 11.06 万亩。1945 年经复查核实，耕地总面积为 10.84 万亩。1948 年 9 月，宁德县咸村划归周宁，全县耕地总面积为 16.92 万亩，农业人均 2.31 亩。新中国成立以后，至 1956 年全县耕地增至 18.39 万亩，农业人均 2.28 亩。1960 年经济困难时期，部分边远耕地抛荒，1963 年陆续垦复耕作。此后由于国家和社、队兴修水利、建设公路、办工厂、农村基建、机关单位建房以及其他占用等，1979 年，全县只剩耕地 14.50 万亩，农业人均 1.12 亩。1988 年，全县耕地面积增至 14.71 万亩，但由于人口增加，农业人均却降至 1.02 亩。据农业区划普查，1980 年全县水田 10 万亩，农地 4.5 万亩，合计耕地 14.5 万亩。耕地地处海拔 800 米以上的占 59.59%，500～800 米的占 26.43%，500 米以下的占 13.98%。水田中分布在溪谷平地田的占 15.25%，缓坡地山垅田的占 32.17%，梯田的占 47.14%，溪岸边田的占 5.44%；农地中，处于 25 度以上的坡地占 17.40%，15～25 度的占 32.70%，6～15 度的占 41.60%，6 度以下的占 8.30%。

而霞浦县有耕地 27 万亩，占陆地面积的 12%，高于周宁县。县内耕作土壤，供肥保肥性能最好的是中壤，面积占 46%，次为重壤、轻壤，面积占 41.5%。耕作层浅化、土壤酸化、缺磷缺钾，有效养分比例失调问题突出。

但与周宁不同的是，霞浦地处临海位置，在陆地农业资源之余还有着丰富的海产资源。霞浦海域占全省海域面积的 21.76%，海洋渔场 28 897 平方公里，浅海、滩涂 696 平方公里，分别占全省的 30.17% 和 23.76%，捕捞、养殖、航运等海洋经济在闽东地区首屈一指。全县海洋捕捞年产量 12 万吨，海水养殖年产量 24.3 万吨。

对比之下，周宁虽然有着较丰富的陆地矿产、森林资源，但就农耕资源而言较为贫瘠。由表 1-6 中的统计，周宁的耕地面积远小于霞浦，耕地面积占陆地面积的比重也要小于霞浦，而人均耕地方面则高于霞浦。根据两县县志所查证数据，耕地的供肥能力也要好于霞浦。但正如上文所言，霞浦是一个以海产丰富著称的地区，陆地农耕只是其农副业中的一部分，而周宁却没有这样的资源。周宁耕地面积占陆地面积不到 1/10，低于全国平均水准，考虑到全国平均数据包含了西部广袤的未开发土地，周宁这一数据比之中原江南地区的水平差距更加明显，而人均耕地更远低于全国平均水平，这种资源禀赋的先天不足使得周宁人的农业产出大大不足，生活更显艰辛。

表 1-6　周宁、霞浦与全国耕地状况对比

县　　别	耕地面积（万亩）	耕地占陆地面积比重（%）	人均耕地（亩）
周　　宁	14.7	9.37	0.9
霞　　浦	27.0	12.00	0.6
全　　国	182 600	12.68	1.3

由于耕地及肥力的缺乏，新中国成立以后周宁县有多次整治土地以及改造中低产田的经历。20 世纪 50 年代末，曾发动群众平整土地，但范围不大。1973 年冬起，每年冬春各进行一次小丘并大丘、高丘并低丘、山水田路综合治理的平整土地运动。至 1978 年，全县平整耕地 26 713 亩，占当年水田总面

积的 26.71%；可机耕面积达 23 569 亩，占 23.56%。1978 年后，土地平整工作没进展，可机耕面积到 1980 年增至 27 630 亩。此后农村基建地和工业用地不断渗透，至 1988 年全县可机耕面积只剩 27 469 亩，比 1980 年减少 0.59%。

除此之外，周宁县耕地还有着土壤肥力不足的限制。境内土壤成土在诸多因素的综合作用下种类多，土层厚，有机质含量较高，酸性强，普遍缺铁、磷、钾，微量元素丰缺不均，地带性分布明显。有着烂、酸、冷、毒、锈、瘠、薄地中低产田面积大的特点。据 1983 年完成的全县普查，地表土壤总面积 136.6 万亩，占总土地面积的 87.06%，耕地面积为 14.7 万亩，占土壤总面积的 10.76%，有红壤、黄壤、紫色土、潮土、水稻土五类，其中以肥力较差的红黄壤为主。耕地土壤有机质均含量 2.58%，氮素偏高，耕地土壤磷素均含量较少，仅有 0.05%，缺磷面积达到 84.4%。水田有机质和磷钾含量状况为缺磷、缺钾面积分别占水田总面积的 92.3% 和 67.66%。内含冷烂酸锈毒等地产障碍因素的中、低产田面积多达 7.8 万亩，占水田总面积的 78%。

新中国成立以后县委县政府重视改造中低产田。1958—1964 年发动群众，用野生绿肥，踏青改土。1984 年，县改造中低产田协作攻关领导小组，组织技术力量，首次在海拔 908 米的浦源乡萌底、萌源两个村开展工程改造。1986 年，示范规模扩至纯池、浦源、狮城、玛坑、七步等 5 个乡镇、13 个行政村、17 029 亩中低产田。1987 年扩展到 9 个乡镇、34 个行政村、34 171.3 亩中低产田。即便如此，可以看到周宁的中低产田面积仍然达到 40% 以上。2012 年年末，全县辖 6 镇 3 乡 141 个村委会、5 个社区、2 个居委会、户籍人口 20.36 万人。

2. 农业生产条件

(1) 气候与自然灾害

周宁县海拔较高，属中亚热带海洋性季风气候。四季分明，冬长夏短，气候温和，雨量充沛。立体小气候明显，灾害性天气多。境内除咸村和玛坑乡少数低海拔地区外，多数地区的气候属冬长夏短型。冬季受北方大陆冷气团影响，气温骤降。常有寒潮、霜冻出现。年均气温较低，为 14.6 ℃，1 月份气温最低，年平均为 5 ℃。地面温度也较低，年平均 16.8 ℃。一般福建平原地区的水稻一年两到三熟，但周宁县的水稻大多是单季稻，一年一熟。

由于自然地理等原因，周宁境内地势高，山脉倾斜度大，溪流湍急，暴雨易酿成山洪，自然灾害出现次数较其他县多，其中出现次数最多的是水灾，其次为旱灾、冰雹、冻灾、风灾，以及昆虫兽类等生物灾害。1940—1948 年，境内遭遇水灾 7 次，旱灾 1 次，冻灾 1 次，虫灾 1 次。九年内周宁发生自然灾害 10 次，平均一年一次强，其中 8 次是全县范围的，次数频繁且范围广；同时受灾均比较严重，冲毁房屋、桥梁、堤坝、道路，水稻、红薯受灾几千上万亩，破坏性强。以水灾为例，周宁与同一时期（1940—1980）同处闽东内陆的柘荣和寿宁相比较要多，周宁 7 次，柘荣 4 次，寿宁 4 次。

虽然，新中国成立以后人民政府采取了许多措施，但从 1949 年到 1988 年这 40 年间发生自然灾害 38 次，平均一年近一次，其中，水灾 11 次，旱灾 4 次，雹灾 10 次，冻灾 2 次，风灾 2 次，虫灾 7 次，兽害 2 次。最严重的一次水灾、风灾是 1966 年第 14 号强台风袭境之时，台风造成房屋倒塌 240 座，压死 13 人；水毁稻田 2 441 亩，毁防洪堤 61 处、水渠 417 条、拦河坝 31 座。从 1989 年到 1999 年，又发生自然灾害 28 次。

（2）灌溉条件与设施

周宁境内中低山、丘陵地带，雨量充沛，地表溪流发达，有着丰富的水资源，本是具有较好的农业发展条件。但由于境内地形复杂，海拔相差悬殊，区域降水量差异大，造成耕地区域降水分布不均；同时山区海拔高，气温较低，水温也相应较低，对灌溉形成一定负面影响。

此外，山区地貌复杂，溪谷成倒置现象，上流河床较平坦，中下游则多峡谷，这导致当地水利工程实施难度大、成本高，结果长期以来周宁的水利灌溉工程都十分稀少且落后。新中国成立以前，农田灌溉均由民间修建小型渠坝引灌，水利设施仅有水碓磨坊。因受技术、经济条件的限制，修建的一些小型的灌溉引水工程和防洪堤岸也仅属应急设施，常受水旱灾害威胁，民间争水斗殴时有发生，灌溉面积也十分有限，几乎 95% 的水田靠冷泉水灌溉或望天等雨。1949年，全县由民间自建的临时性小型农田灌溉引水渠坝2 190处，灌溉面积27 797亩。传统的农业灌溉以自流灌溉为主，新中国成立初期部分地区有推广双人脚踏的木质水车（龙骨车）引水抗旱。1957年以后，开始使用水轮泵和机动抽水机。60年代后，排灌动力有一定发展，但仍十分有限。到1988年，全县有排灌动力机械7台，农用水泵8台，机电灌溉面积1 614亩，仅占水田面积的1.6％。

（3）生产工具

周宁县的生产工具较为落后，且机械化时间晚、程度低，一方面这是经济、技术条件落后所致，另一方面也与其耕地地形导致的可机耕性差有关。直到20世纪50年代，周宁山区的耕作机具还主要是传统的木柄铁犁、锄头、草耙等，甚至在偏远山村还使用原始的"人拉犁"。1956年，开始推广双轮双铧犁和七寸步犁等新式农具，但由于山区多梯田、烂泥田，而这两种相对先进的农具中，前者犁体笨重，后者犁体过长，均因不适用于当地的耕地作业而被淘汰。1959年，开始引进一台热托-25A中型拖拉机。1971年，购进手扶拖拉机48台，成为主要耕作机械。1980年手扶拖拉机达199台。全县机耕面积1.89万亩，占可机耕面积的69.4％。1981年家庭联产承包责任制后，1984年手扶拖拉机278台，但不少农户又恢复用畜力或人力耕翻，多数拖拉机搞运输。全县机耕面积占可机耕面积的比例降至50.3％。1985年后，人畜力耕作成本增加，个体农机户采用上门招揽承包连片耕作方式，1988年，全县手扶拖拉机增至492台，机耕总面积1.87万亩，占可机耕面积的68％。

在收获农具方面，周宁也长期普遍使用传统的镰刀、稻桶、稻梯等。1956年开始推广人力脚踏脱粒机。60年代中期，推广农垦58等矮秆粳稻，人力脚踏脱粒机迅速发展。1974年购进3马力的机动脱粒机3台，但因笨重、耗油大、不配套，到1979年只引进了10台。

3. 落后农业的形成

由于耕地贫乏、灾害严重、灌溉条件落后，周宁县的农业经济始终不能摆脱贫困落后的局面。民国以前，由于封建土地私有制的束缚，耕作技术落后，生产水平低。农业生产以粮食作物为主，一年仅收一季，有着"年年犁耙播，亩产一百五（市斤）"的俗语。粮食收成扣除地租、高利贷和赋税，农民所剩无几，长期过着"地瓜当粮草，火笼当棉袄"的日子，不少人流亡闽北一带卖苦力谋生。

到新中国成立前夕，全县耕地总面积仅有 12.42 万亩（未包括 1955 年从寿宁划入的纯池地区），在严重的土地垄断下更是受到巨大制约。当时地主、富农占全县总户数的 4.44％，占有耕地 21.61％。祠堂田、宫庙田、墓田、学田、公轮田等占耕地资源的 30.15％。两项所占有的耕地，已超过耕地总面积半数。中农、小土地出租者及其他职业者占总户数 28.62％，占有耕地 25.89％。而占总户数 66.95％的雇农、贫农和其他无地少地的劳动者，仅占有耕地 22.35％。生产资料大部分被地主、封建势力所占有。农业生产处于自给、半自给的个体小农经济状态。

新中国成立以后，中共周宁县委、县人民政府重视农业生产，经过土地改革和农业生产合作化，农业生产有了较好的发展。但到 1958 年，在人民公社化和"大跃进"运动的影响下，当地农民强行把水稻移丛并丘，创"卫星田"，并掀起伐木烧炭"大炼钢铁"运动，农业生产受到重挫，粮食连续四年歉收。至 1961 年，农业总产值降至 843.09 万元，粮食总产量减至 14 780 吨，分别比 1957 年下降 29.4％和 40.1％。1961 年后，贯彻执行《农村人民公社工作条例（草案）》，调整国民经济。1965 年全县农业生产才恢复到 1957 年的水平，"文化大革命"期间，批判所谓资本主义，限制农民多种经营，推行大寨式评工记分，取消按劳分配原则，挫伤了农民生产积极性，粮食总产量增长十分缓慢。

由于产量低下，且灾害连年，农户终年辛劳，周宁人却始终处在食难饱肚、衣难御寒的状态。境内仅有炼铁、铸锅、陶瓷、茶叶等手工业作坊和零星分散的个体手工业。历史上商业贸易不发达，仅有乡（镇）村小商店 270 多家，经济凋敝。常年离乡背井到闽北一带铸锅、烧炭、伐木等卖苦力谋生的劳力达数千人。

四、交通运输与单一经济

1. 交通运输经济学与山区经济

有研究指出，山区有着几个主要的劣势：一是山地山林面积大、耕地面积小，导致了基本的农业生产资料缺乏；二是地势高、气温低，不利于农牧渔业的发展；三是基础设施差、对外交流少，导致人口素质低，技术、人才、资金严重匮乏；四是公路交通闭塞，使山区市场无法与城市接轨。上述的客观原因和一些历史原因导致了山区经济远远落后于其他地区，宁德市除了少数靠海县市适宜发展渔业以外，大部分山区都具备以上特征。在以上四点特征中，由前文的介绍可以清晰地看到前两点与周宁的现实状况十分吻合，而事实上后两点同样也是周宁的典型特征。可以说，地形地势导致了农业发展的桎梏，而一个更重要的因素——交通运输条件的限制则从更广的层面上制约了周宁经济的全面发展以及向现代经济的转型。

目前，有关交通运输与经济发展关系的相关研究，主要把交通运输作为外生条件和内生变量两个方面来认识。其中，外生条件论认为交通运输有基础性和先导性，对经济发展有决定意义。其中所谓交通运输的基础性是指交通运输是其他一切生产部门从事生产经营活动的基础条件，作为上游产业部门，它的服务性能和价格对其他部门能够产生连锁效应。而交通运输的先导性是指交通运输是经济发展的必要前提，能为经济活动的集聚与扩散提供基础。而内生变量论则认为交通运输是经济社会活动中的内生变量，一方面是专业化生产和规模经济的条件，是产业空间定位的重要决定因素；另一方面是在地域劳动分工与市场合作的基础上发生的，同时也受经济发展条件的支持与制约。

由此可见，无论将交通运输条件作为外生条件还是内生变量，其变迁演化过程都是经济发展中的重要影响因素。周宁长期以来的经济落后，不仅在于农业生产的低效，也反映为近代工商业发展滞后，无法对农业经济形成足够的补充和支持，这一发展状况与其交通运输条件的落后是分不开的。

2. 周宁县的交通运输条件变迁

交通运输条件的落后，从根本上决定于自然地形的险峻，同时又受到经济条件的反向制约。研究指出，自然地理环境是影响交通运输发展的基础性因素，它通过影响交通建设生产活动、营运生产活动和交通设施维护活动进而影响交通运输的发展水平。周宁的海拔较高，地形条件复杂，修建交通线路及设施的成本极高，同时运行效率低、损耗速度快，这根本上制约了周宁历史上的交通发展。

（1）陆路交通发展

受制于沟壑密布的地形条件，周宁县交通线路稀少，道路条件差，历史上主要道路皆循山势用乱石铺砌，跨越山隘则展线设磴形成岭道，村间古道多以土路相通。在1959年小（古镇）浦（城）公路赛（岐）浦段通车之前全县没有一条公路，交通只能靠落后的古道进行。即使在公路通车后，主要古道虽被公路取代，但在村际交通与物资集散上古道仍继续发挥一定的作用。其中全县共有从县城通往宁德、政和、建瓯、福安、寿宁、屏南的县际古道6条，境内实长142.5公里。沟通乡村间联系的主要乡间古道4条，分别是县城—纯池、泗桥—寿宁平溪、咸村—贡川、咸村—杉洋，实长仅71公里。由于山高岭峻，村庄稀疏，还在古道上选择避风向阳、有泉水处建筑土墙木屋结构的路亭。直到1988年年底，全县尚存路亭228座，其中石拱11座，钢筋混凝土平顶结构1座，在这弹丸之地竟需建立如此之多的路亭，固然体现出古代山民为保持与外面的联系而做的巨大付出，但也充分显示了周宁交通的艰难。

1959年，小（古镇）浦（城）公路赛（岐）浦段通车，成为周宁通车的第一条公路。当年，全县投建梨（坪）外（表）、城（关）纯（池）、七（步）李（墩）3条公路，因经济困难，分别于1960年4月及1961年2月先后停建。到1965—1976年，先后建成公路8条105.43公里（未包括麻岭军用公路），实现全县社社（乡）通公路。1977—1988年，全县陆续增建公路23条

151.6公里。1988年年底，全县共有公路32条，总长301.3公里，初步形成以狮城为中心的公路交通网，包括省道1条，县道1条，乡村公路25条。但这一公路交通网仍存在巨大的问题：首先是密度不足，平均每百平方公里土地仅拥有公路28.8公里，通车行政村86个，也就是说仍有38.6%的行政村未能通车；其次是公路质量差，作为省道的小浦公路原线按六级公路标准设计施工，经多年养护有所改善也仅是四级公路，而中国的公路等级划分中，四级公路一般只是沟通县、乡、村等的支线公路，而县道梨坪—外表公路同样是从六级公路提高至四级，25条乡村公路更是有9条公路计36.12公里仍属等外路。这正是地形复杂，公路修建成本过高所致，也正因公路的不足，县内还修建了一些简易车道作运输用。简易车道俗称拖拉机路，一般是公路附近的村庄或电站、矿场修筑行驶拖拉机和其他小型运输车辆的道路，到1988年年底，全县共有长度0.5公里以上的39条，总长70.2公里，主要的3条都是在20世纪70年代末建成。

（2）陆路运输发展

1959年前，全县运输全靠人力挑抬。小浦公路赛浦段通车后，汽车和其他机动车，逐渐取代长途人力运输，公路沿线村民开始以胶轮板车代肩，自行车代步。1983年后，随着改革开放的不断深化，社会车辆急剧增加，公路运输出现了多家经营、相互竞争的景象。1988年年底，全县共拥有各种机动车856辆，其中客车59辆452座，货车167辆629吨位，特种汽车6辆，摩托车156辆，拖拉机441辆，其他机动车27辆。完成客运量148.09万人次，货运量40.9万吨，分别比改革前的1978年增长3.4倍和6.45倍。但有的偏远山区村际交通尚不通畅，货物仍赖人力挑抬。

客运方面，1959年前，行旅交往全靠步行，仅迎亲、接运老弱病残与富绅出门才乘轿。1959年5月通公路时，全县仅有客车2班，过路客车4班，运客1.59万人次，周转量196.07万人公里。1975年，全县社社通公路，客车增至14班，完成运客27.47万人次，周转量756.91万人公里。1978年增至33.2万人次、1 020万人公里。改革开放后，1981年9月，县公共交通公司成立，置车3辆参加营运，当年全县完成客运量82.38万人次，周转量

2 105.58 万人公里。1988 年，全县完成客运量 148.09 万人次，周转量 3 933.41 万人公里。

货运方面，1959 年前全靠人力挑抬，民国时期狮城平时从事挑运者只有三四十人，茶季时增至七八十人。端午前后赶运鲜鱼，称为"赶鲜"，因无保鲜设备，每人只挑 20～30 公斤，半夜从穆阳起运，经三次接力，天明才到狮城。1958 年，周宁县政府配置人力平板车若干、省商业厅分配周宁役马 4 匹充作运输工具。直到 1959 年始有汽车、拖拉机和马车运输，当年公路货运量 1.04 万吨，周转量 53.44 万吨公里，取代了人力和畜力运输。1959—1969 年，由周宁运输站经营全县货运。1973 年，县交通局购置福建牌 2.5 吨位汽车 2 辆参加货运，全县货运量 2.07 万吨，周转量 170.3 万吨公里。改革开放后周宁运输进一步活跃，但仍较落后，到 1978 年，全县汽车货运量仍只占全县公路货运量的 45.36%、周转量的 87.44%。直到 1988 年周宁汽车货运才基本得到充分利用，货运机动车 635 辆计 909.95 吨位，完成货运量 40.9 万吨，周转量 2 915.38 万吨公里。其中货运量占全县公路货运量的 78.73%，周转量占到 96.22%。

（3）水路交通运输的缺失

周宁水资源较为丰富，境内溪流 18 条，流域总面积 625 平方公里，其中流域面积在 50 平方公里以上的有 8 条，溪流长度 15～84 公里。但由于溪流渠涧普遍河面较窄，同时河床坡降大，落差达到 182～1 025 米，导致水流湍急，无法提供适宜的水路交通运输条件，反而与高山交错形成复杂地形，给陆路交通造成很多困难。

为了解决溪流给陆路交通带来的困难，历代劳动人民曾为桥梁建设进行长期的实践与探索。清乾隆四十六年（1781 年），境内桥梁 40 座，清末增至 160 座。至 1949 年，全县仅存桥梁 185 座，20 齿以上磴步 20 处，渡口 6 处。1958 年后，随着公路建筑技术的发展，桥梁的建设规模日渐扩大，承载能力亦获不断提高，多数渡口陆续改建为永久性桥梁。1988 年全县共有各种桥梁 353 座（内含公路桥 55 座，但不包括 5 米以下的田间、村前小桥）。其中木桥 56 座，石桥 270 座，钢筋混凝土桥 27 座，20 齿以上磴步 8 处。

而水路交通却几乎无法发展，境内仅有龙亭溪、后垄溪河面相对较宽，最初均以排、筏为渡，渡口在 1949 年只有 6 处，到 1988 年更是仅存 1 处。这种条件下水路运输更是无法大规模展开，只能作少量、临时的补充措施。明洪武十三年（1380 年），宁德莒洲村民谢如苗等，对后垄溪部分险滩进行疏浚后，沿溪始有少量木材通过后垄溪散运到金钟渡再扎排外运。1957 年，省森工部门对后垄溪个别溪段进行炸礁、疏导，流运条件稍获改善，当年外表水运队流运木材 1.2 万立方米。随着公路发展、陆运条件改善，流运逐渐减少。1980 年全县流运木材 2 700 立方米，占木材输出量的 41％，1984 年降为 18％。1985 年木材市场开放后，流运业务停。

90 年代以来，周宁县得到了较高程度的开发，交通运输条件进一步改善。然而比之县境之外地区四通八达的交通网络，周宁县稀疏而艰险的盘山公路、穿山隧道，依然使得周宁本地极为闭塞，公路等级低、路况差，难以满足国民经济发展需求的情况始终没有得到大幅度的改善，有些偏远山村交通仍不通畅，货物仍赖人力畜力运输。这样的情况，在海拔超过 1 000 米的山峰只有 4 座（只有周宁同一数据的不足 1/7），以丘陵地形为主，特别是还有着诸多港湾、便利海路运输通道的霞浦是极为罕见的[①]。

3. 交通运输与周宁县的单一经济形成

周宁交通运输条件如此艰难，自然成为经济发展的巨大阻力。从区域经济发展的角度看，可以把周宁看作一个小的整体，同时又是更大范围的区域——闽东地区，甚至整个福建省的一个部分。而其交通也在"内涵交通"和"外延交通"两个层面制约了经济。

"内涵交通"是指特定区域内部的交通线、交通网，影响区域经济空间结构，进而影响区域的发展模式。如果一个地区的铁路干线网络化、公路四通八达、水运交通便利，即"内涵交通"发达，则易于形成完善的区域空间结构，具有较强的自我发展能力。周宁的内涵交通条件十分落后，直到 1988 年

---

① 郑步钦：《周宁县志》，中国科学技术出版社，1993 年，第 172—173 页。

公路网密度仍极低，还有近四成行政村未能实现公路通车，这种村庄分布稀疏且村际交流困难的局面长期难以改善，导致了周宁经济始终无法摆脱单一农业经济模式，更无法自发形成向现代经济转化的动力。

"外延交通"是指一个地区与外界相联系的交通运输。它往往决定一个区域的区位条件，这在一定程度上影响着区域经济发展的机会与发展潜力。譬如长江三角洲地带就拥有着优越的外延交通条件：京沪、沪杭铁路在此交汇、长江内河航运、沿海海运便利等，这在很大程度上决定了其经济发展的巨大先期优势。而从上文也可以看出，周宁的外延交通条件极差，山区地形导致县域间交通不便，直到五六十年代也仅建成省道、县道各一条。对外交通的不便直接导致周宁传统经济的高度封闭性，同样无法通过县域间的经济联系形成产业结构的转变。

在上述条件的制约下，周宁经济历来以农业为主。新中国成立前夕，全县耕地总面积 12.42 万亩（未包括 1955 年从寿宁划入的纯池地区），生产资料大部分被地主、封建势力所占有。农业生产处于自给、半自给的个体小农经济状态。经济结构基本上是单一的农业经济。1949 年的社会总产值中，农业占 87.40％，手工业占 9.59％，建筑业、商业、饮食业共占 3.01％。新中国成立后，虽然交通条件得到一定改善，并且在全国工业发展的浪潮中，周宁非农经济有所增长，但仍十分缓慢，直到 1988 年工业总产值才首次超过农业产值。

表 1-7　若干年份农轻重比例表

	项目	1952 年	1970 年	1975 年	1980 年	1988 年	备注
农轻重产值	产量（万元）	1 006.35	1 716.41	2 597.86	4 119.93	7 323.20	表中数字不含城镇合营、个体及村以下工业
	占比（％）	100	100	100	100	100	
农业	产量（万元）	842.35	1 428.40	1 767.33	2 370.00	3 432.00	
	占比（％）	83.70	83.22	68.03	57.53	46.86	
轻工业	产量（万元）	126.49	196.25	487.11	1 161.28	1 823.30	
	占比（％）	12.57	11.43	18.75	27.09	24.90	
重工业	产量（万元）	37.51	91.76	343.42	633.65	2 067.90	
	占比（％）	3.73	5.35	13.22	15.38	28.24	

注：按 1980 年不变价格计算。

第二章　宁德的社会组织结构——家族制度

历史上，每当新式商人阶层分化出来之时，由于单个商人资力不足，单位资本过小难以独立经营，往往采取家族或宗族合资经营方式来集合资本，或是在有担保的前提下向族人借贷资本。明代中叶是我国商品经济发展的一个高潮，大商帮不断涌现，外出经商的人大大增多，渐渐由原先的零星经营变成成群结队、拖家带口，一批批地外出经商。起初是父子兄弟同行，后来随着商业规模扩大，便以这种家族、宗族式的同业经商模式为基础，或者更进一步突破了一两个家族、宗族的界限，在更大的范围内结成商帮。

由此可见，以亲缘为基础的家族关系是早期商帮兴起的一个重要联结纽带。对宁德而言，虽然真正意义上的商帮形成时间远远晚于明代兴起的十大商帮，所面临的时代背景、外部环境也有着千差万别，但作为地域性商帮，内部互相联结的文化基础、宗族文化的重要性却同样不可忽视。可以说，适应性和拼搏精神使宁德商人拥有了初期闯荡创业与进一步发展的自身优势，而其另一个重要特点即团结精神，或称之为"抱团精神"，则是他们结成商帮、做大做强的保障。这一特质的依托正是家族制度与家族文化。因而从中国南方的家族制度出发，进而深入到对宁德、对周宁家族文化特征的考察，对于了解宁德商帮的形成与发展是十分必要的。

此外，家族制度在中国是一个极其重要的基层组织，承担着政治、经济、社会、文化多种功能，成为一定程度上的地方自治团体。对于家族制度的分析，在理解地域文化和地域内相应群体行为方面起着重要作用。这种优先性，让家族在决定性格和行为过程中，具有根源性地位。

一、历史缘起

1. 家族迁移与福建家族制度的发展

宁德市周宁县曾聚集了唐皇李氏的后裔与魏征后裔，还有其他一些势力较小的古代大族后裔，这些家族并不是土生土长的，而是在形成了势力之后才迁移进来的，他们也不是在同一时代迁移进来的，而是在不同的时代由于不同的原因迁移进来。在到达周宁之后，这些世家大族保持了自身原有的家族制度，同时为了与当地的人文环境契合，他们也做出了一些适当的变化。经过历史的长期演变，从而呈现出现有的状态。既然这种家族文化是伴随着迁移而来的，并且它属于中国传统家族制度的一个特殊形态，那么对这种迁移的性质以及中国家族制度的一般形态做一个系统的考察，对于更加深入地理解这个特殊形态则是必要的。

中国封建社会的政治史有两个非常重要的特点，一是作为中国主体民族汉民族的王朝更替，二是农业民族与游牧民族的长期对峙。在这两个背景之下，形成了中国历史一个特有的风景线——"人口南迁"。中国历代王朝的更替采用的主体形式为革命，一个新兴的政权往往通过暴力的手段推翻已经腐朽没落的旧政权，建立新王朝，而采用和平过渡的很少。而中国历代王朝的首都又基本位于黄河流域，当革命爆发时，战争最频繁的也是北方，相对而言南方则比较和平，于是大规模的人口为了生存、躲避战乱，便往南迁移。农业民族与游牧民族的对峙则是这种人口大规模南迁的另一个主要动因。每当气候变寒冷时，游牧民族的生活资料来源就会受到很大的威胁，那么唯一的途径就是南下掠夺。当南下的动力和中原王朝的更替在时间上契合时，往往就会发生异族入侵奴役汉民族的情景，与之相伴的则是大规模的人口南迁。南方经济的开发与人口的南迁是双向互动的过程，前期南迁的人口，开发了南方的资源，基于较为优越的自然环境，南方的生产力慢慢地超越了北方，能够容纳更多的人口，这就为下一期大规模的人口南迁提供了物质上的可能性。

在周宁可以看到两个最显赫的族裔，即上述的唐皇李氏后裔与魏征后裔魏氏，如今的周宁地区可以看到李氏宗祠和魏氏宗祠。这些族裔迁入此地应系唐中后期。唐中后期，中原大乱，北方移民再一次掀起南移浪潮，约有100万人南迁，从根本上改变了中国人口分布以黄河流域为重心的格局，我国南北人口分布比例第一次达到均衡。据史书记载："天宝末，安禄山反，天子去蜀，多士南奔，吴为人海。"，"天下衣冠士庶，避地东吴，永嘉南迁，未盛于此。"[①] 当时移民的路径共有三条——江南道、岭南道、福建道，在唐中期，江南东道和江南西道因为土壤肥沃、地势和缓、交通便利，占据了移民的绝大多数，岭南和福建则偏少。及至唐末五代时期，福建移民数目大增。据统计，宋初的福州比元和年间增长了 75 015 户。因为人口的增多，福州增设了闽清县、永贞县、宁德县、长泰县共四县。这主要是起因于闽政权的建立，后梁开平三年（公元 909 年），王审知被封为闽王，治理闽地。五代时期南方政权多是由土著豪族建立的，唯有闽国政权是移民政权，因此北方移民对其有认同感与归属感。再则，王审知在闽国内修政理、发展生产、任人唯贤，对外主动招揽北方移民，在福州和泉州都设有招揽院，深得百姓及士大夫赞赏，百姓称赞王审知"诚莫诚于我公"，于是移民多归附于他。民国《莆田县志》上记载"王氏据闽……浮光士族多依之。"当时中原一带盛行聚族而居的风气，南下福建的移民也大多全族迁徙，到达当地后仍然聚族而居，这一方面是受制于原来的家族形态，另一方面则是现实的迫切需求，毕竟是从北方迁移而来，聚集起来能够更加适应变化的环境，并且形成一定的力量，保护自己免受当地人和其他移民的排挤。由于在唐初期，福建的居民数量很少，例如仙溪县设于唐中叶，其县志这样描述"置县之始，人烟稀疏"，唐朝人口峰值也只有 8 000 万～9 000 万，此处的人烟稀疏要比现代人想象中的更少。因此这种移民方式使得他们在当地很容易就站稳了脚跟，并演化为主体力量。另一次较大的人口迁入发生在南宋，靖康之乱以后南迁的北方移民分布在南

---

① 徐晓望：《福建通史》，福建人民出版社，2006 年，53 页。

方的广大地区，福建路移民占到了移民总数的 10.3%，福建路大致与现今的福建省相当，远离中原，又有重山阻隔，长期保持和平局面，且经济文化发达，距离首都临安又不太远，被视为可靠的后方，很多宗室皇族都相继迁入该地，福建成为南宋军队的最后抗元基地。虽然之后在与元军的战斗中，福建地区人口锐减，福建省每平方公里人口数从南宋嘉定十六年的 13.2 户减少至至元二十七年的 6.6 户，但是部分的家族却在此处定居下来。可以设想，经过这样一次大的移民之后，这些居民成了后期居民的演化基础，在以后的历史之中，还发生了很多次的战争和小的移民，但是这些都可以看作对这些基础性居民的修正。从这个意义上来说，无论是唐还是宋，北方移民在文化上都起到了一个传承的作用。他们给南方带去的不仅是人口、先进的生产技术，他们更带来了自己的制度体系和价值体系，而其中最重要的就是家族制度。

中国封建社会的宗族制度在唐宋之际发生了巨大的变化，这源自经济政治上的巨大变革，由魏晋隋唐时期的门阀宗族制度转到了宋元明清时期的以"敬宗收族"为主要特征的新型宗族制度。

魏晋隋唐的门阀宗族制度建立在封建庄园制经济和自然经济的基础上，形成于东汉，兴盛于魏晋，衰落于隋唐时期。门阀士族垄断了大量的土地，同宗族的人聚族而居，大批无地产的农民依附于他们；在政治上则垄断了从中央到地方的几乎一切权力，控制了官员的选拔权。具体到世家大族的家族组织形态上，一个家族就类似于一个小的封建国家，家族内部有着明确的等级划分，一个家族组织必定有一个族长，族长以下按照血缘系统分为房或望，房望之下就是族众的个体小家庭或个体大家庭。族内成员交流密切，经济上互通有无，并且为了防止贫富分化，动摇共同体的稳定，他们之间通过自主的救济，甚至有的大族还有制度上的强制措施来实施同宗的救济，为了维持宗族的团结，族内会定时举行祭祀祖先、春秋设宴等活动，以此增加向心力。当发生外力作用需要迁移时，这些宗族会采取集体迁移的办法。此时的宗谱所起的作用也有别于现在，因为门阀士族相当于一个垄断机构，人员必须保持在一个有限的规模，而且巨大的社会利益使得这个群体具有排他性，宗谱所发挥的作用正是为了维持人员规模稳定，顺利实现排他。但是这种宗族制度随着政治经济形态的变迁在隋唐时期便开始衰落，最终于五代时期彻底瓦解。隋唐科举制度开始兴起，庶族开始崛起，与传统的世家大族争夺权力，同时士族内部人员规模自我扩张，士庶界限开始缩小，其内部的两极分化也无法遏制地走向恶化，门阀宗族制度走向衰落，但是彻底瓦解这种制度的因素还是安史之乱之后的频繁战争，它彻底摧毁了旧有的社会体制，于是以"敬宗收族"为特征的新型家族制度产生了。

门阀制度衰落之后，官僚地主阶级走上了历史的舞台。他们在政治上没有世袭的权力，地主阶级的流动很频繁，同时社会上的租佃关系日益广泛，农民对地主的人身依附关系大大弱化，为了控制小层的佃农，同时增强自身在政治经济上的竞争力，维护自己的统治，必须要找到一条合适的道路；在文化层面，大变革之后，人伦关系紊乱，社会强烈地需要人伦宗法关系的重建。在此基础之上形成了以"敬宗收族"为核心特征的新型宗族制度，通过它对族人进行适合时代需求的组织和控制。它与前者相比更加松散，也更加普遍化，不再仅仅局限于有限的世家大族群体，而是成为社会结构的基石，无论贵贱穷富，社会上的每个家庭都被编入了这个伦理体系。同时同宗同姓之人可能还是聚族而居，但不是形成一个有严格规则的生活共同体，而是以共同的祖先为伦理核心，以祭祀、宗祠、族谱为现实纽带，进行一些宗族的文化活动，在宗族内部的管理上和经济上的联系相对来说弱化了很多。其内部已经没有了严格的等级管理制度，家庭之间的联系也没有士族门阀制度时那么密切。新型的家族拥有一些共同的财产。包括宗族田产，其中，包括三大部分：祭田，用于供应祖先祭祀；义田，用于救济贫穷的族人；义学，用以支持同宗子弟的教育田。宗族房产，它与田产相对应，包括宗祠、义宅（义仓）、宗族学舍。财产的来源渠道比较多样化，最常见的是由本宗族内部一些大官僚大地主置办或者宗族合办，但是一旦这些财产被当作宗族财产，便具有了法人的地位，不属于任何个人。还有一些特殊的渠道，例如官府赏赐，户绝财产（一户无子嗣后，财产被充公）等。在族产的经营和管理上，有一定的成规，而且得到法律的保护，典型的模式有范仲淹开创的"义庄"

管理制度和轮管制度，例如陆九渊的宗族就是"每轮差弟子掌库三年"。这些财产设置的目的则是维持宗族共同的文化生活，团结族人，增强宗族的社会地位。总体而言，这种家族制度是建立在发达的分散的小农经济基础之上的，有着比较明确的公私界限。在元明清的发展过程中，这种主体模式没有发生太大的变化，即使现在到农村去观察，依然可以感受到这种宗族制度的影子，虽然近现以后逐渐解体，但是某些特征还是保留了下来，例如族谱、宗祠。

以上的家族制度无论是在唐代还是在宋代，其在北方都要相对成熟，主要是因为政治中心都位于北方。北方的大族南迁之后，在原有的家族之中形成的观念和文化也被带到了南方，进行了家族的重建，进而强化了南方社会的家族观念。虽然家族的组织形式经过了很多的变迁，但是无论形式如何，一些基本的文化特征却并没有发生本质的变化，这是因为家族制度只是作为自然经济条件下民众的一种社会组织方式而存在，农业社会没有摆脱自然经济的范畴，自然家族制度的一些本质特征也不会发生变化。这些特征包括以下几点，第一是群聚群居，一个家族的人往往在某地聚居，如现在农村某些村庄就是以家族的姓来命名，如"周庄""李家庄"等。第二是重视血缘关系，并且通过各种形式来强化人们的宗族意识，这是自然经济下分散的小家庭博弈的均衡解。第三是族内基于亲缘关系的互帮互助，无论是魏晋隋唐时期世家大族内部的利益共享，还是宋以后宗族内部通过宗族财产的形式实施的对弱势家庭的帮助。这三个特点在几千年的制度变迁中沿袭下来。

就整个福建地区包括周宁而言，现有的家族格局基本上是从明代中叶最终成型并稳定下来的。宋以前迁入的家族和宋以后迁入的家族，虽然源于不同的家族体系，但最终都演变为明清到近现代的典型家族体系。除了其他地区世家大族迁入之外，福建特别是闽东、闽南家族制度发达的重要原因还有两个：首先是中央政府在这里的权力基础较为薄弱，各个地方基本处于半自治状态，家族理所当然地成为了最基层的自治制度；其次，福建人多地少，为了支撑不断扩张的人口，许多人不得不外出务工，为商亦为盗，面对激烈的竞争，人们意识到家族力量的重要性，往往借助家族力量谋求发展。而福建地区商品经济的发达，也为家族制度的繁荣提供了经济基础。

2. 宁德地区家族分布现状

据部分族谱推断，宋代以及宋代以前迁入周宁县境内定居的有川中汤氏、豪洋詹氏、萌源萧氏、龙潭刘氏、仕本李氏、礼门魏氏、阮家洞阮氏、贡川和泗桥下村的陈氏、楼坪和咸村的张氏、岭头和龙溪的彭氏、仙溪谢氏、狮城周氏、纯池徐氏、浦源郑氏等；元代迁入的有首洞何氏；明代迁入的有际会叶氏、枣岭孙氏、禾溪许氏等；清代迁入的有狮城、泗桥上村和坎下村的陈氏、咸村徐氏、狮城王氏和虎冈杨氏等。到了民国时期，基本没有新的姓氏迁入。可见，这一地区的大姓大多是在宋代或宋以前迁入的。

根据周宁县 1990 年的人口普查，全县万人以上的姓有 3 个，为陈、张、叶，人口 39 728 人，占总人口的 25.39%；千人以上（万人以下）的姓氏 22 个，为郑、李、周、汤、萧、林、黄、何、刘、魏、阮、吴、许、孙、徐、詹、谢、彭、杨、江、王、凌，人口 106 020 人，占总人口的 67.75%。[①] 大姓之中往往存在家族制度，可见仅周宁一县就有如此多的家族，且占据人口 90% 以上的比例，也就是说，总人口中 90% 以上成长于家族制度的环境之下。

二、家族的制度构成

由于家族制度形成的历史，福建特别是闽东地区的家族制度既有共性，又有其特点。这些特点对宁德商帮发展起了至关重要的作用。总体来看，宁德地区的家族制度具有比较复杂的形态，就其表现形式而言，既有修祠建谱、族产丰厚的强宗大族，也有无祠无谱、族产甚少的弱房小族，还有各种同居共财的大小家庭；就发展规模而言，既有跨越县界、市界乃至省界的散居宗族，更多的是一村一姓或数村一姓的聚居宗族，还有单门独户的"客寓"家庭；就家族成员之间的连接纽带而言，既有血缘、婚姻等纯粹的亲属关系，

① 郑步钦：《周宁县志》，中国科学技术出版社，1993 年，第 65 页。

也有收养、过继等拟亲属关系，更多的是超越血缘的地缘和利益关系。这些复杂的形态可以划分到两个概念中去。

1. 家庭

家庭是家族制度的基本单位，在人口学和文化人类学上，将之定义为共同居住、共同拥有一定财产的亲属团体或拟亲属团体。一旦把家庭作为家族的组成部分，家庭成员间的关系便至关重要，只有两代人的家庭和三代、四代家庭之间存在较大差异，甚至一家之内兄弟的多寡、嫁娶时父母健不健在、子女独立之后是否和父母一同居住，对于整个家族的发展演化的作用都是不同的。在人口学上，通常用婚姻关系来区分不同的家庭结构。依据这个标准，传统家庭可以被分为三类：一是"大家庭"，即包含两对及两对以上配偶的家庭；二是"小家庭"，即只有一对配偶的家庭；三是不完整家庭，即完全没有配偶关系的家庭。

就宁德地区来讲，不同区域的情况也不一样。总体来说，大家庭是占据主要地位的，特别是东部靠近海岸滩涂、较为富裕的地区。但在西部山区，经济较为落后，对于大家族的扩张产生了抑制作用。但由于山区农业条件差，往往要相互协作修建水利设施，大家庭在这方面显然更有利。特别是周宁地区有外出务工的传统，这使得传统资源对于家庭结构的约束被放松了，因此总的来看两个区域中的家庭结构区别不大。但就家族来说，其各个部分之间的关系却不一样了。

2. 宗族

宗族是家族制度的另一个组成部分。宗族指分开居住、不存在共同财产所有权并且认同于某一共同祖先的亲属团体或拟亲属团体。宗族是由家庭组合成的，之所以把它并列出来和家庭一起看成家族制度的组成部分，在于它承担了一些家庭没有承担而又与家庭互补的功能，同时也深受家庭发展形态的影响。台湾学者唐美君先生曾经指出，中国宗族是世界上少见的亲属组织，其重要特性之一就是同时兼具血缘、地缘和"共利"三种社会组织原则。[①] 这说明中国宗族组织原则的复杂性。依据这三条组织原则，可以把宗族分为"继承式宗族""依附式宗族"和"合同式宗族"三类。

继承式宗族是以血缘关系为基础的宗族组织，在这类宗族组织之中，个体的权利和义务取决于他的继嗣关系。这样一种宗族往往形成于分家析产不完全的条件下。虽然诸子均分一直是中国主流的继承制度，但许多并不宽裕的宗族，为了缓和分家析产带来的财富减少的冲击，往往选择分家不分祭、分家不分户或分家不析产的方式。这是对于财产的共同继承，这种继承往往局限于直系子孙中，因此建立在共财基础上的继承式宗族往往规模不大。在福建地区，继承式宗族往往呈现为后一种继承原则。而在宁德地区，继承式宗族并不多，局限于那些家族成员较为分散、数量不大的亲属共同体之中。

以地缘关系作为基础的宗族则为依附式宗族。依附式宗族是由继承式宗族演变而来，当继承人继承权发生变动或宗族内处理共同事务的职能或权力发生变化时，继承式宗族就有可能转化为依附式宗族。依附式宗族的基本特征在于族内个体的权利和义务取决于相互支配和依附关系，而这些支配和依附关系是在聚族而居的条件下形成的，因此构成了地缘关系的一部分，比如一个聚居团体和另一个聚居团体构成了支配和被支配的关系。不过严格地说，称之为权力关系更恰当。这种关系一旦形成，权利和义务的分配便不再取决于血缘关系了。

可以说，福建地区，包括周宁地区的大部分宗族都属于依附式宗族。他们聚居在一个或几个村落中，有族长和主要的宗族管理人员，其下是普通的族人，还有一些贫苦的族人成为佃户、雇农等。依附式宗族的主要功能是控制基层社会，维护宗族秩序，因此，各族都有一定名目的族规、族禁、族约等，这在另一个方面增加了宗族的凝聚力。

最后一种宗族形式是合同式宗族，它以利益关系作为基础。在合同式宗族内部，族人的权利与义务取决于既定的合同关系，而血缘与地缘关系则降

[①] 唐君美：《台湾传统的社会结构》，收录于刘宁严主编《台湾史迹源流》。台湾省文献委员会，1981年。

到次要地位。由于血缘关系的单薄，许多合同式宗族往往出现"联宗通谱"的现象，即各方在相互认同的前提下并入同一宗族，合并族谱，祖先分享同一祠堂。显然，合同式宗族与依附式宗族构成了一定程度上的互补关系。因为合同式宗族比较适用于族人分散居住、往来不方便的宗族，而依附式宗族的一个基本要求是聚族而居。在农业社会，合同式宗族的分布并不广泛。在周宁地区，某些宗族长期从事一个特定行业，分散在各地，易形成合同式宗族，但并没有较为典型的实例。然而，在现代经济下，传统的宗族制度特别是继承式宗族纷纷转向合同式宗族，同时又具有新的特点。

3. 家族动态学

依据家族制度的结构和不同组成部分的关系，可以描述宁德地区一个简单的家族动态学：当一个家族迁入福建时，不妨假定这个家族都是由核心家族组成的，即该家族的迁入祖。迁入祖定居在某个聚落中，经过结婚或生育，核心家庭先后衍生出小家庭和大家庭。之后经过分家析产，形成了一个继承式宗族。这个继承式宗族不断衍化，血缘关系逐渐淡化，地缘和利益关系不断加强，继承式宗族逐步衍化为依附式宗族和合同式宗族。这个连续系统表明，家族总是由低级阶段不断向高级阶段衍化，同时在高级阶段又不断衍生出低级阶段的家庭和宗族。这是家族能够长期保持稳定并不断发展的动力所在。

实际上，由于宁德地区的家族大多是在战乱时期整体迁入的，所以其家庭形态往往在一开始就是大家庭，而宗族形态在一开始就是继承式宗族或依附式宗族，因此家族的演进被数量的增加所替代。这些宗族的血缘联系甚至并不明确，比如周宁地区的李敦是唐朝王室末裔聚居而成的，当地还保留着原来的族谱。但据史料记载，随同唐王室南迁的还有大量士兵和一些地方官员，有许多士兵和官员也定居李敦成为李氏家族的一部分。因此这个家族一开始就由大家庭和依附式宗族构成，直到新中国成立前后也没有明显改变。

三、家族的社会经济功能

家族的核心功能是"敬宗收族","敬宗"意味着强调传统和渊源，建立家族内部的伦常秩序；"收族"着眼于家族的长期团结和凝聚。但如上所述，家族也具有十分全面的社会功能，承担着治安、司法、产籍管理、赋役征派等主要行政职能；在经济方面，在农业社会，家族不仅是社会生产和生活的基本单位，而且在水利、交通、集市贸易、社会救济等领域也发挥了重要作用；在文化方面，家族具有相当重要的教育作用，特别是在共同道德观念和行为准则的培养方面，潜移默化，润物无声。当然，一个家族并不是要承担全部功能，对于一个大家族而言，不同的家族结构可以承担不同功能，而且不同功能需要不同的载体。此外，在现代社会中，特别是在宁德商帮的形成中，家族的经济功能加强了，其他功能则相对弱化甚至消失。

1. 祠堂与祭祖

若论及家族，人们首先会想到祖先以及热闹的祭祖活动。的确，共同的祖先崇拜是任何家族的核心特征，而组织祭祖活动也是家族的主要功能。即使家族成员星散，在共同的祖先崇拜下也非常容易重新聚合，这在历史上有许多案例，而这一功能必备的载体就是祠堂。

（1）祠堂

祠堂是一个家族制度的核心，它既是供奉祖先神主牌位、举行祭祀活动的场所，又是家族宣传、执行族规家法以及议事饮宴的地方。前文已经谈到过，现存的家族制度基本上是从宋代开始流传下来的，实际上，学术界往往从祠堂的历史判断家族的历史，发现大部分现存祠堂最早是从宋代建立的。然而，在福建宁德地区，有许多唐末的祠堂，如上述的李敦的李氏祠堂，供奉的是李唐王室；周宁礼门的魏氏祠堂，供奉的是魏征，而其迁入祖则可以追溯到五代初年。

除了几个迁入年代较早的姓之外，许多祠堂是从明代开始建立的。这与明代福建整个地区家族制度的繁荣发展有关。这些祠堂往往不仅有一族合祀的族祠、宗祠，或称总祠，而且族内各房也往往有各自的支祠，以奉祀各自的直系祖先。原因在于随着家族人口的繁衍，原先的居住地点已经容纳不下现有家族人口，一部分人只能外迁或常年外出务工，这样，不在同一个地方的族人便既有支祠，又有宗祠，以保证家族的认同感和向心力。对于宁德地区来说，因为有的县外出务工人员占总人口一半以上，支祠的范围甚至扩大到这些务工人员、商人所在的外省和外市，有的宁德商人到一地先建祠堂，造成祠堂林立的现象。

在新中国成立以前，甚至之后很长一段时间内，以家族祭祀、议事和执法为主要用途的祠堂，是家族权威和血缘关系的象征。为了维护祠堂，各个家族对于祠堂都有管理规定，以保证祠堂整洁和香火有期。许多祠堂有司事和祠丁负责日常管理，有的还从本不宽裕的土地资源中调拨出一部分作为祠田或祭田，专门有祠堂管理人员负责，供给祠堂的日常费用。因此祠堂不仅仅是一个半宗教的场所，也是一个司法和举行各种公共活动的场所，因而成为家族制度最典型的标志。

实际上，宁德地区，特别是周宁县，祠堂数量较闽东其他县为多。据统计，在周宁全县 1 046 平方公里的土地上，几乎所有大族聚居之处都有祠堂，一共 115 座，多于寿宁的 96 座、古田的 81 座、屏南的 67 座和柘荣的 85 座。[①] 周宁人的宗族观念之深厚也可从祠堂的修建中窥得一斑：周宁人往往不遗余力地对祠堂的兴建和重修进行投入，许多小姓家族为修祠堂，按丁摊派，每丁出资几百甚至上千元。例如周宁咸村洋中郑氏家族建祠堂每丁摊派 1 500 元，族民毫无怨言地接受，可见其家族观念的强烈、家族团结之紧密。又如狮城镇南庄一村民在重修吴氏祠堂时独自捐款二十余万元；礼门镇礼门村魏氏共同捐资募资一千余万元修建魏氏祠堂。在宁德地区还出现三姓祖先共祀一祠的现象，如萌源肖氏除了肖氏始祖外还供奉着薛姓始祖和夫人以及钱姓

---

① 福建省文化厅：《八闽祠堂大全》，海潮摄影艺术出版社，2002 年。

始祖和夫人，而后二姓已无后人[①]，这同样反映了宁德地区对家族的尊崇。

（2）祭祀

与祠堂功能紧密相连的是祭祖活动。在祠堂的祭祖活动是众多祭祖形态中最核心的一种，但实际上祭祖的场所并不限于祠堂。宁德地区以及整个福建流行的祭祖方式大致分为四类：一是家祭，二是墓祭，三是祠祭，四是杂祭，这四种祭祖方式形成了一套严密的祭祀传统。

家祭，指的是以家庭为单位在居室之内举行祭祖活动，这是最为常见的一种祭祖方式。家祭的对象，一般仅限于父、祖、曾、高四代的近亲祖先，一是因为家庭内部空间不大，二是由于家庭和宗族的分化，更早的祖先是许多家庭共有的，这些祖先的祭祀转变为了一种公共事务。家祭的次数很多，一般在春秋大祭日以及年节朔望日都要举行，其中最隆重的是在祖先忌日进行的祭祀，不仅四代祖先的直属子孙齐聚，还要去祖先所属的分祠中祭祀。

墓祭，指的是去祖先坟墓上祭祀，一般分为春祭和秋祭两种。在现代社会，由于宁德地区外出人员较多，墓祭集中在清明和春节两个时间，一般都是对近祖的祭祀，而若干年会有较隆重的对远祖的墓祭。但祭祀作为当地一项非常重要的传统，即使在"文化大革命"期间也没有被打断，近年来更是呈现出不断规模化的特点。在当地人眼中，一场隆重的墓祭是给祖先和家族增光添彩，是非常"体面"的事情，因此高收入群体也乐意做墓祭，特别是出资举行对远祖的墓祭。

祠祭是在族祠之内祭祀。如上所述，祠堂是家族中处理各种事务的中心场所，因此在四类祭祀中，祠祭是最正规化的一种。每逢祭日，家族无论规模大小，人数多少，一般都会参与祠祭。在宁德地区，特别是在西部的山区，由于家族的聚居，几乎每一个村都有祠堂，而有的祠堂规模非常大，成为附近地域的总祠。在新中国成立以前，大规模的祠祭年年举行，而且有比较严格的仪式和程序，比如每一桌的菜品都有规定，而知识分子较多的家族，还会仿效官府祭孔的仪式。清代编的《宁德县志》就记载了这方面的仪俗。而

---

① 转引自孙绍旭：《农村劳动力转移模式实证分析——以周宁劳务输出百年变迁为个案》，香港天马出版有限公司，2008年，第29页。

改革开放之后，祠祭的时间和内容有了新的变化。以周宁县为例，由于大量人口外出，平时留在当地的民众都为老人、妇女和儿童，因此很难开展大规模的祠祭。但春节时几乎所有在外的周宁人都会回乡，因此祠祭的时间往往被安排在春节，这和墓祭相似。这样，人们在祭祀祖先的同时，还会举行各种拜访活动，祭祖和春节的融合，使得敬宗收族的效果十分明显，在很大程度上抵消了现代经济下人的个体化趋势。

杂祭是除以上三种祭祀形式外的不规则、非定时的祭祀活动。较为突出的是每逢婚丧嫁娶等较为隆重的时节，往往需要向祖先祈福或报告，以获得祖先庇佑。其实农历七月中元节也是一个杂祭较为频繁的时候，这是南方民间较大的一个祭祀时节，福建地区也不例外。

2. 族谱和家乘

族谱和家乘是家族制度的"身份证"，是将一个家族与另一个家族区别开来形成内部身份认同感的重要工具，因此自有家族以来，人们便十分注重族谱和家乘的修撰。在唐代以前，有专门研究各个世家大族门第高下、维系门阀制度的谱学，比如王僧孺的《百家谱》和王司空的《诸姓谱》。但在唐代以后，随着世家大族的衰落，这种谱学也不再时兴。新谱学的兴起是宋明以来的事情，是伴随着新型家族制度的衍生而产生的。福建地区现存的绝大多数族谱也是开始于这个时代。迁入福建的各个家族经过漫长的休养生息，逐渐繁盛起来，需要"溯渊源、分疏戚、序尊卑"，因此自明代以后，许多家族重修族谱、家乘。有的家族还把修谱作为一种义务写入族规或宗族法之中，较为常见的是三十年一修。

不同家族的族谱记载的内容很不一样，不仅仅是各族的户口、婚姻和血缘关系，还包括族墓、族田、族产、祠庙的具体分布和管理规定，以及族规、宗族法和与家族有关的重要契约文书。有的更详细的族谱，还记载着家族历代的重大事件、杰出人物等。这样一本族谱，不仅仅是世系的记录，更是微观历史的大全。现在当地还有不少家族中的老辈们正在重修族谱，当中记载了很多改革开放以来不断涌现的新事件和新人物。这样一种修谱的方式，有三大作用：一是防止血缘关系混乱而导致家族瓦解。随着家族的日益扩大，许多族人之间的关系变得生疏，甚至互不相识，这往往会使家族内的辈分显得混乱，血缘关系不再那么紧密，通过修谱，能一再使族人明确家族秩序和自己在家族内的位置、与其他族人的关系，起到"昭穆分、长幼序、亲疏辨"的作用。二是提高家族荣誉感和族人自尊心，更好地团结族人，使他们相互合作扶持。为此，各族族谱往往美化和抬高祖先。虽然宁德地区有许多原来从中原南迁的世家大族，但也有不少家族把祖先和若干历史名人联系在一起。从家族凝聚力角度来看，无可厚非。三是起到一种隐性道德规范的作用。许多家族规定作奸犯科者不得入族谱，这些人缺乏家族的身份认同，很难得到其族人的帮助和与族人合作；相反，为家族做出重大贡献、取得突出成就的族人则会被详细记录进族谱中，起到激励作用。如此一来，族谱不仅起到规范族人道德行为的作用，族人良好的行为反过来也增强了家族的声誉和威望，这带来了更强的家族凝聚力和家族的权威。二者相辅相成，对于巩固家族制度有重要作用。

近年来周宁县的家族特别热衷于重修族谱。周宁人不断兴起寻根问祖之风潮，修谱规模不断扩大。如咸村8境主要姓氏：洋中孙氏、下坂谢氏、上坂林氏、咸村街蔡氏、门前店张氏、咸洋陈氏等人口较多的姓氏在20世纪90年代前后都有修族谱的记录。80年代以来贡川陈氏就进行了第十次、第十一次修谱，许多小姓也纷纷效仿。通常的程序是，在修谱前要祭谱，并成立一个理事会管理修谱事宜，完成后也要祭谱，然后封存保管，每年只能在规定时间内才能查看家谱。到21世纪，随着经济条件的发展，跨省寻亲、海外寻亲都成为可能，进而也出现了跨省联谱。例如礼门乡魏征后人的一支就寻根于河北进行跨省联谱，并在家乡兴修魏氏宗祠。

3. 族产

家族共有财产是家族制度的另一项重要内容，也是维持家族制度运行的经济支柱。在新中国成立以前，福建各个地区的族产包括土地、山场、房屋、桥渡、沿海滩涂以及水利工程、水锥碾坊等生活生产设施；一些家族涉足工商业，因此其族产还包括店屋、生息银两等项目。这些财产的所有权都是家族共同所有，而且在家族总财产中占据了不少比例。这些财产中，最重要的是族田。新中国成立以前，族田名目繁多，包括祭田、蒸尝田、社田、祠田、义田等。学界一般认为最早设立族田的是宋代的苏州范氏，但福建地区的族田设置最早却可以追溯到隋唐时期，即在一些世家大族迁入福建伊始便设立了族田。但直到明代，族田的设置仍旧不广泛，因为许多规模不大的家族没有足够的经济实力来设置族田。在明代之后，由于商品经济的发展和家族制度的繁荣，族田的设置逐步广泛起来。周宁县在新中国成立以前族田比重比较高，如周宁县族田所占比重为 30.12%，而柘荣为 26.5%，宁德为 23.5%，寿宁为 27%，福鼎为 24.4%。许多家族是从 10 世或 20 世开始设立族田，时间大约在明代至清代中叶这一时期，到民国时期整个宁德地区近 1/3 到 1/5 的土地为族田。

族产主要通过族人的捐助和集资形成，这种形成族产的方式对家族制度下个人处理财产关系的行为具有较大影响。在宁德商人发展的过程中，许多商户；无论事业大小，都热衷于捐助一定资金给自己的家乡。由于每个乡村往往是一个家族的集聚地，所以实际上资金的最终流向是自己的族人。这些资金的用途包括：修建道路；修缮祖宗陵墓；资助贫困族人教育或直接捐资建立学校；投资公益事业，比如养老院的修建；等等。在家族制度下，这些一般的慈善或公益项目带上了强烈的专用性，即受益对象往往是特定的族群。因此，虽然在现代经济和我国的产权制度下不再有如过去那般的族产，但财富仍旧呈现出家族性特征，从而形成一定的拟族产。

4. 乡族与冲突

通过分析宁德地区家族制度的构成，我们得出了大部分家族都是由依附式宗族构成的结论。也就是说，地缘关系和地缘利益对家族制度有深刻的影响。当地方上的利益与家族利益基本吻合时，同一地区的各个不同姓氏的家族可以和睦共处，各个家族之间维持一种平衡关系，比如许多乡有《乡约》，是对各个家族的共同约束。但一旦家族之间矛盾激化，家族之间的恩怨将维持很长时间，基本无法平息。有时这些恩怨是鸡毛蒜皮的小事，比如某一家族某某打了另一家族的小孩，或者丈夫与来自不同家族的妻子吵架，妻子回娘家告状，由此酿成两个家族之间长达几百年的冲突。其实潜藏在这些冲突背后的大多是地缘利益上的矛盾，只不过原来相互妥协合作的两个家族因为小的导火线而不再愿意妥协，于是恩怨越积越深，难以化解了。这个导火索，往往只是"体面"，但这个体面，却同时关乎家族的声望和凝聚力。因此在宁德一带，家族械斗的事情非常多，在新中国成立以后还普遍存在。而在此之前，甚至有家族之间的定期械斗活动：平时相安无事，特定时间举族械斗。

械斗对于家族来说，固然有损失，但却有助于家族内部的团结和家族对于地方事务的控制。常见的情形是：几个关系良好的家族结成联盟，共同掌控特定地域范围——比如几个乡——的地方事务。这样一来，这些家族形成了"乡族"，一个比家族组织更松散，但范围更广的概念。在福建一带，建立在家族基础上的"乡族"是个十分典型而普遍的现象。

宁德周宁一带，地处山区，民风彪悍，家族械斗现象也时有发生。当地咸村至今还流传着这样一句俗语"三房笔头，四房拳头，六房钱头"。大意是说咸阳村住着孙氏的三房、四房、六房，若发生宗族械斗之事，四房出人打架，三房写状子告状，六房出钱疏通，以确保在宗族冲突中立于不败之地。这从侧面印证了宗族械斗现象之普遍。

四、家族制度的转型

新中国成立以前，宁德地区的家族制度是较为传统也较为典型的家族制度，其制度结构主要为大家庭和依附式宗族，其余如祠堂、族谱、族产、祭祀等一应俱全，而且不同宗族相互结合形成乡族。但宁德西部山区的家族制度却有其特殊性：由于外出务工人员众多，许多依附式宗族向合同式宗族衍化。但由于很少有人在外长期定居，只是在农忙时节外出一段时间，所以并没有发生制度结构上的变化。

由于缺乏材料，新中国成立以后家族制度的变化很难描述。但由于土地改革以及之后的人民公社制度，加之在文化上对家族作为一种封建压迫力量的批判，使得这一地区的家族制度丧失了许多功能。几个比较突出的现象是：族田成为了集体共同所有，不再为单个家族所有；祭祖等活动减少了，有的只能私下举行，没有家族式的祠祭了；一些族谱、家乘遭到毁坏；家族所特有的决议权和地方自治的权力被完全剥夺。因此，家族制度处于式微状态。

改革开放以后，家族制度出现了复兴，但与以往相比有质的不同，呈现出现代社会中家族制度的转型过程，但转型仍旧没有完成，而且面临许多困难。主要特点如下：首先，由于大批族人外出务工经商，依附式宗族难以为继，基本上都转化成了合同式宗族，甚至成了一个大的"乡族"，家族界限被模糊了。在经商过程中，同一个家族内部、不同家族族人之间的主导关系变成了利益关系，血缘和地缘关系往往都为利益关系服务；出门在外的同乡、同县的人往往组成一个商人群体，在当地集中经营、居住，逢年过节一起回家祭祖，从而形成了留守在家乡的老年、妇女族人和在外工作的青壮年族人，组成了合同式宗族。而且在外工作的族人往往把自己的身份定位在同县的基础上，家族界限被淡化了，这就使得不同家族组成了乡族。其次，家族的经济基础与家族的地理位置分离了。从根源上说，各个家族仍旧位于宁德各县，但由于当地经济较为落后，家族的主要经济来源是外出工作、经商族人的收入，后者对原家族的回馈形成了上文所说的拟族产。再次，家族内部形成了新的领导团体。原来的老辈领导者基本都退出了管理位置，现在家族的领导者往往由经济实力最雄厚，而且具有较高威望和良好品德、又热心家族事业的人担任，这些领导者往往常年在外，而原居住地则选择能干的族人担任管理人员，这些管理人员往往是基层干部。最后，家族实体被淡化，如上所述，家族之间的血缘和地缘界限都模糊了，但是家族精神和文化却得到提倡，从而形成了宁德商人特有的抱团精神。

第三章　以周宁人为代表的宁德思想与文化

在长期与艰苦环境抗争和外出闯荡的过程中，以周宁人为代表的宁德人身上沉淀了丰富而深厚的人文精神，使得他们能够冲破艰苦环境的压制、束缚，无畏地面对创业路上的各种艰辛险阻，沉着地应对挑战、挫折。他们是时代的弄潮儿，不断地创造着辉煌的业绩。他们身上闪耀的人文精神是他们继续坚定前行的不竭动力。

从这样一个有活力、有创造力的群体中，我们可以明晰地看到他们共同的特质：吃苦耐劳、艰苦奋斗的精神；敢于冒险、积极创新的精神；开放包容、务实灵活的精神；抱团互助、知恩图报的精神等。这也注定他们不会甘于平凡。

一、吃苦耐劳、艰苦奋斗

面对艰难，一些人选择屈服或者逃避；而另一些人则会选择勇敢地应对挑战，不惧困苦，坚忍不拔，开辟自己生活的新局面。

宁德人大多为移民而来，在迁徙到此地时已经备尝艰辛。现在宁德 25 大姓中除了林、黄、吴、江、凌五姓不可考外，其他 20 姓都是外来移民。千百年来，一家家人，一个个小群体，陆陆续续，人数或多或少，携带少量行囊沿着荒山野岭一路前行，餐风饮露，相携而行，落脚于山野中，然后搭所茅寮，垦荒种植。经过几百年辛勤耕耘繁衍，逐渐形成村落，先到者占据大些的地盘，后到者只能钻进小山沟。一路迁徙而来，走走停停，前后上千里，翻山越岭、过江蹚溪，其中当然有很多饥肠辘辘、筋疲力尽的时候，既有体力上的巨大消耗，更有精神上的煎熬，举目无亲，前景苍茫；有些人甚至还要躲避追捕，风雨兼程。这是他们苦难的开始，也许是最艰苦的时段。迁徙的苦难经历已经给他们的筋骨里注入了坚强、忍耐的元素。

他们到达宁德后开始了另一种艰苦的生活。周宁县环境恶劣，海拔高差大、山地多、交通不便；耕地少，土壤肥力差；自然灾害频发。长期生活在这样一种人地矛盾尖锐的环境下，无疑会激发起人们无畏的斗志，来克服外在的种种困厄，周宁人自古就有敢于拼搏、甘于吃苦、勇于闯荡的精神。在历史上他们用自己的血汗来开辟梯田、打通道路、冒高温铸铁炼锅；另一部分周宁人不甘于局促在本地，终年劳苦，收获寥寥，穷则思变，他们转而外出闯荡，辛苦打拼，力争有生活境遇的好转。

1. 改造环境，修建道路和梯田

陡峭的地形和贫瘠的土壤条件给山民们的耕作带来极大的困难，也意味着相比其他地区，他们只有付出更多的艰辛才能养活家人。他们使用的工具极其简陋，如木柄、铁犁、锄头、田刀、荡板、草耙等，偏远的山区还有使用原始的"人拉犁"；收获工具主要为镰刀、稻榫、稻梯；运输工具主要为扁担、簸箕、篾篮、尿桶、布袋。长此以往，他们形成了吃苦耐劳的秉性，并在从事商业或者外出闯荡的过程中得以很好地体现出来，这也成为他们的竞争优势之一。

由于周宁与周围各县交界处多为高山环绕，山岭相阻，舟楫不便，交通闭塞，在1959年5月小（古镇）浦（城）公路赛浦段通车后，交通闭塞状况才有所改观。在古代的交通条件下，福建与中原的交通主要还是靠陆路。从福州到温州、台州之间的闽东地区，山高坡陡，岭峻林深，道路险阻，与外界的交流极其困难。

周宁人一直在与闭塞的交通状况做着艰苦的抗争。为改善交通，他们用自己的血汗循山势铺就道路，在新中国成立以前技术尚极其落后的情况下，完全依赖人力开山拓野、清理乱石，在群山间开辟出了一条条道路，至今在周宁仍能看到一些道路的痕迹。在需要跨越山隘时，则顺应地形，适当延伸线路长度沿山坡逐渐盘绕而上，设无数石级形成岭道。现在到周宁县还能看到使用现代技术修建的栈道，在很大坡度的山岭上用石板砌起起伏延绵的道路，其陡峭程度要超过长城。在现代的技术环境和物力财力下修建道路尚如此艰难，前人以其血肉之躯，筚路蓝缕以开山林，其艰辛应是超过人们的想象了，他们甘于吃苦的精神显露无遗。为了保障与外界的联系，人们除在主要桥梁上建造廊屋以便行人避雨外，还在崇山峻岭里选择在向阳避风、有泉水的地方修建众多路亭。

为了与外界有很好的联系，他们依靠人力抬挑，将本地的物产外运，再将本地需要的异地物产运入，一路往返艰辛可知。他们用自己的肩膀将太子参、茶叶、银耳、香菇、蓝靛等担出群山，再通过陆路或者海路转运到全国各地；又将棉布、丝织品等输入。山民们为了与外界保持沟通付出了多大的劳苦！但艰苦的环境使得他们变得坚韧，以自己微弱的力量与自然做着抗争。

2. 冒高温铸造和烧活性炭

囿于当地的资源条件，宁德有很多耗费较多劳动力的手工业类型，比如，水礁磨坊、炼铁、铸锅、烧制陶瓷、制砖瓦等。

早在明朝中后期，当江南地区出现资本主义萌芽的时候，周宁农民就开始利用农事间隙，外出闽北等地从事扛木桶、烧木炭等卖苦力的活动。清代雍正年间，杨氏三兄弟（杨联旦、杨联万、杨联学）携带晚辈孙作、孙忠到周敦下坂开炉铸锅。道光年间部分铸锅技工带领一批劳力奔赴闽北建瓯、建阳、崇安和闽东的霞浦等地。

从鼎鼎有名的"东洋锅"的铸造过程中可以看到，其过程颇为复杂，需要的劳动强度很大，更为严酷的是铸铁过程中的高温炙烤，其辛苦更非常人所能忍。宁德人凭借其吃苦耐劳、认真踏实的精神，打造出了精品，由于所铸铁锅壁薄耐用，价格低廉，东洋锅从乾隆年间到民国时期逐渐扬名，到清代中后期已是闻名遐迩，在周宁当地的铸造业中居于重要的地位，影响很大。

宁德另外一个重要的行业是烧炭，把树木截成段，在炭窑中点燃，烧到一定程度，封闭炭窑空气进入，余热继续加热木材进行干馏，水分和木焦油被馏出，木材碳化成为木炭。当地一些人在山林中采伐树木，其中包括毛竹，辛勤烧制，从采伐、截切、烧制到成品运输等，需要耗费很大的劳动力，工作颇为繁重。

3. 外出闯荡

据《周宁县志》，1949 年周宁全县社会总产值为 664.52 万元，其中农业占 87.40%，手工业占 9.59%，建筑业、商业、餐饮业占 3.01%（按 1980 年的不变价格计算）。当时周宁县人口为 55 448 人，人均社会总产值约 119 元。为了生存，山民们不得不选择农业以外的经济来源，而落后的工商业也不能满足山民的需求，于是山民选择了外出劳动。于是也将这种吃苦耐劳的品格带到了他们前去打拼的地方。

周宁农业落后，且不具备大力发展本地工商业的条件，因此山民们选择农闲时候外出务工以补贴家用，解决本地农工商业发展的不足。自明以降，周宁山民逐渐养成外出务工的习惯，而且外出的比重越来越大，从事的行业也不断扩展。

民国时期，境内手工业属于私人经营，多属串村，流动加工。周宁山民在本县及周围地区走街串巷、到处周转以觅些许机会，沐风栉雨，饥饿时也不过稍稍充饥，不敢多有支出。当时开办的一些商店，如百货、饮食业、医药等，商品货源主要从福鼎、平阳、赛岐、穆阳等地肩挑运入。

为了获得更高的收入，很多周宁人选择外出。以铸锅工人为例，民国时期外出铸锅的技术人员除本人日常生活外，每人每年可挣取 180～200 元（相当于 75～83 担①谷子），普通做工人员可净挣 50～100 元（相当于 21～41 担谷子）。狮城镇的虎冈、坂头村有七八十名铸工带着炉工、挑锅和烧炭工等 1 500 人，外出到闽北、罗源等地办铸锅厂近百家，为当地的主要副业收入。外出劳动力一般在水稻种植以后出门筑炉、制模和烧炭、购买原料，秋后开

---

① 注：担是市制重量单位。一担等于 100 斤。

炉生产，春节期间除了留下少数人驻场外，多数劳力回家过年，元宵后再陆续外出。一年外出大概八个月。外出奔波和铸锅的艰辛自不必说，宁德人一直坚持此项事业到新中国成立。

此外还有建筑业。民国时期，礼门一带农民在部分建筑工人的带领下，季节性外出从事民房建筑并成立了建筑队到福安、宁德一带修建房屋。狮城的石匠、礼门的泥匠、纯池的木匠，外出闽北、闽东和浙江龙泉等地从事土木建筑颇有声誉。直到现在，礼门还存有泥筑的房屋，较厚的墙体，全为泥砌，历经多年而未坍塌，可以想象当时人们砌墙时，耗费多大的辛劳夯实土坯，一块块堆砌起来，又使得整堵墙浑然一体。为了更好地生活，他们在外面打拼，用自己的血汗来建造起一处处房屋。他们建造房屋不马虎草率，力求建造的房屋座座坚实。他们这种踏实、追求卓越的精神为他们赢得了很高的声誉。建造于 1941—1947 年的福州宁周会馆、支提山的华藏寺、霍同邑坂的林氏宗祠等，工艺精湛，深受赞誉。

另有部分劳力，为躲避抓壮丁而常年在浙江南部与闽北地区从事木材采伐与原木搬运。李敦、礼门一带熟悉参茸商情的村民，利用农闲季节到浙江、江西、香港购买人参、鹿茸到闽北销售。依然是到处奔波，南北穿梭。奔波的日子依旧艰苦，但已经比在家抱膝守穷好了一些。

1949—1978 年间，由于"左"的思潮逐渐抬头以至居于主导，整个农村经济停滞不前，工业发展从属于备战需要，而发展重心转变为重工业。集体化和户籍管理制度使得农村人口外流困难，而政府通过行政手段使得城镇富裕人口回流到农村，进一步增大了农村的生存压力，人地矛盾。即便在政府的严格管制下，宁德尤其是周宁人仍然有大批人员外出。1973 年，当时全县人口 127 128 人，外出近万人，占全县人口的 8.3% 左右，也相当于改革开放之初全国平均数的 10 倍左右。周宁人为了躲避严查，选择走小道到闽北，有的人甚至连外出的路费等必要费用都不足，其艰苦可知。周宁人的先辈为了迁徙此地而费尽周折、历经万般艰难，而此时为了外出，又再次经历此种悲苦。这一阶段的劳务输出规模小、收入少，但改善了周宁山民的收入，改善了生活条件，进一步扩大了周宁山民与外界的接触面，积累了资金、经验，培养了一批经济能人，为改革开放劳务输出面临的新环境准备了条件。

改革开放后，一系列政策的松动和改革，加上沿海对外开放格局的形成，周宁劳务输出迅速发展。这个阶段周宁人均粮食量停滞不前，但工业有了很大的发展。到1988年，除了铁锅、革布箱等产品外，无论产品的种类还是数量都较1978年有了很大的提高。同时还出现了新产品，如工业锅、精制茶、纯棉布等。在消费品中，棕床、罐头等奢侈品产量的提高较为明显。棕床提高了十多倍，罐头的产量也提高了近三倍。其他各种主要的工业品也成倍地增长。工业行业不断增多，产业也渐趋合理。改革前十年，周宁的商业也有很大的提高。1988年，全县商业网点1 965个，每千人平均商业网点12.58个；从业人员3 257人，每千人平均从业人员20.87人；商业销售额5 270万元，全县人均销售额336.74元。[①] 工业和商业都有了很大的发展。

在国家政策放开的情况下，宁德人吃苦耐劳的精神得到很大的发展空间，外出务工人员的收入有了很大的提高，这也进一步促进了农村富余劳动力的转移。此外交通的改善也促进了劳动力的转移，如闽北的政和、建瓯这一路线，仍然发挥着劳务输出主渠道的作用；而县境内的李敦、礼门、纯池等汽车班次较多的乡镇是这一时期劳务输出较多的地方。在这一系列因素的促进下，一批批周宁山民以"亲帮亲""邻帮邻"的方法，一大批农民成群结队外出劳作，遍及全国15个省、市、自治区。1988年，全县外出劳动力1.2万人，创办大小企业1 040家，劳务收入达3 700万元，主要从事生产，经营铸造、活性炭、建材、建筑等行业。劳务输出行业不断增加，输出渠道不断拓宽，为后来的发展打下了坚实的基础。

周宁人的勤劳和拼搏精神，为自己赢得了更为宽裕的生活条件，也奠定了自己事业的基础。1985年全县外出劳务收入达2 300万元，为全县工农业总产值的67%；当年全县人口151 361人，全县人均劳务收入151.9元。周宁县劳务输出，无论从输出人数所占比例，还是输出的范围半径，都大大超过全国平均水平。外出的闯荡总是不易，周宁人却有着几百年艰苦闯荡的历

---

① 转引自孙绍旭：《农村劳动力转移模式实证分析——以周宁劳务输出百年变迁为个案》，香港天马出版有限公司，2008年，第35页。

史，无疑是很让人感佩的。

20世纪80年代末到90年代初，特别是邓小平南方谈话和浦东开发以来，周宁的劳务经济又有了新的发展，随着这一时段的劳务经济的发展，周宁外出劳务人员已遍及全国各地，除西藏外，大陆各省、市、自治区均有分布。

90年代初，周宁在沪的企业仅有十几家，从业人员几百人。1992年后，浦东开发进入一个新的时期，周宁人以每年平均递增3 000人以上的速度涌向上海滩。据统计，到1998年周宁人仅在上海一地就达2万多人。1999年全县外出经商、办企业2 800多家，从业人员3.6万，年总产值逾50亿元，年纯劳务收入逾7亿元。2002年周宁人在上海的人数达到4万多人，创办企业3500多家，完成销售额180亿元。周宁人在上海创办了许多有影响的钢材贸易企业，如逸仙钢市、七宝钢市、江杨钢市等。

80年代末90年代初，宁德人刚到上海时，从事建材交易的人们为了省钱，晚上睡觉只能睡在马路上，饥饿时吃最便宜的方便面充饥，没有钱雇用帮手，他们自己扛水泥、拉钢材等，骑着破自行车跑生意。路由自己疲惫但坚实的步子一步步走出，他们任汗水浸湿自己的衣衫，经受着炎暑，遭受着他人的歧视和冷漠。他们跑熟了门道，逐渐精通了业务，规模也越做越大，逐渐走向了专业化。

二、敢于冒险、积极创新

正如歌曲所唱"爱拼才会赢"，福建商人历来有敢冒风险、进取拼搏的精神传统。周宁人在这一点上是有其独特特点的。首先，同样传承古越民民风并同样处于政权控制的边缘地区，这使得周宁和闽南沿海地区有着同样的自由与奋进精神。其次，周宁的自然环境格外艰辛，也让周宁人时时面临不得不寻求进取的生存压力，而其功利主义的思想则给了这种进取以精神的凭借与指导。

20世纪90年代初，周宁人将在广州、汕头、厦门、福州等地有实力的民营企业，纷纷迁入上海，率先集中在浦东扬高路，创办三十多家建材公司和商店，被称为"周宁建材一条街"。

在众多商人中，周华瑞和陈翔闭在这方面是比较突出的例子。

上海"钢材超市"创始人周华瑞，1958年出生在福建周宁县山区，是个典型的福建汉子。其在家乡茶场务过农，当过3年兵，又在多家工厂当过工人和供销员。1985年，周华瑞毅然辞掉了家乡的铁饭碗，决心闯荡大上海。90年代初他在上海开办申宁建材经营部。在上海做了10年建材生意并掘到了第一桶金的周华瑞，敏锐地觉察到上海在"一年一变样、三年大变样"地走向国际化大都市的过程中，城市面貌将会发生翻天覆地的变化，大批旧房危房要被推倒，新建的市政工程、酒店、商务楼和居民住宅区需要大量钢材，这是一个巨大的商机。1995年下半年，他在市场调查中了解到，上海现有的18家钢材市场因规模小，存在着诸如"开票付款在市区，看货提货在郊区"等弊端。他多番思考：如果能办个集仓储、交易、运输为一体的钢材超级市场，这种弊端不就可迎刃而解了吗？于是，他请冶金部专家前往上海考察论证。论证结果表明，在上海开办钢材超市是可行的，但超市应选址在地理位置优越、交通便捷的地域。经多次考察，周华瑞认为，位于逸仙路内环线出口处，东临上港九区，北与上钢一厂、五厂、宝钢等大型钢材生产企业相邻，西南与沪上最大的铁路运输枢纽北郊站相距2.5公里，铁路311专用线通过其间580米的一片占地4万平方公里的地盘，办超市最为适宜。于是，他毅然租下这块年租200万元的地面，创办全国首家钢材超市——上海逸仙钢材现货交易市场。超市设有28个房间和156个席位的交易厅，并配备有程控电话、电脑联网等现代交通设施。进驻超市的企业能与客户直接见面，看货、交易、托运可一次性完成，大大缩减了交易环节和时间，方便用户，提高效率。同时超市实行全天候24小时服务。

华瑞创办超市的消息一经传媒报道，随即引起全国各地钢铁生产企业和国家体改委的重视。天津天龙镀锌有限公司、唐山长虹轧钢厂、南京钢铁总厂等50余家外省钢铁生产企业和贸易公司进驻此超市，国家发改委也及时派员调研此超市运行情况。上海《新民晚报》将它列为"上海之最"。至1998

年年初，此超市已营运一年多，年交易额达 6.6 亿元，税利 260 万元，成为福建省在沪企业的佼佼者。之后，华瑞又在管理好超市方面下苦功夫，使全体员工外树形象，内增素质。1998 年 4 月，华瑞又以市场为载体，成立了钢材配送中心。该中心的成立，使"逸仙市场"在上海钢材市场出现历年来少有的低迷情况时仍稳健发展。

1997 年至 2004 年，钢材交易市场得到了跳跃式发展：进场企业从 1997 年的 26 户增加到 2004 年的 649 户，年平均增长率 58.3％；交易量从 1997 年的 10 万吨增加到 2004 年的 420 万吨，年平均增长率 70.6％；进场企业上缴税金从 1997 年的 20 万元增加到 2004 年的 3 400 万元，年平均增长率 108.3％，即平均每年翻一番多，8 年累计上缴税金达 7 100 万元，为国家建设做出了巨大贡献。

逸仙市场集交易、仓储、运输、信息、网络为一体，仓库占地面积 4.2 万平方米，有龙门行车 7 台、移动吊机 3 台，铁路 311 专线贯穿库区 580 米，提供宽带上网，在上海的钢材现货交易市场中率先使用远程库存查询系统。2002 年，公司通过了 ISO9001：2000 版国际质量体系认证。

2001 年，公司投资 500 万元在宝山区开设了物流配送有限公司，面积 2.6 万平方米，铁路专线双线进入货场 260 米，并与逸仙市场的数据库联网。2009 年 6 月 8 日，公司在宝山区兴建的占地 160 亩的淞港钢材仓储有限公司正式运行。此外，公司还在铁路何家湾车站兴建了占地 10 万平方米的仓储物流加工基地，为企业的发展提供了更大的空间。

周宁人凭借勤劳、务实、灵活和智慧，在上海钢材贸易市场站稳了脚跟，逐渐发展壮大。周宁上海商帮，在全国钢材交易市场占有巨大优势，在以上海为中心的长三角地区占有绝对优势，其交易量占到地区的 70％至 80％。周宁上海商帮在上海闽商中占 50％以上，构成了上海闽商的主体。

随着 1985 年木材市场开放，礼门的陈翔闭于 1989 年率先闯上海，经销木板材。经过几年风风雨雨的拼搏，生意越做越大，他接二连三地把礼门、李敦、泗桥的乡亲接到上海，由他出资、提供货源，开办木板材分店上百家，年销售额逾三亿元，被誉为"地木板大王"。

　　陈翔闭的出生地礼门乡，是一个非常偏僻的地方，山高壑深、林密石奇。因为家里没牛，他在小时候就开始拉犁耕田。由于对这种艰苦生活感到厌倦，他决定走出去闯荡。他带着仅有两件破衣服的包袱，徒步翻过高峻的稠岭，走向建瓯，他在这里当过泥水小工或者编织蓑衣，依然仅仅只能勉强糊口。他曾经尝试过种植蘑菇、做木炭，结果都是以失败告终。后来他曾尝试转卖南平木炭到古田，他不顾崎岖的山路徒步前往古田试探，他在途中发现一个检查站，检查站为必经之路，一开始他心生绝望，后来尾随站长到他家附近，等到站长吃完饭又回去检查站时，他大胆进入站长家里，看到站长母亲在忙家务，他就主动帮她做家务。老妈妈很喜欢他，就问了他的经历，陈翔闭详细道出，老人等到站长回来时哀求站长帮助这个青年，站长无奈答应。他的销售开始畅通，将南平的木炭源源不断地运往古田，这样持续一个月，后来南平供销社忽然发现这笔交易不是在国有渠道内进行，断然停止了这批交易，陈翔闭还险些被当作投机倒把分子给抓起来。屡屡失败，并没有彻底打倒他，他又尝试到甘肃卖生姜、到武汉卖黑木耳，都因信息的不完全而失败。后来还是凭借到新疆转卖鹿茸才有所转机。以上是计划经济时代的故事。

　　后来陈翔闭转向在家乡办地板木企业，在没有任何经验的情况下，他不断学习、尝试，终于制造出自己的优质的地木板，这些地木板被陆续销往省内外，这使他取得了很好的经济效益，同时也积累起管理企业的经验。

　　1989年，上海市场不景气，产品大量积压，亏损较多。此时亲友们与陈翔闭站在一起，为他提供支持，与他共渡难关。不久后陈翔闭变卖地板厂来到上海闯荡。他在上海建国西路开了一家门市部，一方面推销自己原先生产的地板木，另一方面经营自己采购的茶叶、土特产以及陶瓷等。创业之初可谓筚路蓝缕，暑日烈日炎炎，道路炙热，高温逼人，陈翔闭拉着板车推销产品，四处叫卖，汗水掉落在地上，四处迸溅。

　　陈翔闭经商一直不惜力，再加上自己非常注重信誉、服务热情，不因小利而欺诈顾客，有需要搬运的就自己拉板车帮着运，从顾客的需要出发推销自己的产品。其业务逐渐拓展开来。越来越多的人加入他的企业，一些企业也自愿成为其下属企业，他的"上海熊山木材集团公司"经营着人造板、地

板木、木板等三大类七八十类品种，控制着上海 70％～80％的市场。其公司下属有 17 个姓氏的 170 多家的企业。1998 年始，他与人合作主导经营上海九星建材市场。经过苦心经营，上海九星建材市场成为上海乃至全国建材市场的巨无霸，堪称中国第一建材市场：占地 1 000 多亩，已经拥有七八万的从业者在这个市场经营，其中属于陈翔闭自己系列的商家就达数万人。

此外，当地人有一些甚至到处于战乱的伊拉克闯荡，到利比亚、伊拉克寻觅商机。与其他地方的人先学国外的语言然后再出国闯荡不同，他们往往是先到国外着手进行商业活动或者其他方面的经营活动，边干边学语言，逐渐融入到当地的生活中。

三、开放包容、务实灵活

宁德人身上有着很强的开放包容精神，追本溯源，是其地缘之因。各种学术思潮思想影响，历史源流，社会变迁等因素使得宁德人身上有了这种精神。

周宁所在的闽东地区，正处于闽北、闽南和浙江温州三角形的中心。由于此地缘之利，闽东处于闽北朱熹闽学派的"调和"思想、温州叶适永嘉学派的"事功"思想和闽南李贽泰州学派的"商农并重"各自的文化辐射区内。三派存在时代、所持观点各不相同，但均给周宁地区留下了各自的独特印记；而周宁人由于地缘与历史沿革而形成的独特包容性，也使他们得以兼收各家思想而形成其重视实用的思想特征。

周宁地区人民广泛接受正统、非正统的各种思想精神。这一方面有其地缘之利创造的有利条件，但更重要的是周宁人民自身独特的包容性。而这种包容性一方面如前文所述，是因为艰难的地理环境导致了为求生存而不得不多行变通之道；另一方面，也是其独特的历史社会变迁状况所塑造的，其中建制的频繁变动正是重要的一环。

民国之前，明嘉靖三十五年（1556 年）今周宁地区建东洋行县，由宁德县主簿驻征赋税。清雍正十三年（1735 年）分割东洋里十五至十八都设东洋分县，由宁德县丞驻治，光绪三十三年（1907 年）改由县佐驻治。

民国期间，1912 年，东洋分县改由宁德派分驻员治理。1915 年改设公安分局。1933 年 6 月改设宁德县第五区。1935 年 6 月改周墩特种区，脱离宁德县管辖。1936 年 2 月又改为宁德第三区。1937 年 1 月，复为周墩特种区，隶属第一行政督察区。1943 年 9 月改隶第八行政督察区。1945 年 8 月 1 日设县，定名周宁，隶第八行政督察区。1948 年 9 月，宁德县咸杉乡 127.7 平方公里划归周宁县管辖。

解放后，1949 年 6 月 28 日，周宁和平解放；9 月 1 日，成立周宁县人民民主政府；11 月 12 日，成立周宁县人民政府，隶福安专员公署。1955 年 9 月，寿宁划出第六区辖地 278.7 平方公里归周宁县管辖。1970 年 7 月起，隶属宁德地区。[①]

由此可知：第一，周宁 1945 年才正式设置，建制最迟，相对处于统治边缘。福建本身长期处于中国统治的边缘地区，而周宁又处于福建政治边缘地带，受到主要正统思想的影响自然更小。第二，周宁隶属关系变动频繁，多次反复改隶宁德、第一行政督察区、第八行政督察区，其发展的指导思想必然缺乏连贯性。第三，周宁治下辖区范围变动频繁，这导致其辖下不断有其他地区的乡民进入，虽然地理上相隔不远，也仍能一定程度上带来更多交流，易于取长补短。总而言之，周宁建制的混乱使其形成了极强的包容性，这种包容性也为其吸纳各种不同思想——无论是上文三派的学者思想，又或是乡民朴素的自我发展思想，而这种包容性的思想又因地理之艰辛而形成以功利主义的实用思想为主导，任何范畴的思想只要有用均可采用的局面。自然而然的，在周宁"八山一水一田"的农耕条件下，外出经商能够调和人地矛盾，改善山民生活，重商思想自然就是实用的，应当被认可的，而不是予以抑制，这就形成了周宁人外出经商的思想基础。

多重影响下形成的注重实用的功利主义思想给周宁人外出经商奠定了思

---

① 郑步钦：《周宁县志》，中国科学技术出版社；1993 年版，第 24—25 页。

想基础，而这一基础上形成的周宁商人的特殊人文性格，则为其走出山区、在外成功创业提供了重要的辅助条件。周宁商人的这种性格在对外的层面主要体现在两方面，一是强大的适应能力，这使他们能较为容易地在周边地区乃至延伸到全国各地迅速立足，并寻求发展契机；二是敢于冒险、拼搏奋进的精神，这一点使他们能在创业初期披荆斩棘，并在发展过程中不断寻求自我突破，做大做强。而周宁商人人文性格在对内的层面则体现在以传统家族文化为纽带的团结精神。

四、抱团互助、知恩图报

上海建材市场，闽东人经营时尚不熟悉情况，不少企业被诈，资金短缺，借贷无门，管理混乱，竞相杀价，企业间缺乏了解，出现一些企业经营不善、走上歧路等各种问题。周宁在沪大户周华瑞等产生了危机感，为了确立自身形象，团结这支队伍，立足上海滩，发展壮大，组成联合舰队，形成集团优势，他们多次商议，想在企业自愿基础上成立半松散半紧密型联合机构，议定合作范围和办法，逐步吸引中小企业参加，形成"船大好冲浪"的局面，再形成高档次的联合，设法对困难企业及时扶持，为其排忧解难，扩大"宁"字号企业的声誉和影响。1994年5月1日到年底，在沪13家大企业经过多次商谈，商议周宁在沪企业走向何方，年底周宁县领导相继抵沪，拟成立集团公司，成立上海在沪联谊会，由于种种原因，均以搁浅告终。但他们并不气馁，心往一处想、劲往一处使，1995年7月终于摸索成立了"周宁在沪企业互助会"。但成立之初，彷徨、观望、欲进而不能者有之，被称为"乌合之众""瞎搞一气"者有之。凭着一股无私奉献的精神，尽责尽力，创办短短的半年多时间，就以其团结、互助、友爱、敬业、守业精神，及时为企业排忧解难，被誉为"救火队"，哪里出现"火情"，哪里就有互助会。1996年2月24日，周宁上海商会在互助会的基础上隆重成立，这是全闽东乃至全福建省县一级在上海成立的第一个基层商会，首批会员由53家企业经理组成，实行在常务理事会领导下的会长负责制，设立秘书处为商会日常办事机构。

周宁县商会成立以来，充分发挥组织作用，树立服务理念，努力为会员办实事、排忧解难，既为企业解决资金困难，也帮助企业处理经济纠纷。商会成为周宁籍商家的大靠山，也有益于整个企业群体素质的提高。

除了周宁县上海商会，在上海的商会还有市级的宁德市上海商会，县级的蕉城区上海商会、上海屏南商会、寿宁县上海商会、霞浦县上海商会、福安市上海商会、古田县上海商会、柘荣县上海商会。这些在上海的商会积极开展活动，提倡"爱国、敬业、诚信、守法"，敦促会员遵守国家和上海市的有关政策法规，依法经营，照章纳税，努力提高会员素质；积极扶持会员发展、维护会员的合法权益，为会员排忧解难，做好会员的服务工作，这是各商会比较常规化的职能之一；闽沪经济共同发展构筑平台，促进两地之间的经贸往来、经济协作、科技合作、文教卫生和信息交流；及时为会员提供招商政策、市场动态、商贸、经济、科技等信息，为会员提供政策法规、财务、商务、法务、公关服务，以及企业运营管理服务和法律咨询服务；积极做好闽沪两地有关部门的联系和协调工作，支持会员在沪依法正常开展经营活动；依法成立分支机构，投资兴办公益事业项目；开展捐资助学、扶贫济困等公益活动。这些活动产生了很好的社会效应。

商会成为联系宁德人的纽带和桥梁，将大家凝聚在一起，整合资源，集体协作，既有力促进了在外经营者的事业起步、平稳发展，又极大地促进了家乡的建设和社会事业的发展。

当他们的事业获得一定的成功后，他们并没有忘记家乡。他们或者积极投资家乡项目，或者捐资助学、修路等，产生了很好的社会效应。他们在返回资金、传递信息、引进项目、更新观念以及为本地产品促销等方面，促进了闽东经济的发展。如周宁在沪企业90年代中期每年都有二三千万元资金返回家乡，在家乡办企业；霞浦乡镇企业总公司，投资300万元在霞浦兴建乡镇企业大楼。1995年9月6日，闽东在沪企业上海帮泰经贸发展中心总经理包章泰先生，向黄田临汇中学希望工程捐资一万元。周宁、福安在沪企业直接参与赛岐开发区建设，还有些县市的在沪企业直接销售本地农副产品和石板材以及帮助家乡找项目、介绍合作伙伴等。

周宁人素有热心公益的良风美德，县境内道路、桥梁、路亭、水井等建设，历来是民间集资或募款兴建，或由个人捐建。如今，每年春节也是事业有成、乐善好施的企业家们回馈桑梓的时刻。他们发展在外，心系故乡，慷慨解囊兴学建校、铺路修桥、扶贫济困、结对助学，一片恋祖爱乡情怀。据不完全统计，在2003年之前的数年内，周宁在外企业家共对家乡的各项建设捐资达500多万元。其中全县所有行政村的水泥路硬化工作，都得到在沪企业家的支持，累计达180多万元。企业家对家乡教育的支持最踊跃，有30多位在外企业家被聘为县里各中学、小学、幼儿园的名誉校长，他们为学校捐款捐物达40多万元；有周氏兄弟为父亲做寿，把15万元捐做教育基金，诸多善举皆成美谈。驻沪企业家还与家乡400多名贫困学生结对，累计资助50多万元。

前面提到的陈翔闭带动乡亲们一批批外出闯荡市场，并且其中很多人都有了很好的事业局面。他还积极建言献策参与家乡建设，作为县政协委员，每次开会，他都会放下手中的工作返乡参加会议，并结合自己的所见所想，积极建言献策，以供县委、乡政府决策思考。他还积极捐资支援家乡建设，据不完全统计，仅他一人就为家乡累计捐资近200万元，极大地促进了家乡道路等公益事业建设。仅在2007年清明节返乡祭祖期间，就无偿捐资约80万元。这也带动了其他乡贤踊跃捐资。

周宁人乐意做的既有只讲奉献、不图回报的公益事业，也有在商言商、公私双赢的商业行为和市场创新之举：县一中迁建要融资，每股20万元，有35人投了36股，一下就集资720万元，企业家们便成了新学校的校董；县宾馆改造缺资金，17个在外企业家按一股2万投资38万装修，即拥有连续5年每年1个月的使用权。第二年春节回乡，他们就住进了自己投资的豪华套房。

在这些达人的积极贡献下，宁德市发生了很大的变化，交通很便利，四通八达，可以顺着盘旋的山路欣赏宁德的各处美景，市区非常繁华，高楼林立，绿化也很好，处处洋溢着现代化的气息。

当然宁德人身上还有其他精神，在他们的创业、为人处世、回报乡里的事迹里可以看出来,如诚信、注重信誉,周华瑞在经营之初,发挥自己所有的能力为客户服务,做好生意,让顾客百分之百满意,他的服务水平达到了无可挑剔的程度。不管时间多晚,不管刮风还是下雨,只要是客户打来电话,他都一如既往地及时送货,令人难以想象,有时他用脚踏三轮车送货居然送到离店铺 30 多公里的龙华工地上;只要产品有任何问题,如脱胶,他都会重新更换地板胶,即使是顾客选货不当引起的问题。此外,还有重孝精神,提倡要尊敬、孝顺自己的父母,好好做人。

五、宁德商业文化的渊源——经世济民、以商计功的永嘉学派

中华民族数千年生生不息、绵绵不已,是有着强大的生存力和发展力为其驱动力量的。从春秋战国时期的《易传》和《管子》,再到南宋时期的永嘉学派,一代一代的政治、经济思想家对于如何更好地实现中华民族的生存发展提出了许多具有针对性和实效性的发展学说,它们构成了具有丰富性和深刻性的传统发展观。永嘉学派主要的活动区域在浙东和闽北地区,地缘上的相近再加上学说的"民生性",使其成为宁德商业文化的渊源。其思想可主要归纳为以下三个方面:

1. 计功生财的社会经济理论

永嘉学派被视为事功之学,主张利与义的一致性,"以利和义,不以义抑利"(《习学记言》卷二十七《三国志·魏志》),反对某些道学家的空谈义理。所谓"永嘉之学教人就事上理会,步步着实,言之必使可行,足以开物成务。"(黄宗羲《宋元学案》卷五十二《艮斋学案》)永嘉学派的学术特点和思想追求就是"步步着实""开物成务"。其实质就是以实际的物质经济的发展为首要之务,首先要实现经济上的发展,以经济的发展满足民生,以经济的发展推动社会。

叶适从"物之所在,道则在焉"的道器统一论出发,提出了功利与道义

相统一的发展思想和伦理观念。叶适批评汉儒董仲舒"正谊不谋利，明道不计功"的观点，提出："仁人正谊不谋利，明道不计功，此语粗看极好，细看全疏阔。古人以利与人而不居其功，故道义光明。后世儒者行仲舒之论，既无功利，则道义者乃无用之虚语耳。"（《习学记言》卷二十三，《汉书三·列传》）主张"以利和义，不以义抑利。"（《习学记言》卷二十七《三国志·魏志》）要"崇义以养利""称财而为利"（黄宗羲《宋元学案》卷五十二，《艮斋学案》）叶适高度强调道义必须要有功利的效应，道义作为社会发展的合理规范，必然也必须是能够带来社会实际发展功效的，道义与功利内在具有一致性，道义是功利的最佳发展模式，而不是用来抑制功利的。

叶适等人继承了前辈薛季宣的"唯知利者为义之和，而后可与其论生财之道"的思想，高度重视发展物质财富的"生财之道"。他反对脱离实际、空谈性命、"以功业为可略"的迂腐观念，强调发展实际的功利："课功计效，一事一物，皆归大原。"（《水心文集补遗·历代名臣奏议》）。对"专以心性为宗主"的理学旨趣提出批评，他认为是违背了"尧舜以来内外交相成之道。"（《习学记言》卷十四，《孟子·告子》）主张重视外在的物质功业的发展正是圣人之道的基本内容。显然，叶适的这一思想纠正了程朱理学偏重道德的发展，而偏轻经济发展的思想观念。毫无疑问，从物质生产是社会发展的基础、经济建设是治国执政的要务的执政规律看，叶适的发展经济的思想更加合理正确。

叶适重视发展物质经济，首先表现在非常重视理财。叶适指出："今事之最大而当极论之，论之得旨要而当施行者，一财也。"（《水心别集》卷十一，《兵总论一》）实际上是提出了发展经济是执政治国的第一要务的思想。叶适认为："古之人，未有不善理财而为圣君贤臣者也。"（《水心别集》卷二，《财计一》）肯定了发展物质经济的理财是执政为民的基本任务，只有善于理财善于发展经济才算得上是圣君贤臣。为什么？这是因为发展经济是仁政的内在要求。叶适提出"生养之仁"（《水心别集》卷二，《民事上》）和"教养其民"的思想观点。他认为儒家之核心价值观的"仁"其实质在于"生养"，即发展物质经济，满足民政的需要。发展物质经济的"养民"，是必须的、必要的。

而要"养民",就必须"开源"和"节流",就必须大力发展经济,同时对于当时一切阻碍经济发展的弊端进行改革。所以,叶适当时大力提出了革除"财之四患"的建议主张,又说:"古之为民,无不出于君者,岂直授之田而已哉?其室庐、器用、服食、百工之需,虽非必其君交手以付之,然即已为之设官置吏以教之,通其有无,补其不足。"可见,叶适的思想体系,是高度重视通过全面发展物质生产和工商活动,以满足百姓各种生活需要的。这里,不仅体现了叶适的民本思想,而且更是体现了叶适重视发展经济,把经济作为执政为民的根本要务的观念。发展经济就要农工商协调发展,在这个问题上,叶适打破了传统的"崇农抑商"的观念,在承认发展农业为本的前提下,肯定和提倡发展工商业。从中国商业管理思想史的角度来看,这样的观点确实是振奋人心的,可以说这样观点的流传在日后的千年中一定激励了千万浙江、福建男儿毅然加入到经商的队伍中,为商业乏力的古代中国平添了一股强劲的发展动力。

以叶适为代表的永嘉学者们反对当时限制工商业的做法,主张政府应该"通商惠工,……以国家之力扶持商贾,流通货币。"他们认为只有大力发展工商业,才能"夫四民交致其用,而后治化兴"(《习学记言》卷十九,《史记·平准书》),才能实现理想的稳定发展的政治局面。据此,他们大胆地提出了"抑末厚本,非正论也"的观点,在这里,叶适实际上是回答了政治发展和社会发展首先必须是经济的发展,而经济发展必须是农工商的全面协调发展,而不能只是发展农业。这样的发展思想无疑非常可贵。叶适的重视发展特别是重视经济发展的"功利"思想,是继承和发展了永嘉学派的传统,《四库全书·浪语集》提要说:"朱子喜谈心性,而季宣则兼重事功,所见微异。其后陈傅良、叶适递相祖述,永嘉之学遂别为一家。""重事功"正是永嘉学派的最大特点,所以朱熹抨击叶适和永嘉学派"专是功利","专去利害上计较"。这种抨击也恰恰说明了永嘉之学的重心所在。而重功利,重经济发展,在当时无疑具有正当合理性,周密论此道:"凡治财赋者则目为聚敛,开阖扞边者则目为粗才;读书作文者则目为玩物丧志;留心政事者则目为俗吏。……染夷考其所行,则言行了不相顾,率皆不近人情。异时必为国家莫大之祸，……卒致万事不理，丧身辱国。"（《癸辛杂识续集》下，《道学》）这一论断正揭示了重视发展经济的永嘉功利之学的积极意义。

2. 经世济民的主导思想

永嘉学派另一个重要观点是民本论，即重视以人为本，给予普通的百姓大众以生命的和生存上的尊重和满足，使普通百姓能够更好地生存发展。叶适强调"为国之要，在于得民"（《水心别集》卷二，《民事上》），把"得民"即赢得民心民意视为国家稳定兴盛的根本的关键的因素，视为治国的首要任务，从而奠定了永嘉学派深厚的民本思想的基础。在此基础上，永嘉诸子对于当时当政者"病民""害民"以致"民穷极""民穷到骨"的种种现象进行了无情揭露。永嘉学派的另一代表人物陈傅良，揭示了民本思想的必要性和重要性。

在陈傅良看来，首先，封建的统治者在现实的政治实践中，必须始终坚持以民为本的统治原则。而实现以民为本具有现实根据和重大意义。其次，陈傅良从儒家仁民爱物的仁心仁政出发，认为作为人君帝王就必须充满爱民之心，就必须以谋百姓幸福、求百姓利益为根本追求，"以生人为己任者圣贤之责。"（《止斋集》卷二十八《经筵孟子讲义》）"陛下且以拯民穷为所尚。……以拯民穷为所尚即是仁心，仁心即是尧舜三王之心。"（《止斋集》卷二十六，《中书舍人供职后初对札子》第二）一个有德行的君王就必须内在地把"生人"即让人民更好地生活作为自己的根本职责，把谋民利拯民穷作为自己的根本追求。由"仁心"而"仁政"而"民生"，这是儒家政治的基本逻辑。再次，从基本的统治之道也即基本的执政规律出发，陈傅良认为统治者必须高度重视民生问题的解决。因为民生问题涉及一个民心向背的问题。当统治者能够做到休养生息、薄赋少役、寡敛省刑，那人民群众的生存就变得容易，老百姓的生活就过得轻松，这样，老百姓对统治者，就必然会持拥护和爱戴的态度。而只要老百姓拥护和爱戴，能够得民心，那现实的社会管理就有了雄厚的基础。否则，老百姓生存维艰、生活困顿，就必然对统治和统治者心怀不满，甚至产生改变现实政治和统治者的行为。

　　陈傅良在《民论》中深刻指出，对于统治者来说，最可怕和最具威胁力的因素不是来自于敌国，而是来自于民心。任何一个明智的君王都应该对难于直观隐于胸中的民心怀有深深的畏惧之心，从而高度重视民心民意，尽力顺从民心民意。否则，忽视并背逆民心民意，其后果就不堪设想，就有可能遭受秦朝速亡的下场。所谓"明智之君，不畏夫方张之敌国，而深畏夫未见其隙之民心。盖民心之摇惨于敌国之变。其变之迟者其祸大。而患在于内者，必不可以复为也。古者有畏民之君，是以无可畏之民。后之人君狃于民之不可畏，而民之大可畏者始见于天下。……呜呼，秦以七世而亡六国，而六国之民以几月而亡秦。以秦之强不能当民之弱，天下真可畏者果安在乎？人君不得已而用其民以从事于敌国，可不惧哉！"（《止斋集》卷五十二《民论》）民心民意成为秦朝迅速灭亡的根本原因，因此，是否顺应民心民意也就成为能否安然实现统治的根本基础。陈傅良正告当朝统治者一定要高度敬畏民心民意，尽心尽力去顺应民心，切实帮助百姓解决实际生活困难。相对于民心民意而言，不仅敌国不可怕，甚至天命也不可怕。因为"盖天命之永不永，在民力之宽不宽耳，岂不甚可畏哉?! 岂不甚可畏哉?! 陛下知畏则宜以救民穷为己任。"（《止斋集》卷二十《吏部员外郎初对札子》）劝慰最高统治者一定要宽民力、救民穷，否则统治难保、江山"不永"。

　　陈傅良在论民本根据时反复倡导，皇帝实现统治的目的，从根本上，不能是为了"家天下"的一己私利，不是为了一姓一家能够过上穷奢极欲的糜烂生活，相反，皇帝的职责从根本上是为了帮百姓谋幸福，是要解决百姓困难，减轻百姓负担，使百姓能够过上一种安定温饱的生活。因此，以民为本就是皇帝统治的出发点和归宿点，是实现统治所追求的根本目标，所谓皇帝要"专以爱惜民力为本""以拯民穷为己任""以拯民穷为所尚，此志先定"（《止斋集》卷二十六《中书舍人供职后初对札子》）。这里，陈傅良提出的皇帝必须以解决百姓困难、让百姓过上轻松温饱的日子为根本职责和追求，显然只能是一厢情愿的事，是传统儒家思想家的政治幻想。因为，在臣民社会的封建专制体制中，百姓及其民意从根本上只能是一种夺取和巩固统治的手段，而不可能成为实现统治的根本目标。

但尽管如此，陈傅良如此明确地提出这一观点，表现出了他的民本思想，实现了对传统民本思想的一定突破，具有一定的超越于时代的先进性和彻底性。坚持以民为本的发展理念，陈傅良同时猛烈抨击了当时存在的许多"妨民""伤民""弊民""困民"行为和现象，认为许多官员不仅不是解决民生困难的父母官，而往往成了搜刮民脂民膏的贪腐官。这些抨击和观点也构成了传统民本思想的有价值的内容。在永嘉学派的思想体系中，国家的稳定在于国家经济的发展，而国家经济的发展则在于顺乎民意，那么既然要顺乎民意就应该废除不合理的制度，尊重人民的意志，要"善者因之"，决不可重农抑商，而应契合人民对于追求财富而进行商业贸易的本性，并且商业贸易的发展也会促进社会生产的发展。可见，在永嘉学者看来，商业的发展不仅利于政治稳定，更利于国计民生，岂有限制之理？

3. 中庸协调的处事原则

永嘉学派在其发展思想中，提出了全面协调的发展思想，这一辩证的发展思想的原则方法，主要是最初由孔子提出并被誉为"至德"的中庸之道或中和之道。而叶适的中庸方法论观点就是典型。因此，这里也以叶适的中庸之道思想为代表述之。大家知道，在儒家的思想中，中和思想是核心思想之一。中者，结构关系上的不偏不倚，数量关系上的无过不及，因此，中就是一种最佳的结构关系和数量关系。而和者，一是"和而不同"也，多样性是也；二者，又"以他平他谓之和"。不同多样性的"他""他"之间达到一种平衡协调的关系状态。这样的和就是事物最佳的发展状态，所谓"和实生物"。显然，中和观念，实际上表征的是具有多样性的事物整体的一种最佳的和谐协调状态，只有在这种和谐协调的状态中，不同的"他""他"之间可以相互促进、相互利用、相互配合、相互补充，从而形成一个有机的平衡整体，获得最佳的生存和发展。

显然，中和之道就是强调：万事万物的最佳发展之道，就在于不同多样性的对立面达到一种和谐协调的统一。这种作为根本发展之道的中和之道在《中庸》之中就有了经典的表述，《中庸》从本体高度对于客观的中和之道进行论断，所谓："中者天下之大本也，和者天下之达道也。……致中和，天地位，万物育。"中和之道是天地万物生存发展的根本之道，人们认识实践中和之道，就可以使天地各得其位，万物各得其育，实际上，就是使天地万物处于最佳的生存发展状态。而中庸，就是"中和之为用"。中庸的实质就是用中，就是在实践中正确地运用中和之道，从而实现最佳的发展。因此，中和之道是客观的根本发展之道，而中庸之道是人类生存发展的根本实践之道，是最佳的发展方法论。

对于儒家推崇的最佳发展之道的中和之道或中庸之道，叶适同样给予了高度的肯定和重视，他认为："道至于中庸而止矣。"中庸之道就是最根本的发展之道。那这一最高发展之道的中庸之道本质是什么呢？叶适揭示道："然则中庸者，所以济物之两而明道之一者也，为两之后能依而非两之所能者也。"这里，叶适精辟地揭示了中庸之道的本质在于使矛盾着的两个方面构成一个具有相"济"相"依"关系的统一整体，在相"济"相"依"即相互依赖、相互依存、相互补充、相互促进的关系中，推动统一整体获得良性发展。叶适又进一步强调"道原于一而成于两。……中和足以养诚，诚足以为中庸，中庸足以济物之两而明道之一，此孔子之所谓至也"（《水心别集》卷三七，《中庸》）。由于中庸之道或中和之道为事物最佳发展之道，所以，叶适强调在实践中一定要坚定、忠实地遵循、推行中和之道，做到"使中和为我用，则天地自位，万物自育而吾顺之者也，尧舜禹汤文武之君臣是也。"肯定并推崇中庸之道或中和之道，其实质就是在事物发展中，在社会发展中，在政治管理中，强调多样性的统一协调及和谐发展。

叶适明确说"治国以和为体"，肯定作为事物根本发展之道的中和之道也是根本的治国之道。圣人之道本质上就是"内外交相成之道"。叶适在肯定春秋史伯和晏子"和实生物，同则不继""弃同取和"的观点基础上，认为取和弃同不仅是政治发展之道，也是社会发展之道，是宇宙万物的根本发展之道，是"天下古今常理"。他进一步分析说："凡异民力作，百工成事，万物并生，未有不求其和者。虽欲同之，不敢同也，非惟不敢，势亦不能同也。"（《习学记言序目》卷十二，《国语·郑语》）这里，叶适明确从中和之道延伸到了人类社会的发展之道也必须采取和而不同的发展方法，指出"异民力作，百工成事"的"和"的发展是规律之"势"所决定的，从而肯定了社会中士农工商及社会各行各业的"异民""百工"存在和发展的必然性、必要性、合理性，强调了这些"异民""百工"存在发展必须是一种"和"的形态，即它们之间必须是相互协调、相互平衡、相互和谐的。这就是客观发展的规律之"势"。显然，叶适不仅认识到社会方方面面的发展必须是协调平衡的发展，而且更进一步自觉地将之提高到"不敢"违背的规律之"势"来看待，无疑是十分深刻和正确的。正是基于这样深刻的认识，叶适始终将这一中和之道或中庸之道处处运用于社会方方面面的发展中。如他指出，当时荆楚地区土地广而民稀少、闽浙地区土地狭而民过多现象是"偏聚而不均"，这一人口和土地的不均衡、不协调情形，违背了中和发展之道，因此，必将导致"二者之皆病"。进而，他按照中和之道的原则方法提出主张："去狭而就广"，即由于闽浙地区人多地少而引起的农业生产问题需要倚借商业发展，通过商业贸易来解决。只有通过商业贸易促进商品的流通，将其他地区的商品运送到这个地方，同时也将此处的商品输送到需要的地方，以弥补闽浙地区的粮食短缺。这样一来，也就可以实现均衡协调的发展，从而形成"田益垦而税益增，其出可以为兵，其居可以为役，财不理而自富"（《水心别集》，《民事中》）的最佳发展局面了。这里不仅涉及了协调统筹区域发展的思想，更有着深刻的经济学道理：在人口已然饱和的闽浙地区，由于几乎唯一的财富来源——土地资源的限制，此地将会永远陷于马尔萨斯均衡之中，不断循环着增长与衰退，而打破这样的均衡实现社会进一步发展的唯一途径，则是依靠商业贸易以达到斯密式增长，通过生产要素和产品的流通而促进分工，促进生产力的进步和发展。

所以，以叶适为代表的永嘉学派的结论就是："治国以和为体，处事以平为极"（《水心先生文集》，《上宁宗皇帝札子》）把和谐、协调、平衡作为治国处事的根本方法和原则。显然，这样的方法原则是符合辩证法的，是符合事物发展的辩证规律的，是实现经济社会又好又快的发展的根本方法。以上是永嘉传统发展思想的基本内容和基本观点，这些思想观点相对于朱熹理学着重于道德发展的思想观点具有重要的纠偏作用，对于促进当时的经济社会发展有着明显的积极作用。而且，这一传统的发展观还构成今天科学发展观的思想渊源。因为科学发展观的内容就是：发展是第一要义，以人为本是核心，全面协调可持续是基本原则，统筹兼顾是根本方法。而科学发展观的上述基本内容和基本思想在传统发展观都有相应的体现，所以胡锦涛同志也说："科学发展的理念，是在总结中国现代化建设经验、顺应时代潮流的基础上提出来的，也是在继承中华民族优秀文化传统的基础上提出来的。"（《在美国耶鲁大学的演讲》，《十六大以来重要文献选编》（下）第428页）。显然，永嘉学派的发展思想与现代的科学发展是吻合的，他们对于通过经商与贸易而实现发展的"斯密式增长"已有了深刻的认识，在他们的理论中，工商业的发展与传统的儒家思想是吻合的，也是一个以儒教为统一意识形态的农业社会所必不可缺少的。正是这种以中庸协调为中心的儒家精神与利益最大化的功利主义思想的完美结合，才为后世的商人群体找到了上佳的商业组织管理形式和可以信奉的商业意识形态。这样的思想观点与理论体系随着其后千年的发展，潜移默化地融入到了浙闽商人群体的精神气质中去，成为他们商帮文化中重要的精神渊源。

总之，宁德传统文化源远流长，而永嘉学派是宁德传统文化的主要流派。薛季宣从利和义一致的思想出发，要求"见之事功"，他在《大学解》中指出："何以聚人，曰财，务民之义，则天下一家，惟知利者为义之和，而后可与共论生财之道。"（《习学纪言》）叶适批判了重义轻利，反对空谈心性，提倡对事物作实际考察来确定义理，明确主张义利统一。叶适指出："既无功利，则道义乃无用之虚语尔"（《水心文集》卷五，以下简称《水》）。叶适认为古人从不离开具体事物去言道，"上古圣人之治天下，至矣。其道在于器数，其通变在于事物"。叶适阐释了道物的关系："古诗作者无不以一物立义，物之所在道则在焉，物有止，道无止也。非知道者不能该物，非知物者不能至道。道虽广大，理备事足，而终归之于物，不使散流，此圣贤经世之业，非习为文词者所能知也。"（《习学纪言》卷四七）叶适注重对事物进行具体考察，"夫欲折衷天下之义理，必尽考详天下之事物而后不谬"（《水》卷二十九）。永嘉学派事功哲学表现在政治上，就是主张"务实而不务虚"，"空言"误国。叶适指出："善为国者，务实而不务虚。"（《水》卷五）永嘉学派事功哲学表现在经济上，就是主张"农商并重"，反对"重本抑末"，重视"理财"，提出了"以国家之力扶持商贾，流通货币"，从而达到国家富强、人民富足的目的；要求发展商品经济，"夫四民（士、农、工、商）交致其用，而后治化兴，抑末厚本，非正论也"（《习学纪言》卷十九）。

而宁德人对永嘉学派事功哲学进行了现代转换，继承了它的合理内核，并由此出发，坚持一切从实际出发，不唯书，不唯上，只唯实、唯试，创造了宁德模式，宁德模式继承了永嘉学派事功哲学，或者说是对它进行了现代转换，形成了宁德模式的遗传基因。李庆鹏指出："永嘉学派对宁德人的经济意识的变革方面的贡献主要有三个方面，第一大贡献是提出了新的义利观，第二大贡献是提出了工商皆本论，第三大贡献是肯定了雇佣价值观。"永嘉学派不做空洞的玄学讨论，不发迂阔的议论，"讲实事、究实理、求实效、谋实功"的思想映射在当代宁德人身上就是不搞争论、埋头苦干和用事实说话，体现了实事求是精神；永嘉学派的重商思想主张"农商并重、通商惠工"，重视商业利益，讲究商业仁义，这种义利相统一的思想孕育了宁德人的商品经济意识，强化了宁德人的功利意识和责任意识；永嘉学派创新变通思想集中体现在"通世变"之中，要根据客观世界的变化发展，不断改变自己的路径选择，善观时变，顺势有为，与时俱进，从而求得"真功""实效"。这种求真务实的思想，具备了现实主义精神，与改革开放以来要求实践、试验、敢闯和敢冒险的精神是一脉相承的。

第二部分

宁德商帮发展之路

第二部分详细介绍了宁德商帮的发展历程和基本运营模式，并运用经济学中网络、信息不完全等内容，深入分析了宁德商帮运营模式的优与劣。这是整本书的精华所在，对宁德商帮发展之路的剖析，有助于理解当代商帮的成长与壮大，也能为其他商帮所借鉴以及有所启示。

第四章　宁德商帮的发展历程及现状

一、前言

中国，这一有着五千年文明的古老国度，在浩瀚历史长河中经历过血与火的熔炼，凝聚着华夏儿女的无穷智慧。中国悠久的历史犹如一窖烈酒，经历了数千年的历史沉积后，进溢出缕缕幽香，味淡而绵长，清洌却醉人。探索这伟大民族的足迹，展现在世人面前的是绚丽多姿的人文风情与风格迥异的宗教信仰不断碰撞、交融、演变后的一部历史巨卷。这其中，商品经济的发展虽因重义轻利的文化传统和农耕经济的主流地位而无法成为历史的主体，但依然在画卷之上留下几笔浓墨重彩的传世佳作。

事实上，人类社会一直就未曾离开过商人的活动。历经几百年商品经济的发展，明清时期的商品行业种类和数量逐渐增多，商人队伍日渐壮大，竞争日益激烈。为了降低跨地域商业贸易中的交易风险，商人利用天然的乡里、宗族关系联系起来，互相支持，和衷共济，从而能够成为市场价格的制定者和左右者。中国人，特别是传统中的中国人有着极为浓厚的乡土观念，因籍贯相同而具有的相同口音、相同生活习惯，甚至相同的思维习惯和价值取向形成了同乡间特有的亲近感。由亲缘组织扩展开来，便是以地缘关系为基础的地缘组织——商帮。在规避内部恶性竞争、增强外部竞争力的同时，商帮可以在封建体制内利用集体的力量更好地保护自己。于是，商帮在这一特定社会、文化、经济背景下应运而生。中华的商业经营深受民族文化之影响，遵循儒商结合之道，重诚信，讲义气，并在生意管理精神中灌输儒家思想的纲常之道，在经商之时仍不忘孝悌之义、同乡之情。是以中国的经商之人无不尊重家族前辈的号召，建立家族式经营的产业，并依赖宗族之秩、乡党之情而结伙为帮，将同籍的同行商人汇集起来，依靠纲常之序、内外之分、亲疏之别进行管理，既将农耕文明的等级秩序植入商业文明之中，保证这种特殊的商业文明在传统的农耕文明的大环境下得以符合社会伦理，又可以壮大实力，共同发展。其中比较著名的有十大商帮，具体为山西晋商、徽州（今安徽黄山地区）徽商、陕西陕商、福建闽商、广东粤商（分为广商和潮商）、江右（江西）赣商、洞庭（今苏州市西南太湖中洞庭东山和西山）苏商、宁波、龙游（浙江中部）浙商、山东鲁商等。这些商帮或以省为单位，或以某一地区为单位，是为中国传统商帮的鼎盛时期。

商帮自出现之初便与民营经济紧密地联系在了一起，回望历史，无论是哪一朝代，民营经济的发展都决定了封建王朝的兴衰与存亡，商帮的兴衰也与中国经济发展的历史紧密结合在了一起。商帮在中国经济发展史上创造了辉煌的业绩，中国古代的茶马古道和丝绸之路，都是在商帮开辟下形成的著名商业通途。然而，到清朝中后期，连年征战，随着中国民营经济的衰败，商帮也逐渐衰落。封建商帮的衰落亦是封建王朝发展的必然，在皇权至上的历史前提下，私权随时都有不虞之灾。清乾隆时期的徽商江春曾说："奴才即使有金山银山，只需皇上一声口谕，便可名正言顺地拿过来，无须屈身说是赏借。"这从一个侧面反映了民营经济在中国历史上的尴尬地位——"民营"不等于"民有"。因此，封建王朝民营企业为主体的商帮，在那个时代中从一出生便注定了结局。之前提及的十大商帮无不历史悠久，内涵丰富，既深得中华儒商结合精神之精要，也都曾商号、产业遍布天下。但随着历史的演进，时代之变迁，其中的诸多商帮或先后凋零，或几起几落。但即使如此，在社会主义市场经济建设的今天，它们依旧发挥着历史的余热，或者遗留宝贵的精神吸引着学者的目光，或者将自身的兴衰存亡演变为历史的叹息与后人的教训，或者长盛不衰，在改革开放的今天依旧活跃于神州各地。

为中国市场经济开辟鸿蒙的改革开放已然三十几载。三十几年的时间虽说不短，但相比于巍巍中华几千年的文明史，却只如弹指般的一瞬。但就在这弹指般的时间里，国家基本建立了相对较为完善的市场经济体制，各种市场的发展也早已蔚为大观，尤其是民企的发展更犹如千帆竞速一般你追我赶，它们不仅驰骋于我国的内河航道、沿海近水，更大有乘风破浪、飞跃重洋之势。当然，民营企业之所以发展迅速，固然有这三十余年社会沧桑巨变的因素包含其中，但不能回避的是，对于一个有着厚重积淀的民族来说，任何时代都摆脱不了历史的影响。商业文明史固然不能成为中华民族发展史中的主流内容，但其悠远漫长的历史却为中华大地上的商业经营奠定了基础。改革开放之后，市场经济的大潮催生了一批新的商人群体，日渐崛起的浙商、苏商、沪商、京商、粤商和闽商，正悄然发展的鲁商、豫商，已经成为中国经济的代表商帮。它们既秉承了传统商帮的许多特色，也有着现代商业组织模式和企业制度的色彩，总体呈现出过渡性的特点，制度创新和路径依赖共存，而且不同地域的商帮特点不同，这些都是具有重大意义的经济现象，无论是在理论上还是实践中，都占据了重要的地位。

宁德商帮是伴随改革开放而兴起的一个崭新商人群体。它缺少如晋商和徽商一般悠久而辉煌的传统，真正兴起的历史不过三十余年，可以说完全是中国的市场经济和资本主义孕育出的商业组织，但这一商帮的兴起同样烙上了醒目的传统印记，背后支撑着的不仅仅是单纯的市场，还包括社会组织和文化信念，后者的作用在商帮演化中特别突出。这就使得宁德商帮具有当代商帮的典型性。宁德商帮的主体其实是周宁商帮，比如在沪宁的商人约有四分之一以上是周宁商人，因此，周宁商人又具有宁德商帮的几乎所有特点，理解了周宁商帮，也就理解了宁德商帮。

二、发展历程

1. 基本情况

福建商帮，简称闽商，即福建商人，一般而言，包括海内外所有闽籍经商人士。历史上很早就有闽商的提法。它作为中国十大商帮之一员，与晋商、徽商、粤商齐名。闽商不同于晋商、徽商，差异的根本之处在于晋商、徽商生于农耕文明，而闽商脱胎于海洋文明。这决定了闽商以面朝大海的开放姿态，给中华文明注入一股新流。厦门大学东南亚研究中心教授庄国土说，相对于民风较为保守的北方和内地，闽商更具开放和向外开拓意识。传统文化注重的安土重迁，"父母在不远游"，在福建几乎没什么影响力。闽商闯荡全球的历史显现出典型的海洋文化特征，可以说"有华人的地方就有闽商"。在福建，歌曲《爱拼才会赢》几乎家喻户晓。从某种意义上说，这首歌正是闽商"爱拼敢赢"的性格写照。翻开历史的篇章，当探寻闽商足迹的时候，深深地感受到了一种"善观时变、顺势而为；敢冒风险、爱拼会赢；合群团结、豪爽义气；恋祖爱乡、回馈桑梓"的闽商精神。

福建是一个具有悠久经商传统历史的地方。远在四千多年前，昙石山文化已显现出海洋文明的特征；宋元时期，泉州成为"海上丝绸之路"的重要发源地；近代，厦门、福州位居五口通商之列，马尾船政文化辉煌一时。可以说，海洋、商贸、开放、移民等因子，早已融入福建人的血液，成为福建文化特有的禀赋。

闽商闯荡全球最早可追溯至唐宋时期。自东晋迄唐宋五代以来，中国战乱不止，加上黄河地区气候寒冷，自然条件恶劣，因此许多北方人南迁，导致闽粤人口激增，形成人口过剩的局面。同时，闽南和粤东北地处山区，土地贫瘠，"漳泉诸府，负山环海，田少民多，出米不敷民食"。农民没有土地是移民的主要原因。因此，当地民众只能出洋谋生，以寻求生路。"福建地狭人稠"是导致闽人外迁的重要原因。闽人崇商盛于元代。唐宋时期，迁徙的闽人为了谋生，从家乡带着丝绸、药物、糖、纸、手工艺品等特产搭上商船从泉州出发，顺着"海上丝绸之路"漂洋过海，将这些商品销往各地区甚至世界各国。如此周而复始。至元代，闽人已经有了固定的商业意识，一些商人因经商需求开始定居异国他邦，拓展商贸往来。可以说，闽商在中国商界活跃了几百年，通过丝绸之路，他们创造了东渡日本、北达欧亚、西至南北美洲、南抵东南亚各国的辉煌历史。

　　而真正具有现代意义的闽商则崛起于 19 世纪后半期。明中叶以后，商业资本十分活跃。全国各地有许多商人和商业资本集团。最著名的是徽商、晋商，其次是闽商、粤商、吴越商、关陕商等商帮。这些商帮中，多数是中小商人，也有拥资数万、数十万乃至百万的富商大贾。也正是在此时，以明代社会经济大发展为背景，以本地发达的手工业为依托，闽商开始大规模地进行海内外贸易活动。万历年间李光绪说："（泉州）安平市贾行遍郡国，北贾燕，南贾粤，西贾巴蜀，或冲风突浪，争利于海岛渔夷之墟。"

　　可以说，明清时期，闽商能够在国内形成颇具实力、商界不可小觑的闽商集团，这与福建特殊的地理环境和丰富的自然资源分不开。枕山面海的地理环境，使福建与内省的陆上交通极不方便，但由于面临大海，海运则成为与省外交通的特殊优势。福建海外贸易较发达，这不仅为福建注入大量资金，而且还带来许多海外洋货，充足的资金和丰富的洋货为闽商从事国内贸易提供了客观条件。历史的巨轮驶至今日，地处腹地，以"红顶商人"为代表，以"贾而好儒"为精神特质，以"官商紧密"为特点的晋、徽商帮已然湮没；地处沿海，以"民本"为生发力量，以外向型为特征的潮汕、宁波商帮则正不断穿越历史的跌宕起伏、狂风巨浪，渐行渐近，有了今日的辉煌阵势。而闽商帮，同样面向大海，同样自"民间"获得原生动力，也正从历史的烟尘中现身，在新时代的背景之下突现出伟岸身躯。

　　第一代闽商离乡背井、出洋谋生，其实与福建土地贫瘠、地少人多有关。至少在宋元时期，福建莆田、闽东南等沿海一带男儿就视出洋为正途。宋元时期，享誉世界的"海上丝绸之路"就是由福建商人开创的；明清之际，郑氏海商集团又建立起纵横东亚、东南亚的海上商业王国。如今，在遍布全球的海外华侨华人中，闽籍人士达 1 000 多万人，分布在世界 170 多个国家和地区。闽商成为国际商界的劲旅，有海外第一大商帮之称。历经千年的演变，如果说第一代闽商是为生计而远走他乡，现代的闽商则是为了发展而向外扩张，"开放、拓展"等意识早已融入他们的血液，成为闽商文化特有的禀赋。

　　作为闽商富有代表性的一个部分，宁德（闽东）商帮也在全国崭露头角，渐次崛起。宁德，福建省东北翼中心城市，东临浩瀚的东海，与台湾隔海相望，处在长江、珠江三角洲两个发达经济区的中心，是福建省离长三角、日本和韩国最近的中心城市。宁德市地处洞宫山脉南麓，鹫峰山脉东侧，东面濒临太平洋，中北和中南部又有呈北东—南西、西北—东南走向的太姥山和天湖山两条山脉，构成沿海多山地形。地势西、北部高，东、南部低，中部隆起，大致呈"门"型的梯状地势。区内山岭起伏，地表深切，高差悬殊，地势陡峻，地貌以山地丘陵为主，其间杂有山间盆地，沿海一带夹滨海堆积平原。海岸线漫长曲折、港湾众多、海岛棋布，海域辽阔。当中国的门户被敲开时，海洋文化成为中国历史必不可少的时代，宁德人才渐渐地出现在中国的历史舞台。离开美丽的家园，带着自己的文化向着理想的未来，去叩响成功的大门。

2. 总体历程

穷则思变，变则通达。为了谋生，不少宁德人开始到外地寻求打工或者做生意的机会，走上下海经商之路。当如今的世人惊羡于宁德商帮成功之花儿的明艳时，仍应了解和铭记，当初它的芽儿，浸透了奋斗的泪泉，洒遍了牺牲的血雨。那些远离家乡辛苦打拼的人们，各中甘苦，如鱼饮水。他们便似那深秋里片片灼热的红叶，能在霜风中快乐地吟唱。接下来，让我们追随着前人的足迹，顺着岁月的脉络，去探寻这令人惊叹的财富传奇背后曲折动人的发展历程。

（1）改革开放初期

1978年之后，随着一系列改革放松了劳动力流动的条件，周宁的劳务输出飞速发展，越来越多的周宁人纷纷走出山村，在全国各地安营扎寨。在市场化改革中，周宁山民向新的地区、新的行业发展。他们从传统的铸造行业起家，拓展到活性炭、建材、房地产、茶叶等领域，一个颇具规模的宁德商帮逐步形成。

本阶段主要为探索阶段。在前期经验积累之上，周宁人开始向多个行业开拓，但大多与传统的铸造业有关，比如建材、化工和机械等行业。当时周宁人经营的铸造厂，从福建省的南平、三明、福州、厦门等地逐渐向广西、江西、湖南、安徽、浙江等省转移，并在福州、杭州、广州和上海等二十余个城市建立了商业网点。据1988年统计，县外从事铸造和铸造产品销售的人员达4 800多人，铸造厂200多家，年收入1 340余万元。

另一个较为重要的行业是建材行业。1981年，周宁县派员在福州设立建筑配件的经销点，1984年，在厦门设立购销站，经营范围包括各种建材、配件等。可以说，建材行业是在政府有意无意的引导下发展起来的。1986年之后，经营建材的个体户逐渐增加，从山西和安徽购买原材料运至厦门、深圳和汕头等地销售，建材业进一步扩大。1988年，周宁商人在福州、厦门、泉州、广州、汕头、长沙、上海、长春等地开设建材经销公司150多家，年收益600多万元。

这两个行业的开辟为周宁人在下一阶段的发展做了准备，宁德商帮最大的业务——钢材贸易市场，就是从铸造和建材行业的交集中逐步演化出来的。

（2）20世纪80年代中后期以降

本阶段是周宁商帮乃至宁德商帮发展的黄金时期。勤劳的人们正是在此时凭借着他们对商业机会的敏锐洞察力和"敢为天下先"的冒险精神，把握住了这个创造出无数财富英雄的宝贵时势，化作夜空深远处的一颗颗流星，划破单纯底色，留下亮丽光芒、璀璨的绚烂。

①始于上海

上海，历来是万商云集、九流汇聚、五方杂处的商都大邑，因其海纳百川的气势而被誉为国际知名的大都市，因其特殊的地理位置而成为不可替代的长三角"龙头"。这座拥有令商贾们梦寐以求的广阔市场空间和发展潜力的城市，正敞开那宽广的胸怀，迎接闽东大军的到来。数万闽东人，弄潮上海滩。他们把大山的风骨带入城市，在这个改革开放的前沿阵地上大展拳脚、孕育希望。上海，已经成为闽东儿女的第二故乡。在80年代中后期，就有先行的周宁人来上海探路。最早到上海的周宁人，踏上了上海改革开放的先行船，筚路蓝缕，辛勤劳作，为后来成群结队的群体迁移开辟了道路，奠定了基础。

20世纪90年代，上海浦东大开发拉开了序幕。浦东的改革开放浪潮，让一批胸有大志的闽东人不甘寂寞，走出山门，勇闯上海滩。他们以其独特的"闽东精神"，努力拼搏，敢于创新，谱写了一曲曲绚丽多彩的诗篇。其中最具代表性的莫过于宁德商帮中的周宁商人。如果说周宁商人之前还只是默默无闻的地域性团体，那么在浦东大开发接近尾声时，宁德商帮已然一鸣惊人了。在90年代初，上海的周宁企业只有十几家，从业人员几百人，主要经营下水管道。但在浦东开发开始一段时间之后，平均每年有近3 000周宁人涌向上海。这些周宁商人主要是来自广州、汕头、厦门、福州等地的建材商人，组成了所谓的"周宁建材一条街"。到1999年，上海一地的周宁人达2万多人，2002年，这个数字达到了4万，创办企业3 500多家，总的销售额达180亿元。其中最主要也是实力最雄厚的是几个钢材贸易市场，如逸仙钢材贸易市场销售额65亿元，七宝钢材贸易市场25亿元，江杨钢材贸易市场20亿元。其中，有3家企业进入钢铁营销企业百强之列，西本钢铁发展有限公司位列全国第九，上海第二。2002年年底以来，周宁商人在上海又创办曹安、建配龙、砖桥、川沙、川南奉、高镜等四十余家钢铁市场，2003年，周宁商人把业务拓展到江苏的无锡、江阴等地，创建了3个钢材贸易市场。在这一阶段，周宁商人的经营方式呈现出三个鲜明的特点：首先是"抱团"的趋势，不同的周宁商人之间在资金、市场方面相互扶持，并不断通过"帮带"的模式把周宁县的劳动力带入长江三角洲，在位者还常常帮助后来者进入市场，发展壮大。周宁商人之间更多的是合作多于竞争，在资金和市场网络中形成一个联系紧密的商业集团，垄断了钢材的定价权。甚至连大多数的周宁本地人都或多或少有资金存放在钢材市场中。其次，在空间上，周宁商人从全国各地集中到以上海为中心的长三角地区，这样产生了产业集聚效应，把这里打造成了一个周宁企业的摇篮，许多周宁人是在这里创立自己的企业并走向其他省市的。再次，周宁商人不断从第二产业如铸造业和建筑业进入第三产业，主要是以钢材贸易为代表的物流业，从而配合浦东开发的趋势，正式形成了一个覆盖全国的商帮。

宁德市总人口约为335万，其中有18万人在上海经商，他们大多自己经营公司而非为其他企业打工。到2011年，在沪宁德企业家已创办了18 700多家企业（不含分公司和营业部），涉足行业包括钢材、石板材、木材、汽车配件、房地产、金融担保、茶业、水产业、餐饮、电器、玩具、服务业等。这使宁德市成为在上海创业人数最多、影响力最大、业绩最显著的地级市之一。在30多年的创业实践中，宁德在沪企业从无到有、从小到大，从零星分散、独立经营到建立商会、走强强联合之路，规模企业、集团公司如雨后春笋，遍布长三角地区。产业的集中使得宁德人在上海做大做强，"宁德在沪企业"已经成为一种品牌，其整体效应日益凸显，在闽商中占据了举足轻重的位置。如周宁人创办的钢材贸易企业的交易量占整个长三角地区的70％～80％，因而被誉为"钢铁帝国"，有"全国钢材看华东，华东钢材看上海，上海钢材看周宁"之说。另外，福安的汽车配件制造、房地产、茶叶产业，寿宁的眼镜产业，蕉城的水产品，霞浦的租赁、包装机械产业，福鼎的化油器制造，古田的电子配件制造等，也都在上海占据了显赫的地位。

来上海创业之初，迎接宁德人的是一个有着与生俱来的地域优越感的城市。然而，随着时间的流逝，从当初年末回家时邻居那一句有意无意的"回乡下过年去了？"到现在检票员一看到终点站是宁德周宁就会推测是"钢材老板"，宁德人通过他们的努力和奋斗赢得了人们的尊重和认可，同时也见证了上海这座移民城市与日俱增的开放度和包容度。如今的在沪宁德人，为上海的就业、税收、经济发展和社会稳定做出了巨大的贡献。如周宁人创办的上规模的钢材贸易公司、担保公司总体已有两千亿元以上的营业额，每年缴纳税收达到五十亿元；相当多的宁德商人有五套及以上的住房、福安市的宝马车拥有数量在全国的县级市中排名第一，大大繁荣了上海的房地产业和汽车市场。具体而言，宁德在沪企业的发展历程还可细分为以下三个阶段。

第一阶段——分散经营，自谋发展，小打小闹，立地生根。这个阶段主要特点是规模小，资金不足，以家庭经营为主。这个阶段，创业者都很艰难，抵御市场风险的能力很弱，在上海市场影响小，还形不成气候。企业的组合，主要以血缘、同乡为纽带，还没有自觉联合的要求。企业的发展，主要通过亲属、朋友的引荐，把创业者一个又一个从家乡引到上海，使在沪企业和务工人数不断增加。其中最具代表性的是周宁在沪企业。周宁人过去就有出门务工的传统，改革开放给了他们千载难逢的好机遇。1985 到 1990 年是从计划经济过渡到市场经济的关键时刻，一些周宁人充分把握住了这一机会，在这段时间开始有所作为。周宁保留着中国传统农村的乡土文化，往往以家庭为单位，以血缘为纽带，聚族为村，人们比邻而居，和谐相处，由此形成注重乡谊、同乡扶助、亲邻相帮、团结一致的传统，也织成了一张庞大、牢固而且是可流动延伸的社会关系网络。当首批周宁人在上海安营扎寨后，一旦在上海奠定了一定的基础，便承担起了将家、族、村的同乡引出山村的职责，于是数以万计的周宁人来到上海，模仿着同乡们的生产、生活模式，集中在相同的几个行业。这样以血缘、地缘为基础，以业缘为纽带，形成了一个独特的创业群体。在沪周宁人以经营钢材贸易为主，正逢浦东大开发、上海大建设的历史时机，便乘势而上，迅速打开局面，取得很大发展。

当周宁人在上海滩初战告捷之后，其他县（市、区）创业者也开始向上海市场进军。他们创业初期，同周宁籍投资者的经历大同小异。由于周宁人已经占据了钢材贸易业制高点，后来又形成了庞大的销售网络，其他县（市、区）在沪企业除了少数人挤入钢材贸易行业外，多数人则另辟蹊径，寻求其他发展渠道，诸如汽配、茶叶、眼镜、水产、电器、餐饮等行业，后来也都在各自的企业空间做出独特的骄人业绩。

第二阶段——形成规模，自觉联合，不断进取，业绩斐然。这个阶段主要特点是，规模企业大量出现，专业化市场遍布上海，客观上给企业间的联系创造了有利条件。各县（市、区）党的组织和商会组织相继成立，抵御市场风险的整体能力有了很大提高。企业开始回报社会、反哺家乡，表现了宁德在沪企业人士的觉悟和良知。

商会在这一阶段也得到了很大的发展，不仅宁德市级商会建立，还有各种县级商会也纷纷在这一阶段建立。宁德商帮在沪县级的商会里，周宁上海商会已有 800 多家会员企业，排在县级商会的第一位；其次是福安上海商会，有会员企业 400 多家；蕉城、寿宁各以 300 多家会员企业名列第三；霞浦、福鼎各有 200 多家会员企业；再次是古田、屏南、柘荣都有自己的会员企业。而宁德上海商会最早成立于 2003 年，2007 年 11 月通过换届选举，产生了第二届理事会，郑维雄当选为会长。现有名誉会长 8 人，常务副会长 18 人，副会长 53 人，常务理事 65 人，理事 80 人，会员单位 9 家，会员（包括团体会员）4 000 多人。商会组织，不仅大大促进了企业间的联系和交流，为企业发展提供了良好平台，而且大大促进了对外联系，提升了宁德在沪企业的整体形象和市场竞争力。

1996 年，周华瑞先生在逸仙路创办了第一家专业钢材贸易市场——逸仙钢材贸易市场。其主要特色是采用了较为现代化的管理模式，设立计算机网络显示价格、行情、库存、备货、供货等各项信息，提供洽谈、看货、运输、开单、提货的一条龙服务，共有 126 家企业入驻超市。在钢材市场激烈的竞争中，"逸仙模式"不断显示出优势之处，在它的带动下，周宁商人先后建立了 40 多个钢材现货交易市场，而且发展势头始终没有减弱。至目前，整个长三角地区专业的钢材贸易市场已超过 200 个。另一个突出的案例是陈翔闭在 90 年代初创立的木材现货交易市场，与"逸仙模式"有异曲同工之妙。在这一过程中，陈翔闭把一批又一批的乡亲邻里带入上海，共同从事木材交易，被称为"地板木大王"。钢材贸易市场的建立，不仅为企业的发展开辟了"绿色"通道，也为企业间的联合提供了良好平台。这种经营模式还带动了其他专业市场的发展。在各县（市、区）在沪企业的努力下，在汽配、茶业、眼镜、石板材、水产品等产业都建立了自己的专业市场或者集市贸易，宁德在沪企业出现了百花齐放、争奇斗艳的生动局面。

致富思源、富而思进，当各县（市、区）在沪企业有了效益后，他们不忘家乡党政部门的指导和支持，不忘家乡父老的关注和期盼，更不忘党的改革开放政策的恩惠，许多有良知的企业家纷纷带头，为家乡教育、交通、基础设施、慈善赈灾等各项事业慷慨解囊，积极出钱出力，做出了很大贡献。

第三阶段——立足上海，向外开拓，多项并举，做强做大。这个阶段的主要特点是规模企业继续向上向前发展，集团公司出现，企业的现代化水平和企业文化含量都有了很大提升，抵御市场风险的能力和自觉性都大大高于第二阶段；而且目光放到全国各地，不仅局限在长三角地区，从事的行业也从钢材贸易向外辐射。

各县（市、区）在沪企业，在继续做强做大本企业的同时，开始将目光投向新的领域。许多创业有成的企业家，通过走强强联合之路，组建集团公司，立足上海，面向长三角，面向全国，多项并举。以周宁在沪企业为例。许多业主在继续巩固上海专业市场的同时，以股份形式，向江苏、浙江等长三角地区，以及环渤海湾的天津、北部湾的广西和四川等地发展，建立了新基地。投资项目从过去单一的钢材贸易向物流、码头、担保公司、房地产等产业转变。据不完全统计，到2011年周宁业主目前拥有50多个码头，26家担保公司，8家投资公司。其他县（市、区）在沪企业也同样在加大向外拓展力度。如福安新奇特汽配公司在全国许多城市建有连锁公司，寿宁和福安的茶业也在许多城市建立了销售基地。蕉城、霞浦等县（市、区）在沪企业，在上海等地开设了水产品市场，产销两旺，越做越大，还成立了宁德上海商会水产分会。古田业主的服装业在全国许多城市创办了连锁店，也是雄霸一方的企业。各县（市、区）在沪企业为了融资的需要，还纷纷成立了担保公司，进入银企合作的新时代。担保公司几乎遍地开花，为推进企业向高层次发展做出了不可磨灭的贡献。

随着企业现代化水平的提高，企业品位、档次也发生质的变化。在第三阶段，很重要的一个特征是，在经营好专业市场的基础上，一种新的企业文化——高档写字楼——迅速崛起，许多重量级企业家还自建了写字楼，为新一轮招商引资增加了筹码。据不完全统计，到2011年，宁德在沪企业中大约有五分之二进驻了写字楼。于是，电子交易、期货交易渐渐发展走红。

企业文化的发展，不仅从写字楼文化中得到体现，也在企业管理方略的变化上反映出来。家族式的管理渐渐让位于唯贤是举的科学管理，高学历、年轻化的管理者进入了企业管理层。许多大企业都自觉把学习、培训提上重要议事日程。最典型的如福安的新奇特汽配公司，设有专门的培训机构，每年都聘请有关专家对员工进行严格培训。其他县（市、区）在沪企业都或多或少进行员工培训，以提高员工素质。

回报社会在形式和内容上都有新发展。用于资助家乡发展的各种基金组织出现，把在沪企业的捐助纳入经常化、规范化的轨道。

到 2011 年，宁德在沪企业，可以说是群雄崛起，各领风骚。从业人数居第一位的周宁，大约 5 万人在上海。第二位的是福安市，约有 3 万人在上海。蕉城、寿宁略少于福安，占了第三位。霞浦、福鼎约有 2 万多人，其后就是古田、屏南、柘荣。

其实，"宁德精英"，尤其是"周宁精英"的崛起并非偶然，它的形成和发展有其主观原因，也有其客观原因。同样，"周宁模式"的铸就及其延续也是历史发展的必然。屹立在上海的摩天大厦，有谁看到周宁人树立其中的钢骨？横跨大江的宏伟大桥，有谁知道周宁人紧紧相连的铁手？横穿南北的高速公路，有谁发现周宁人甘当铺路的条条铁枕？大上海是周宁人的发迹之地，是"周宁模式"的发源地，同时，大上海也将是周宁新生代大展宏图的"大舞台"。

②成熟于长三角

周宁人的钢材贸易生意在上海已经渐具气候的十余年间，他们在上海建立了 40 余家大型钢材市场，占据了上海钢材贸易市场 80％的零售份额，牢牢地坐稳了上海地区钢材贸易行业的头把交椅。然而无论上海的钢材贸易市场需求如何庞大，上海也仅是一座城市，宁德商帮中从事钢材贸易的周宁商人在"占领"上海滩之后，立即放宽了视野，向上海以外的地区进军。与此同时，上海也由于城市发展、产业转移以及世博会举办的需要，对钢材贸易行业进行了不小的限制，大大地影响了钢材贸易市场的运行，使得钢材贸易企业的运输、销售、发展都受到严重影响，这也从客观上促进了宁德的钢材贸易企业向周边地区的转移，尤其是长三角地区。长江三角洲包括江苏省东南部、上海市和浙江省东北部，是以上海为龙头的江苏、浙江经济带，中国目前经济发展速度最快、经济总量规模最大、最具有发展潜力的经济板块。这里地理位置优越，既可以密切联系海外，又可以辐射全国，更有长江与钱塘江入海，运河四通八达，水网密布，良港无数。其自身的经济实力与发展前景以及交通上的优越性，正是宁德商帮钢材贸易企业转移的首选之地。

于是，周宁人的钢材贸易企业开始了由上海向整个长江三角洲转移的征程。近几年来，随着南京市及其周边地区投资环境的不断完善，宁德优秀企业家们到南京经商投资的越来越多。宁德人那种吃苦耐劳、敢打敢拼的思想和敢为人先、抢抓机遇的精神，显示出极强的竞争力，成为南京市商界一支劲族。据不完全统计，截至 2010 年年底，南京市有宁德企业和个体商户及宁德籍员工共 2.1 万人。其中注册资金 1 000 万元以上的有 1 400 多家，1 家为上市公司，数家正在申报上市进程中，主要涉足房产开发、电脑行业、机电产业、天然气石油产业、汽车配件及服务、防雷工程、钢铁市场、金融投资等领域，滚动投资超过 1 200 亿元人民币。

　　宁德商帮从上海流出后，另一个目标地点便是无锡。选择无锡的理由包括以下几点：第一，无锡地处长江三角洲平原腹地，北临长江，南濒太湖，是我国著名的鱼米之乡，地理位置优越；第二，无锡交通发达，京杭运河横穿，水路四通八达，适合大宗货物的低成本运输；第三，无锡经济基础好，城际铁路、高铁等一应俱全，城市群发达；第四，无锡是国家金融安全区，金融环境优良。总的来说，是百姓富裕、政府支持——银行存款多、审批容易。宁德商户大约在 2004 到 2005 年间进入无锡，销售面向全国各地。在进驻无锡之前，宁德商户在无锡当地也有钢材贸易，但总部都在上海，而无锡只是设立站点和仓库。由于仓库只是个体经营，所以不确定性很大，各个商户也容易四处流动，而且很多时候仅仅是起到调配的作用而没有显示出独立运营的能力，同时，这样的流动性商户也使得政府损失了很多税收。于是在 2008 年以后，借助刺激经济的四万亿的大量基础建设开始运行，加上宽松的货币政策，辅以无锡政府对宁德商户政策上的让步，上海市里较大的各个钢材贸易商户开始筹集资金，逐渐进驻无锡市场。而且进驻无锡后企业发展迅速，直到形成庞大的规模。宁德商帮在发展过程中形成了其商会、市场、企业环环相扣的经营模式，目前该发展模式已经比较成熟，从钢材贸易的规模和市场份额上看，也有着其他地区商人难以撼动的地位。宁德商户的从业人员大多出身贫寒、文化程度不高。抱团传统显著，普遍重视家乡人的亲情纽带。抱团的主要目的是解决信用问题，好处在于对钢厂谈判有优势，对市场价格有一定的控制力，而且通过担保公司以及"五户联保"制度等还能提供有保证的融资渠道。与无锡、浙江等地的当地商户不同，福建商户乐于和政府打交道，因为他们察觉到在中国目前不怎么完善的市场经济中，政府还握有一定的资源。他们在无锡的成功还可归因于对市场敏感程度高，善于抓住信息；有胆略，敢于闯荡市场；吃苦耐劳——很多人从搬运工、小职员一步步晋升为资产几千万的大老板。

提及宁德商帮，无锡当地经济和信息化工作委员会的相关领导，立即便将其从形形色色的经济人中区分出来，称其为一个特殊的群体。之所以说"特殊"，主要指他们已形成系统化、程式化的发展模式，有着明显区别于本地商户的特征，同时也难以让其他商户复制。他们对于宁德商户的第二个宏观印象在于其规模。在长三角地区的钢材市场中，宁德商户占的份额比较大，且具有一定的排他性，导致无锡和苏州的商户无法与之竞争。凭借在市场份额方面相当成功的经营模式，宁德商户在无锡的发展情况较好。总的说来，无锡政府对于宁德商户持支持态度。在城市发展初期，市政府曾大力引进、鼓励宁德商户落地；随着经营规模的扩大，宁德商户在钢材贸易领域渐成气候，故 2001 年后，政策开始明显向这一行业倾斜；2008 年经济危机发生后，为保护这些中小企业，政策支持力度加大，主要表现在土地优先出让、税收优惠、配套设施的费用减免等。现期有所规范和整合，但大环境仍然宽松。无锡市政府对宁德商帮的鼓励政策突出表现在各种审批权，有关土地、建筑等，旨在为商户提供一个相对方便、快捷的条件。在担保公司方面，政策有所收紧，出于规避风险和整顿行业的考虑，现今只批准科技型担保公司，而不鼓励钢材贸易担保公司的发展，这也是全国各地都面临的一种情况。

宁德商户对无锡市的贡献主要在于推动第三产业发展和拉动就业。周宁人在长三角有 7 万～8 万人口，其中八成以上从事钢材贸易行业。一方面，良好的钢材贸易服务极大地刺激了当地的建设部门的积极性，满足了大量基础设施建设对钢材的需求；另一方面，周宁人对当地的消费也起到了不小的贡献，并且将钢材市场周围的地价、房价带动上去，使得原来人烟稀少的地区变得繁华，各种生活基础设施一应俱全。这些均从不同方面刺激了无锡当地的经济发展。

宁德商户在无锡的发展与城市的建设是分不开的。起初，无锡的城市建设需要大量基础设施，这就为宁德商户的钢材贸易发展提供了一个契机。但随着城市建设已经比较发达，主要针对基建而非工业的钢铁市场的发展空间越来越小。由于城市基建基本完成，钢铁行业存在产能过剩，所以并非每个市场都有巨大的发展空间和很高的利润水平。之后宁德商户经营的各大钢材贸易市场难以保持原有规模，届时应该会向安徽、山东等省梯度转移，但具体模式尚不会根本改变。

到 2012 年，苏州、南京、无锡等长江三角洲的重要城市的钢材贸易市场都已被周宁商人覆盖。在从上海向长三角其他城市的扩散中，周宁商人逐渐完全确立了"前店后库""五户联保""反担保""同乡互助"等一系列特殊的经营模式，并使其发展成熟。借着这一套在长江三角洲发展成熟的经营模式与体系，周宁人将他们的钢材贸易推向了全国，在西安、重庆等地都开始了拓展之旅。

③扩展至全国

宁德周宁商会所经营的钢材贸易生意，是从上海开始的，从长三角发展成熟的。刚开始时是几家小店面，目前却已经遍布全国，基本占领了全国各地的钢材零售市场。无论是长三角的上海、无锡、杭州、苏州，还是北方重镇西安、兰州、天津，抑或是南方的成都、南宁等城市，其城市发展的钢材需求都依赖周宁商人的钢材贸易。于是，周宁人自豪地宣称"凡是有钢材贸易市场的地方就有周宁商人"。此言不错，因为福建人做生意，常常是一个一个乡的人经营同样的生意，而做什么生意，则一般是看第一个出去的人的选择，一般由于第一个人出去打拼致富后他会返乡带动其他人，一起经营这个生意，所以常常是一个乡一种生意。周华瑞首开周宁人钢材贸易生意之先河，于是周宁人前赴后继，涌入了钢材贸易市场。他们不屑于内斗以抢占家乡人已经打拼下来的市场，而是积极开拓尚未成型或尚在其他地区商人手中掌握着的市场。他们就是这样在同乡亲友的帮助下，借着中国经济大发展，钢材需求量大，钢材贸易市场较为混乱的良机，奔赴全国各地，改组了一个又一个地区的钢材贸易市场结构，将其纳入周宁人麾下，从而形成了周宁人主导当前全国钢材贸易行业的局面。

2001 年至 2002 年，宁德人第一次比较大规模来到西安，他们来的主要目的是响应国家西部大开发的号召，同时也考虑到西安正处于城市规划建设刚起步的阶段，有着比较良好的发展前景。由于西安正处于全面开发建设过程中，因此大多数宁德人选择了从事钢材贸易行业，并取得了很好的发展。后来通过朋友介绍、亲戚推荐等，在 2007 年至 2009 年又出现了一次大规模的宁德人来到西安从事钢材贸易行业的现象。这次宁德人来西安的原因主要是老乡多，可以互相帮助，并且也看到了西安钢材贸易行业的商机，而且当中不少都是上海等地的宁德商户将企业业务拓展到西安这边来。当然，早期从事钢材贸易行业的宁德商户已经或准备介入其他行业，其他近几年才来的宁德商户仍然在钢材贸易市场发展。为了规避集中在单一钢材贸易行业的风险，而且受最近几年缩紧银根等政策的影响，很多宁德商户都在考虑改行或者转投其他行业，比如矿山、写字楼等，通过多元化经营以规避风险并增加收入。但是目前他们主要投资的还是钢材贸易行业，并仍在积极发展和扩大自己的经营团队和经营规模。在西安钢材贸易行业的宁德商户，大多数从事的是二级批发代理商服务，也有项目供应以及少部分一级批发代理商服务。宁德商户在西安发展遇到困难时，往往选择同乡之间互相帮助，由于宁德商户在西安朋友、亲戚较多，因此往往比较容易克服。有些宁德商户也会寻求商会的帮助，包括闽商商会、宁德商会和屏南商会等。例如在遇到短期资金短缺的问题时，由于银行贷款难度较大、额度较低，宁德商户就可以向同在西安发展的朋友或亲戚借款，这样即使利息高也可以接受，因为只是短期周转一下而不是长期融资。

2010 年，由福建省周宁钢材贸易商人投资建设的"中国华北泰富钢材物流城"项目一期工程开始对外招商。该项目是集钢材电子交易、仓储、货运于一体的大型现代钢材物流项目，位于山东省济宁市邹城大束镇，总投资 7.2 亿元人民币，占地 500 余亩。整个项目工程分三期建设，2012 年 6 月份全部竣工：一期、二期工程分别建设商铺 288 户，总面积达 3.9 万平方米；三期工程建设 1.2 万平方米办公楼、7 万平方米广场、3 万平方米沿街门头和 150 个停车位，高标准建设精加工车间、电子交易平台、准期货交易平台。该项目将为鲁西南及北方钢铁业接轨长三角、海峡西岸经济区乃至珠三角地区，提供一个高标准的平台，有效会集车源、货源、仓储、交易等信息，促进国内钢铁资源的合理布局。

宁德人走向全国的另一个典型事例是 2011 年 3 月 1 日，重庆市大渡口区人民政府与拥有国家级现代服务业钢铁物流产业化基地的上海钢市投资控股（集团）有限公司，签订了《战略合作协议》，开启《重庆钢铁服务业总部基地》项目。该项目是国家实施西部大开发、重庆市实施"314 总体战略部署"和建设两江新区、大力发展现代服务业的大背景下，在大渡口区实施重钢环保搬迁和 CRD 中央休闲区定位的新形势中，政企联手打造的"立足重庆、服务西部、辐射全国、影响世界"的西部钢铁服务产业第一品牌基地的经典之作。项目总投资将超过 40 亿元，项目全部建成启用后可实现综合税收近五亿元，并创造 12 000 个就业岗位，将极大地提升重庆现代服务产业能级和国家直辖市的战略地位。《重庆钢铁服务业总部基地》项目具有"产业集聚、功能集成、管理集约"的特点，将通过互联网、移动网、物联网的三网联合和第四方物流及供应链融资，着力培育"商贸、物流、金融"三个生态系统，实现商流、物流、信息流、资金流、电子商务的有机结合，形成西部地区最大的钢铁服务产品交易中心、国际钢铁中国西部区域采购中心、钢铁服务产品电子商务交易与电子结算中心、钢铁服务产品流通保障中心、满足钢铁服务产业发展"一揽子"配套资金需求的投融资中心和国际钢铁价格发布与信息资讯采集的重要组成部分，打造西部最大的钢铁服务产业企业总部集聚区。据上海钢市投资控股（集团）有限公司董事长、总裁周华瑞介绍，上海钢市投资控股（集团）有限公司将把核心业务带到大渡口，除率先在大渡口区投资建立重庆钢铁服务业总部基地之外，还将投建西部钢铁交易所、第一酒市特色文化街和项目配套服务设施等。精心打造大渡口中心区地标性的钢铁服务产业城市综合体，充分发挥其在钢铁服务产业的示范效应、带头效应和集聚效应。并通过第四方物流和供应链融资，实现有机结合，形成西部地区最大的钢铁服务产业企业总部集聚区。

3. 企业发展

这是一个令人吃惊的数据，在上海每年的钢材贸易市场交易额中，高达80％的份额掌握在从周宁县走出来的创业者手中。"世界钢材看中国，中国钢材看华东，华东钢材看周宁"，这是钢材行业内对周宁商贸大军的褒言和赞许，足见周宁人在商贸圈中举足轻重的地位。周宁人的钢材贸易生意，在发展过程中历经的大风大浪、艰难险阻已是数不胜数。然而多年来，周宁人却"任凭风浪打，稳坐钓鱼台"，其市场范围也由上海扩展到苏南，乃至全国。他们拼搏在风险不小的钢材贸易领域，面对着瞬息万变的资本市场，历经着外部环境的时变境迁，见证了中国改革开放的沧海桑田，而周宁人的钢材贸易生意却始终如一地快速发展，稳步前进，历经磨难却立于不败之境。每一个成就的背后栖息着周宁的精神，一个个成就就是其精神家园的版图，弯曲的河流在这版图上不知疲倦地追随着时光奔向远方，像极了周宁人代代相传的奋斗与拼搏。风一天天吹着，顺着岁月的脉络，吹老了曾经的热血青年，吹熟了如今的接班后辈。

（1）钢材贸易市场的运营模式简介

所谓周宁上海钢材市场，是指浦东开发以来，尤其是 1996 年以来，在上海的周宁籍企业家根据上海基础建设市场急需钢材这一行情创建的、为周宁在沪经营建材的企业家提供经营场所为目的的建材专业市场。所谓"市场"，即市场管理公司，是指一个具有一定规模的钢材商户的集合体，它为入驻内部的商户们提供了一个平台。每个市场管理公司下边大概都有几百家商户，这些商户是市场管理公司的创办者和经营者通过公开招商引资和私人关系引进的。市场管理公司为这些商户提供统一的地皮用于做商户的贸易公司的门面，除此之外市场管理公司还为商户专门设立了仓储和物流的平台供其使用，因此事实上，各家钢材贸易公司只有各自谈好的贸易对象和贸易内容有所差别，而其进货、存货、出货的渠道和方式均是一致的。这样一个平台的提供使得商户的效率得到了有效提高，同时，市场管理公司也是商户同商会和政府相联系的最主要渠道，商户冲突的协调、利益的争取都是由市场管理公司来进行的。具体而言，市场管理公司为商户提供的设备及服务有：商铺，码头，库房和装卸设备，以及钢材市场行情、信息的共享。其盈利的主要渠道有：租赁商铺的费用、仓储的费用以及结算业务等各项其他服务的费用。

周华瑞是上海钢材市场的创始人。他1985年来到上海谋求发展，从事多年建材经营，并在商海中不断地探索、实践、积累，掌握和运用规律。1996年，周华瑞已经到上海第十个年头了。是时，已经有一批周宁人在上海从事钢材贸易生意。周宁人在上海的杨高路上形成了建材一条街，街边遍布着一两百家钢材贸易企业，很多人仍沉浸在"搬砖头"带来的喜悦里。所谓钢材贸易行业就是从上游生产企业拿到货以后卖给下游建筑企业，从中赚取差价，所以当时钢材贸易企业被形象地称为"搬砖头"。周华瑞意识到，这样的繁华下面有暗潮汹涌。当时钢材贸易企业基本采用的是"票据式"交易，做钢材生意的人都是租一间沿街的小店面，放一点现货，接到金额较大的业务时则要到厂家或批发商的仓库去提货。这种方式拖延了交货的时间，而且信用存在很大风险。关键是，这样的做法永远只能是小作坊式的经营，难有规模效益。如果能建一幢楼做店面，再将散落在各个街道的店面集中起来，然后在大楼附近租个场地用作仓库，统一物流，统一配送，统一服务，这样不仅能给各个商家节约成本，还能实现规模效益、提高效率。"前店后库"的想法开始在周华瑞的脑中周密计划着。在经过长期考证后，他于1996年年底，以企业家独有的慧眼和惊人的气魄，选中了位于上海东北部逸仙路281号地点，创建了上海第一家"钢材超市"——上海逸仙钢材现货交易市场，占地面积4.2万平方米。他以每年300万元租金与当地政府签订为期15年的协议，市场内的交易大厅设立208个交易席位，供126家企业进驻经营；投资700多万元，配备了大吊车、铲车、电子磅、电脑；同时在市场内提供洽谈、看货、运输、开单、提货一条龙服务。市场内采用现代先进科学管理技术，设立计算机网络，提供行情、库存、备货、供货等各项信息，通过互联网络管理平台，与"上海热线"——宝山钢铁网站联网，将该市场所有的价格、行情、库存、备货、供货等各项信息向全球发布，这样，该钢材市场实现电脑网络化管理，上了一个新台阶，显示出发展前景的强大生命力。于是周宁许多有识之士纷纷效仿，到 2006 年 7 月，周宁在沪企业家先后组建了上海江扬钢材现货市场、上海银山金属材料现货交易市场、上海浦东新区生产资料交易市场、上海七宝钢材现货市场和上海曹安钢材市场经营管理有限公司等 40 多个市场，400 多家有实力、上规模的公司、企业进驻这些市场交易经营。

据调查，当时在沪的周宁人钢材贸易专业市场中主要存在着"四级市场"网络和业务结构：一级市场为钢材专业市场的开发者，这类开发者凭借十多年的原始资金积累以及与政府、银行和钢材供应商有着广泛的合作，一边经营市场的管理一边经营钢材现货的批发，甚至其市场发布的钢材价格成为上海钢铁价格的风向标；二级市场为在市场中有一定实力的做"现货"的公司，主营钢材现货的流通，如上海励宁钢材贸易实业有限公司，2007 年销售额达 30 多亿元；三级市场为有一定资金直接与房地产开发商贸易往来的周宁商人，这部分公司又称为"工地"公司；四级市场即是周宁人所称的"搬砖头"（周宁方言），这部分人没有足够的资金，在市场中租赁一办公地点，在外跑工地信息，谈成业务之后，靠亲戚、朋友、熟人等社会网络关系的"资本"进行周转，从中获取一定的贸易利润。从上面的四级市场的运行逻辑看，社会网络与社会资本起着"纽带"和"润滑剂"的作用。经了解，一级市场的开发者要通过周宁县"老乡"的关系招商进驻企业；二级市场做"现货"的需通过社会网络找到"做工地"与"搬砖头"的熟人；三级市场"做工地"的，若"工地"钢材的需要量超过其本身的经济能力，要寻找熟人关系强的、信任度高的"做现货"的人周转钢材现货供应；至于四级市场中"搬砖头"的人，完全是靠自身关系的社会资本在运营。由于钢材是同质性强且资金密集型的贸易行业，"四级市场"的运作过程中，合作与竞争展现得淋漓尽致。周宁商人的奋斗轨迹就是不断地利用各种社会网络和机会，在这个市场体系中往上级移动。周宁人的钢贸业务体系就是从这四级市场的流动和整合中发展而来的。

（2）具体环节

①硬件设施

宁德人做生意时，对于钢材贸易行业所需的硬件设施十分注重，在扩展市场的初期，采取的是与其他地区的人完全不同的策略。很多地方的商人打算进入一个行业时，多是只租好土地、房屋等硬件设施，对这个市场只是先试运营，一旦出现问题则迅速收手。但与之不同，当宁德人看好一个地方做生意的时候，他们却是先买好地皮和厂房，置办好不动产之后，再进入市场。

通常，当某位具有一定财力的周宁商人认定某一地区的市场之后，他会在这个市场中寻找较好的地理位置买下土地建造商店门面、仓储中心，并建造或租下附近的码头。当他拥有了自己的硬件设施之后，他们会以招商的形式将家乡的各个商户召集，然后在这个硬件设施的基础上进行团队经营，组建为一个钢材贸易城。拥有这些硬件设施的商户充当市场的领头羊，他的门店出租给各个商户经营，他的仓储中心囤积全部商户的货物，并由结算中心对每家商户的货物进出进行每日的结算，通常他还会成立自己的担保公司为商户们提供贷款担保。

虽然周宁商人在刚刚起家时，由于资金的短缺采取的是同其他商人一样的经营方式，先是租用土地和房屋，但随着自身实力的壮大，周宁商人选择了先拥有自己的硬件设备，然后开拓市场的经营方式。而这种经营方式的优势也是非常明显的。拥有了属于自己的硬件设施，首先可以保证自己的需要，保证周宁人一定能够得到硬件设施，并保证周宁人在他乡经营不至于因为硬件设施而受制于当地人，周宁人的钢材贸易生意不会因为硬件设施租金的迅速上涨而受到影响；其次可以使得周宁商人依旧能够保持一个周宁人的团体，不会因为四处租赁土地而分散经营，无法实现周宁商户聚居在一起进行资金、货物的融通；再次，拥有了不动产硬件设施的周宁商户可以更好地得到银行的信任，更加容易地获得贷款；最后，由于建立这一套硬件设施的企业是商会的龙头老大，起着稳定市场的重任，有利于保障这个市场的稳定性。

②获得货源的方式

周宁商人的钢材贸易市场，是一种钢材的零售生意。众多的商户每一家专门负责经营某种钢材，这样整个市场就可以在每家商户专业经营一种钢材的基础上囊括几乎所有的钢材种类。拥有完整钢材体系的钢材贸易市场向钢材的需求者提供产品。这些钢材的需求者大多从事施工工地等基础设施建设。

由此可见，钢材贸易市场是连接钢材生产和钢材消费的中间环节，无法保证钢材贸易市场的货源则无法保证国家的基础设施建设。所以，货源是钢材贸易市场运作的命脉，能否拿到足够且稳定的货源不仅关系到钢材贸易商户的生死存亡，更关系到国家基础设施建设的进展。

一般说来，周宁钢材商人货源的获得有三种方式：一、做大钢厂的代理。即大的钢材贸易商户跟大钢厂签好协议，保证每年销售多少货物，即使无法完成也要买下来，并且要提前一年交好购置货物的资金，如果难以完成销售任务则会被开除代理身份并退还上交的资金（相当于这部分资金被钢厂合法使用了一年，这是很大的一笔钱，以每吨钢均价 5 000 元算，一般签好 3 000吨的销售合同就会缴纳 1 500 万元的保证金，这部分保证金本身对于企业而言机会成本也很大），通常有财力的大企业会这样做，通过这种方式能够保证较为稳定的货源，但是要承担较大的风险；二、通过市场向代理商购买钢材，这是一般的中小企业的做法，即便他们想通过钢厂直接获得货物，钢厂也会为保护代理人而以比市场高的价格卖给他们，所以他们一般会从代理处获得货源；三、较多的企业组成一个大的订货团，直接向钢厂"团购"，通过集体的谈判能力以较低的价格拿到足够的货物。

经过一段时间的市场运作，"做代理"的取货方式已然略显过时，不仅是因为这样使得代理商承受较大的风险，而且也因为单个企业的谈判能力无论如何也无法同集体协商相比，因此做代理拿到的钢材价格相对于集体协商的钢材价格也是比较高的。所以，现在市场上从钢厂直接获得货源的方法以直接团购为主，通过这样的方法取得货物后再向下一级的经销商销售。并且，当钢材的出厂价格较低时，钢材贸易商户多会大量地囤积货物，如果钢材价格陡然升高，那么由于市场上存货较多而使得市场上的钢材价格低于钢材的出厂价格，商户们称之为"价格倒挂"。一旦如此，则货源的主要来源是钢材市场，即商户之间的互相倒卖，直至市场价格与出厂价格重新匹配。

对于近些年来方兴未艾的电子商务，其拥有的交易快捷性和信息获得方便性是传统的交易方式难以匹敌的。但是由于钢材的种类繁多，价格相差较大，且不同的种类之间难以通过照片细致辨别，所以钢材的交易必须在实地考察，细致验货后方能达成成交协议。但是通过电子平台获得企业和钢材的信息却是较为常见。

③货物的运输与仓储

钢材贸易行业作为钢材的零售行业，其本身也是一种物流业。钢材贸易生意成败的根源便是能否在合理的价格下迅速地进货与出货。所以，交通运输这个物流行业对于钢材贸易行业显得尤为重要。而敏锐的周宁人也发现了这一点，他们为了保证其进出货物的方便，十分重视对交通的投资。周宁的钢材贸易商户不仅共同购买了为数不少的运输车辆和驳船作为钢材的运输工具，也多在交通便利的地方建立自己的码头和仓储中心，例如安邦钢铁物流园，那里就是公路、铁路以及码头三种运输工具的交汇处。宁德商帮将交通运输所需要的运输工具和集散中心以及存储中心统统纳入自己的资产组合中来。通过自有的方式防止因为运输队、码头运输繁忙而耽误钢材运输。

货物的存储中心一般建在交通方便的商户门店的后院，即为周华瑞先生所开创的"前店后库"式的经营方式。众多商户的货物按照钢材的种类囤积在一起，每家商户的货物都在结算中心有记录，且每一次进货与出货都进行更新。当一家商户找到了大的货物需求者时，他可以在征得其他商家同意的前提下，以赊欠的形式卖掉共同囤积的货物，从而使得不同的商户之间合作更为紧密。并且，商户为了应对市场价格的变动而"囤货"，也囤积在仓储中心应对所有商户不时之需。

当然，由于结算中心和仓储中心多为钢材贸易市场领头的大企业所建，其提供的服务收取一定的费用，包括向商户收取的仓储、行车、管理费用，但费用较低，基本不会对商户造成负担，总费用加起来大约每吨十几元钱。并且费用的收取是按照出入的次数来计算的，只在货物出场的时候收取，无论在场地存多长时间都按出入一次来收费。虽然每次出货和运货都要在结算中心记录，且每次出货都要得到结算中心的应允才能执行，但从来没有出现过厂家要出货，结算中心不应允的情况。

④货物销售

前文提到，当周宁人刚刚涉足长江三角洲的钢材贸易市场时，他们骑着单车挨个建筑工地询问是否需要钢材。就是这种主动联络客户，认真负责、踏实稳重的态度让他们赢得了当地市场的主导权。其后，虽然他们在此地的钢材贸易市场已经坐稳，然而他们却始终不忘"客户至上"的宗旨，仍然是主动联系客户，根据客户的需要提供服务。

通常来说，每个钢材贸易市场中每家公司都有2～3个业务员，每个业务员都在领基本工资和提成。虽然他们受雇于某一家公司，但他们在跑生意时，常不仅仅为一家公司跑业务，在发现客户需要，而自己不具有但为钢材贸易市场内其他公司具有的产品时，他们会竭力向客户推荐，这样他们也会拿到其他公司的提成。而如今，不少钢材贸易市场都希望能将各家所拥有的业务员组合成为一个业务团队，为众多商家共同服务。

当然，货物的销售也不仅是依靠业务员的努力，某些大的公司，尤其是经营仓储中心、结算中心、担保公司的老板，由于关系甚广，当他们找到了好的钢厂和客户之后会推荐给商户们。并且虽然钢材的贸易不依赖于网络，但其宣传与广告却与之紧密相连，许多商户都有自己的网站来宣传自己的产品。

⑤融资平台

在2000年以前，由于当时的钢材贸易行业零售门槛很低，只需几百万的资金，无须太多的专业知识或者特定的才能，而且规模相对较小，所以钢材贸易类企业没有进行融资的需求和意识。随着规模的逐渐扩大，出现了订货保证金、交割资金、运输占款和存货占款，这四项资金需求使得企业被迫融资。为解决融资难的问题，宁德商人开创了极具特色的融资方式——"五户联保"制度，具体的运作模式如图4－1所示。在这个制度下，每五户结成一个群体，相互捆绑在一起，一旦其中一户出现问题无法偿还贷款，那么其余的四户就要对此偿还。而与这个制度相互结合的是现在迅速崛起的担保公司。通常，宁德商人获得贷款的流程是这样的：首先，五户商人结成五户联保；然后担保公司会对其中某户需要资金的企业进行担保，以帮助其获得银行贷款；继而五户和担保公司有一个反担保，一旦此户商人无法偿还贷款，则在贷款到期时，先由担保公司支付银行贷款，再由其他四户进行偿还。另外每家接受担保的企业都要在担保公司的结算中心接受监督，它的每一批货物出入都要经担保公司允许留有记录，并保证每一时刻都要有一定的货物作为流动的质押。

图4—1　宁德商帮担保模式

注：①代表钢材贸易企业请求担保公司为其向银行贷款做担保；②为钢材贸易企业请求反担保人为其向担保公司做担保；③为反担保人为钢材贸易企业向担保公司做出担保；④是担保公司向银行做出担保；⑤是银行向钢材贸易企业发放贷款。如果钢材贸易企业不能按期付款，则银行向担保公司索赔；担保公司向钢材贸易企业、反担保方索赔。担保公司、钢材贸易企业、反担保方均以其全部资产对所担保的债务等承担无限责任。

这样的融资模式有效地减少了银行对于此类大宗商品企业贷款安全性的担忧，使得银行投向钢材市场的坏账极少发生，保证了银行资金可以持续不断地流入钢材市场。虽然现在市场上靠担保公司、五户联保而获得贷款的客商众多，但是这种模式还是适合小型客商，大的客商由于本身的实力和资源会通过质押直接获得银行贷款。

目前来说，主要的融资依旧还是依靠银行，尤其是四大国有商行。大企业多使用"货押贷款"，监管由国有企业负责（如苏州某钢材贸易市场的监管就由中远集团负责），监管公司从中抽取百分之一作为报酬，结算中心的货物价值量的变动都要对其汇报。这样的严格监管方式，保证了钢材贸易商户的货物与其贷款数量的匹配，防止出现呆账、坏账，保证银行对于钢材贸易市场的信赖。

周宁钢材贸易商户保守的经营方式与有着严格的"五户联保""反担保"的信贷方式使得其经营的风险较小，并且银行、企业之间的信息不对称性相比其他中小企业大幅降低，所以银行更乐意对周宁钢材贸易商户提供信贷支持，并且各企业相互之间也因为几乎没有信息不对称问题而不会过多担忧对方的资金风险。可见，这种网络化、组织化的经营模式使得周宁人的钢材贸易企业获得银行和彼此之间的充分信任，依靠互相抱团和合理的企业组织网络解决了中小企业的信用危机。它通过将众多的中小企业组织在一起，由大企业负责，"五户联保"下共同承担，以及宗族乡党之间针对贷款人无力偿还的互相救助的贷款偿还办法，将众多企业的信用汇聚在了一起，形成了整个市场信用，实现了信用的汇聚。

这种特殊的模式实现了信用汇聚，也就一定程度上实现了风险的分散。这种发展模式将整个市场捆绑在一起，通过整个市场的共同信用来解决某一家或者几家的信用危机，一旦这些商户无力偿还资金、贷款，或交付货物，则由市场出面解决危机，将风波化于无形，将风险降至最低。

（3）典型企业介绍

①钢材贸易类

上海融真钢铁国际贸易中心有限公司，由同一家族的四兄弟携手创办，是一家集钢铁市场、担保公司、房地产投资于一身的综合性企业，其旗下的钢铁市场是实现从"前店后库"到票据市场转化的第一家钢市。该市场借鉴了当时自然形成的宝山钢材市场的模式，买楼作为市场所在地，通过在市中心开票的形式减少了中短途物流成本，方便客户。该钢材市场已拥有了几百家商户，年交易额达到了几百亿元。虽然钢铁交易中每个企业的产品不同，周转次数多，会存在因重复配送导致的贸易量重复计算的问题，但这一部分所占份额较小，钢市的交易量仍然相当可观。虽然是家族企业，但该公司在用人方面早已不再局限于宁德籍老乡，现有的三百多名员工中宁德人仅占了不到10%。公司早就已经实现了电子商务化，通过网络进行交易。电子平台的具体运营模式为会员制，已有会员3 000多家，盈利源于对每吨交易收取的交割费。电子平台可通过外包、合建、自建等方式建立配套的合作仓库，商户必须取得合作仓库的存货证明以进入平台，交易后会自动进行划拨。为了节约成本，这种仓库已经遍布全国，在交易当地就可以直接交割。一旦货物

质量出现问题，则可追溯销售方的注册资本金和经营所在地，要求其退货、赔款。

上海宁冶物资有限公司成立于 2002 年，初期在国有企业的缝隙中灵活生存，在发展中逐渐积累起丰富的上下游资源，靠勤奋、诚信和高质量的服务慢慢扩大至现有规模。企业已实现楼宇化转型，员工达百人，是当地的纳税大户。公司的特点在于股份由兄弟共同持有，有投资机会时一起进行分析决策，如果有人认为存在风险则不做。虽然这种小心谨慎使得公司丧失了一些机会，但也使公司得以稳步发展。随着钢材贸易利润逐渐降低，公司开始尝试向其他行业发展，但新行业所占比例不大，仍然以钢材贸易为主。与融真钢市不同，宁冶并没有相应的担保公司进行融资，但由于高层领导与银行比较熟悉，有抵押的贷款并未通过担保公司而是直接与银行对接。

另一个比较有代表性的企业是集钢材贸易、仓储、融资、担保于一身的上海松闽城钢材市场经营管理有限公司。近年来，公司保持着诚信的态度，凭借着良好的服务质量和政策的支持，运转非常顺利，总投资超过了 3 亿元，有来自全国各地的员工 100 人左右，入驻商户 300 余家。由于靠近河流，水运便利，该钢市的运输成本较低，年吞吐量达 200 多万吨。除上海外，该公司在重庆和天津等地也使用自有资金逐步建立了钢材市场。在融资方面，企业的担保公司与钢材市场同时成立，主要解决商户的短时间资金需求。

与上述钢材贸易企业相比，上海永廉金属制品有限公司的主要特点在于它的创始人是一位"80 后"企业家。公司从最初 50 多万的注册资本金发展到除投资外的固定资产就有六七千万，并正在从钢材贸易行业向餐饮、娱乐等行业进行转化。这样的成绩，是创始人带领着十几个员工打拼出来的。他们组成的这支团队小而精干，五脏俱全，其中宁德人大概占 40%。与老一辈企业家相比，"80 后"创业者显得相对激进，企业的杠杆率也会更高。但在转型方面，新一代的行业覆盖面较老一辈更为广阔，因而面临的挑战较小。

无锡是江苏一带最早建立钢材市场的城市，共有 58 家钢材市场，竞争非常激烈，但是在市场内部的商户之间默契普遍较好，通常是良性竞争——进货来源不同、成本不同，或所经营钢材种类不同，市场类属垄断竞争；优势是资源多因而选择多，或者在售后服务上做改进；往往是几家商户联合揽活。无锡建发钢材市场主要管理公司和担保公司的董事长肖先生，1983年出生，14岁即去上海闯荡，属于最早从事钢材贸易的一批人，而那时无锡市的钢材贸易还是一片空白。由于上海闽人聚集，现有市场趋于饱和，宁德商户便流向无锡另行开辟一个新的市场。肖先生最初专做建材，生意非常好，2001年启动之时，一天可赚几十万。而2007年市场成立后，做了两三年，其他市场便如雨后春笋一样纷纷出现。他认为福建在外的商户能做成市场的其实是少数，但不成功的也不会回家。该市场的优越性包括：位于惠澄大道，是无锡向江阴的主干道，临近码头。但无锡是发达地区，不适宜留有大量库存，故在盐城选库存地。

无锡凤凰城钢材市场主要管理公司和担保公司的董事长为周宁人，他先是去上海，通过开卖黄沙、石子的小店，挖到第一桶金。后来家族扩展，上海80％的小商店均为周宁人所开。随着时间的推移，大一点的小商店发展为大规模的前店后厂。无锡凤凰城市场为2009年年底新建，2010年年初开始运行。模式较新，写字楼里只是办公，堆场和居住区都在其他地方；雇用的全部是职业经理人，没有亲属参与，避免内部争权夺利和尾大不掉。但附近没有码头，造成了许多麻烦。这种模式的好处有：第一，省去了与政府的拉锯战，若就买地进行谈判则至少两年，两年间变动不小，政策不好把握，风险大；第二，省去了一个建设周期，短平快；第三，买下的写字楼是净资产，方便贷款；第四，方便客户，也远离了脏乱差的工作环境；第五，在一栋楼里，管理较方便，纳税也直观。这种模式是凭经验、直觉想到的，没有什么服务业帮助；都是实践中得出，并没有形成什么理论。

无锡龙之杰钢材市场主要管理公司和担保公司的董事长也是周宁县人。起初到上海做服务，负责配送。随后又进入无锡办市场。他来之前，当地主要是仓储，由于江南水路发达，商户趋利跑动。他给政府承诺，所以政府批下地，盖了楼，这些企业纷纷在此落户，因此很多税收就在当地政府交。可以说他得到了政府的大力支持。该市场里80％～90％为宁德商户，很多宁德的公务员下海经商并成为管理人员。市场包括负责物流的市场管理公司、负责房地产的钢铁交易中心、负责金融的担保公司三个部分。其中的房地产是自产自销，主要租给内部人员。从账面上可以看出，该市场一年销售额已达100亿元。其市场优势在于抱团、协调。拿担保来说，从赚钱的商户那里赚钱，通过在担保费上的折扣给不赚钱的商户降低成本让利，思路是把商户做好市场才能发展。不管哪个商户有问题，市场管理公司都会站出来，负责解决纠纷、协调职工子女上学等问题。

无锡国金钢材城管理公司的董事长吴先生，1993年初中毕业后赴沪经商，先在老板手下打工，工资不高，仅补贴家用。后公司经营不善，老板就采用分期回收出让款的形式将生意转给吴先生，公司逐渐归吴先生所有，收入中一部分用于生产经营，一部分交于老板，后逐渐做大。在本业经营较好的情况下，由于参与上海周宁商会，经历了协助解决商户困难，吴先生产生了创建国金钢材城这样一个服务平台的想法。国金钢材城于2009年筹建，完全依靠自有资金建立，没有使用银行或其他形式贷款。占地300亩，有8万余平方米商铺。可入驻800家商户，钢材年吞吐量200万至300万吨，年销售量100亿元，单个商户的年交易金额达3亿多元，且每年有100多万元的增长额。在已入驻的商户中宁德籍商户约占70%。商户有一定流动性，每年商户变动的比例为5%～10%。

无锡西站安邦钢铁物流园的董事长、总经理陈先生，原是高速办主任，2004年下海，曾在青阳、江阴等地经商。从事钢材贸易起家，曾参与市场建设，其叔父是青阳钢材市场的董事长，有这方面的经验，故与他人合伙成立物流园。物流园于2008年成立，占地面积由52.4亩发展到100亩，又发展到228亩，计划在5年内入驻1 000家商户，开票量达到100亿元，年吞吐量达到200万吨，单个商户年交易金额达2亿元，钢材市场商铺年租金为4.5万～5.5万元。物流园内80%是宁德籍商户，15%是本地客商，还有5%是钢厂直接进驻。市场管理公司的工作人员多为宁德人，特别是高管，这样做一是招商方便，二是许多宁德籍高管为公务员出身，有很强的同政府沟通的能力。物流园的一大特色是生活服务区建设：由市场出面，沟通各部门，处理商户子女的教育问题等，力图打造小型社区。物流园的优势是省级开发区，税收优惠在50％以上；铁公水三路连通，运输成本低；商铺为商住一体，随时可以营业。物流园内约30％从事现货批发，直接联系钢厂，经营者和货物的数量由钢厂进行一定控制。20％属于二级代理，即一级代理的下家。其余40％～50％规模更小，俗称"搬砖头"，即通过跑工地来寻找客户，短期赊账经营，买空卖空，赚取差价，待到实现一定的资本积累，规模扩大后开始从事现货生意。各商户经营方向看似雷同，但是丰富的钢材品种实现了经营的差异化。

万仕达钢材市场的董事长李先生20世纪50年代出生于上海，后因出身问题被清洗回乡。1980年父亲平反，同年进入国有建筑公司。1989年创业，在周宁从事钢材贸易经营。1995年来到上海。初到上海，钢材贸易行业仍处在店面经营、板车送货的阶段。起初经营状况不佳，2000年上海钢材市场真正成型后情况好转。2007年到无锡。除钢材贸易外，还负责一家酒店的管理工作。

无锡青阳钢材市场是江苏一带最早建立的钢材市场。一期入驻300家商户，后增至700户，其中本地人创办的仅10家左右。该市场具有高速、铁路、运河的运输优势，本地经济规模大，吸引力较强。

②担保公司

2003年，融真在上海成立了第一家担保公司——融真担保租赁有限公司。成立之初，宁德的农业银行等国有银行，对在上海的宁德钢材贸易商提供了支持，上海地区银行直至2005年上半年才在宁德银行的影响下开始同担保公司合作。经过短短几年的发展，在"融合智慧、开拓创新、专注专业、成就客户"的企业核心价值观的指引下，企业的注册资本从5 000万元到2亿元到4.8亿元再到7亿元；股东从3人到10人到20多人再到47人，其融资规模在上海排名第一，全国排名第三。有合作银行23家，服务于37个钢材贸易市场，在保金额35.27亿元，授信额度100亿元，累计担保309亿元，业务担保数量5 800笔，客户逾1 650户，从之前的银行选企业转变为现在的二者之间进行双向选择。融真担保公司在选择客户时有"两个标准、四点关注"。两个标准为财务因素和非财务因素——前者是指由报表数据反映出的企业经营状况，后者是指实际控制人的素质、关联企业的运营情况、国家货币政策的总体走势、钢价的涨跌趋势和相关的风险度评估。四点关注为：一要通过税收情况推断企业及其关联企业的真实贸易规模；二是看其负债和融资情况是否与贸易规模相匹配，即是否满足合规性；三是看该企业老板的资产分布，如股权、不动产等，为风险处置提供线索；四是看反担保人的实力。

上海瑞银担保股份公司于2004年4月由112家企业共同投资成立，注册实收资本6亿元，2008年开始正式经营。公司有员工37人，对接银行22家（除海峡银行、交通银行两家福建银行外都为上海的银行），贷款企业300多个，授信额度在数千万元到6亿元之间不等，年发生额超过100亿元。公司的运营模式为股东制与会员制并行，其中股东至少要满足经营正常项目三年以上、注册资产一千万以上、房产一套以上；股东间互相认识、知根知底这两个方面的条件。会员则需由股东推荐并通过公司的调查，其进入条件和担保方式同股东。公司并不收取会费，盈利均来自于担保费，股东的担保费用为实际使用资金的1.8%，会员为2.16%。与融真相比，瑞银担保主要有以下四个方面的特点。一是瑞银为一家纯粹的担保公司，没有钢材市场作支撑；二是它的中高层领导多为银行出身，是商人和专业人士的结合；三是瑞银对股东的甄选严格，能够更好地把握风险；四是其担保的单笔额度较小，发展较为稳健。

与上述两家担保公司相比，银财担保的规模较小，是一家投资型公司，但其管理制度和投资理念走在行业前列。其投资管理由专业团队负责，领域主要集中在购买三、四线城市（即人口密度大的地级市和县级市）的房地产、入股商业性银行、投资云南小水电等。

③其他

除了钢材贸易市场和担保公司外，宁德在沪商人还在进行石材、木材、茶叶、水产品等行业的经营。

茶是福建文化的重要组成部分，福建企业的高层办公室里都会放置一套茶具，作为一种人际关系的润滑剂。福建商人在谈生意的同时都会喝茶，营造轻松愉快的氛围，也更易找到共同的话题并达成一致。在茶叶的经营方面，上海石生实业有限公司非常具有代表性。该公司的创始人最初通过抽签承包了家乡的茶厂，但由于经常受骗没有实现较好的经济效益。1992 年为讨债来到上海，未拿到钱而是得到了一批茶叶，于是不得不就地租了 20 平方米的店面开始卖茶。他通过自己的不懈努力，将茶摊逐步从马路市场发展成为如今的国际化茶城，这其中的艰辛自不必说。公司在上海、重庆两地成功建立了自己的茶叶市场。其中，上海大宁国际茶城自 1996 年成立至今，已经实现了从单纯的茶叶市场到茶叶质量监察、茶叶拍卖等产业链综合性经营的升级，市场成交额从 1996 年的 2 000 万元上升到 2009 年的 10 亿元，批发量占上海整个茶叶批发市场的 7 成。在有了坚实的积累后，公司将市场延伸至重庆，投资逾 7 千万元成立了重庆石生国际茶城。大宁茶城有商户 300 多家，基本是从农村走出来的，以家为单位进行经营，经营状况各异；石生茶城的经营户则多是上海商户的第二代，由父母提供资金，放手让子女去经营。茶城派专人为经营户办理执照、协调工商税务、担保融资、解决住处和子女读书等问题，使他们得以专心于茶叶的运输和销售工作。茶城的管理非常正规，从茶叶的原产地进茶，以保证质量、节约成本；有专门的中央空调和冷库保存茶叶；将食堂与市场分离，以确保茶叶的卫生和安全；通过开会商讨制定合适的茶叶价格，既保证竞争又维持一定的盈利水平。为了规范市场秩序，茶城开除了因恶性竞争而产生纠纷的商户，并将经营同种茶叶的商户有意识地错开，较为均等地分配不同种类在市场中所占的份额。由于茶城的管理对人员的需求较少，公司有员工 50 人，其中保安员、保洁员就有 30 多人，管理层只有十人左右。

上海碧城集团是在政和集团基础上组建的一家综合性公司。该集团初创立于 1993 年，由于当时注册公司较难，便以上海政和胶合板营业部的名义从事胶合板、多层板、三角板等生产和贸易。在企业发展过程中，碧城集团在山东、江苏种植速生林，使产业链更加完善合理。经过增加营业点、租用仓库、创建建材市场等发展阶段，碧城集团已经成为集木业、地产、金融、钢材贸易、餐饮为一体的集团公司。木业从最初的以建材为主发展为多元化经营，产品包括向美国出口的滑梯等，产业内部得以升级。随着经济形势的变化，与木业相比，集团更加重视商业地产和房地产业务。碧城集团在江苏、上海等地有统一经营的市场，涉及钢材贸易、汽配、小商品、木业等领域，如江苏滨海商贸园等；在成都彭州、福建宁德、建瓯、建阳、上海经营房地产项目；在无锡、苏州、湖州等地设有担保公司。

碧城集团的领导团队拥有先进的经营理念。他们根据银行信贷风险控制机制，积极参与木业市场；根据房地产前景模糊，趋于投资商业地产；根据木业钢材贸易发展空间的局限性，主动与中海油合作液化天然气的项目，并得到了盐城东台政府的支持先行试点。同时，他们放手培养下一代、注重诚信和项目风险、探求自身相对于其他商帮存在的不足并不断改进。

4. 团体建设

（1）政府机构

家乡政府一直在身后支持和鼓励着那些外出打拼的宁德商人们，这从福建省宁德市人民政府驻上海联络处开展的部分活动中就可窥见一斑。如1991年，宁德首次参加上海农产品展销会；1992年在上海白玉兰宾馆举行石材展销会；1993年在上海社科院举行在沪企业联谊会筹备会；1994年在上海科学会堂举行宁德地区在沪工作会议暨宁德地区在沪企业联谊会，上海电视台播出采访闽东在沪企业家专辑《老区企业看上海》；1996年11月18日，中共宁德地委、行署首次在上海举办经贸洽谈会；2004年4月28日宁德市委、市政府在上海举办宁德旅游投资说明会；2006年5月29日，宁德市委、市政府在西郊宾馆隆重举办海峡西岸东北翼城市（上海）投资说明会；2007年11月11日，在上海东郊宾馆举行宁德市上海商会第二次会员大会暨宁德市项目推介会等。

总的来说，宁德市在各地的驻外办是市政府派出机构，受市政府委托，由市政府办公室管理；同时，接受驻地政府及其授权部门的指导和检查。在市政府赋予的职权内，其负责办理驻地与宁德市相关的改革开放、经济建设、社会事业发展等事宜，完成市委、市政府交办的各项任务。驻外办是宁德在外的"窗口"单位，是联系上下左右的桥梁，是传递重要信息的渠道和接待有关方面人士的"宁德之家"。宁德市一直致力于提高驻外办的工作水平和服务质量，搞好自身的思想建设、组织建设、作风建设和业务建设，使驻外办成为廉洁、勤政、务实、高效的工作机构，树立良好的宁德形象。

各地驻外办的工作任务主要有以下几个方面。

一是根据市委、市政府的授权，代表宁德市向中央和国家机关以及驻地党、政机关请示汇报或联系工作。在驻地解决和协助处理涉及与宁德市有关的突发性事件。

二是加强同驻地各有关机构联系，积极争取对宁德经济和社会发展的各方面支持和帮助；加强同驻地知名企业、教育科研单位或代表机构的联系，为发展宁德与境内外的经济文化教育科研交流与合作服务。

三是通过市场化运作和政府推动相结合的方式，努力做好招商引资工作。在市招商中心的指导下，积极构筑驻地的招商引资网络，大力引进资金、技术、项目。驻外办引进项目资金时，同意抽取少量费用用于联络经费或弥补经费不足等。

四是广辟信息渠道，开发信息资源，广泛收集驻地重要的政治、经济、科技、教育、人才等信息，开展专项调研，撰写调查报告，及时准确并有针对性地向市委、市政府办公室及有关部门报送信息，为市委、市政府领导决策提供参考。

五是联络各界知名人士和有关专业人士，有计划、全面地宣传宁德市情和发展情况，进一步树立宁德形象，争取更多的关心、指导、支持和帮助。

六是对市委、市政府在驻地的重要活动承担具体组织、联络、协调工作。对本市各县（市、区）、部门、协会、企业和其他组织在驻地的重大经济业务活动（如招商会、展销会、新闻发布会等）给予指导和配合。尽可能地为各县（市、区）、市直各单位人员到驻地进行公务活动等提供服务。加强与宁德市在驻地企业的沟通、联系，通过创办企业协会、联谊会等社团法人做好服务、协调、指导工作，鼓励他们为宁德市经济建设、社会发展提供支持和帮助。

七是对县（市、区）、市直单位派往驻地的常设办事机构和人员的思想政治工作及行政业务工作进行指导、协调和监督。根据实际情况和可能，可接受市内有关主管部门的委托，做好在驻地流动就业人员的有关管理和服务工作。

八是驻外办党组织对县（市、区）、市直有关单位及其他派往驻地办事机构的党员以及流动党员进行统一管理，并在驻地上级党组织的领导下开展工作。

九是加强思想政治工作，搞好内部管理。加强党风廉政建设和机关效能建设，做好对驻外办人员的教育管理工作，严格财务制度，搞好资产管理，制订和落实各项规章制度。

十是承办市委、市政府和市政府办公室交办的其他事项。

十一是贯彻驻地党委、政府提出的工作意见。

（2）商会

宁德人"身在异乡即家乡"，在各个地方成立了宁德商会以及各个县的商会，例如周宁商会、屏南商会等。这些商会由宁德在各地的企业精英组建，在出现困难时互相援助，体现出强大的力量。商会为会员单位提供资金、业务等方面的交流，在连接政府和会员单位之间的关系方面也发挥了桥梁作用。

①上海市宁德商会

上海市宁德商会起源于闽东在沪企业家联谊会，1993年成立，地址与宁德地区行署驻上海联络处相同。首届会长黄容干、常务副会长翁盛康。1996年11月黄容干任顾问，会长李承春、常务副会长周华瑞。闽东在沪企业家联谊会以福建在沪企业协会宁德联络委员会名义展开活动，直至2003年9月上海市宁德商会成立。成立之初有个人会员86个，驻会工作人员2人，办公地点设在浦东陆家嘴。

第一届（2003年9月至2007年11月）会长阮希玮，副会长周伦滔、苏锦平、包章泰、吴世雄、叶石生、魏鹤仙、林永斌、林强、周华瑞、周培建、周林强、肖家守、谢秉祥、刘元河、林殷、陈仁春、林贤文、张诗团。

2007年11月，商会根据形势发展的需要，对原《章程》进行了修改，并召开了第二次会员大会，选举产生了第二届商会理事会。商会为理事制，共有 9 个会员单位，会员约计 4 000 多人。郑维雄担任会长，叶仕明、林光麟、周林强为名誉会长，常务副会长 20 名，副会长 105 名，常务理事 89 名，其他为理事。商会秘书长由常务副会长肖志凯兼任。商会办公地点迁至位于中山北一路的柏树大厦。

商会有名誉会长 8 人：叶仕明、林光麟、周林强、叶石生、张显林、刘丛生、肖家利、周培建；会长 1 人：郑维雄；常务副会长 20 人：叶海洲、刘元河、余洪健、张佛全、张诗团、肖志凯、苏会华、邱允滔、郭晓霞、林永斌、郑榕、郑长志、郑正盛、郑玉平、郑谢斌、谢艺仁、谢碧蕊、李强、涂醉桃、林洪江。副会长 105 人：叶罗彬、郑孝富、叶妙传、刘可庆、刘经雄、孙怀玉、孙忠康、池仁冠、吴丹、吴文锋、吴如唐、吴陈谷、张志雄、张裕文、李议江、李其立、李剑、李国清、阮王辉、杨志舒、肖建华、苏仙福、苏鸿声、陈奇、陈圣宝、陈奶翰、陈孝锦、陈建灼、陈荣锦、陈赞希、周华治、巫立进、林石贵、林立庭、林立程、林春发、林彬彬、郑国青、郑国裕、郑星火、郑崇春、凌兵、黄仕平、彭陈相、缪先瑞、缪瑞侠、蔡书鹏、潘友奇、魏鹤仙、阚清慧、姚义勇、吴明、吴守华、肖锦林、刘少平、王德田、叶先设、叶晓明、叶景强、叶树梅、吕锦华、江承富、江清玉、张春茂、张丽章、阮纯斌、阮晋、阮永塍、刘明凤、刘金海、刘江琪、刘重、刘卫进、汤绍峰、汤李平、孙妙英、孙绍灿、孙冬荣、李佐光、李彬、李金水、陈涵、陈自云、陈建华、陈祥柏、肖木华、肖树文、林开云、林木强、林木健、孟强、周晓斌、周华诗、周国顺、郑丽琴、郑妙琳、郑国灿、郑传烽、郭丽卿、龚岩光、徐添亮、彭木炎、曾龚米、詹广东、缪树斌。常务理事 89 人，理事 88 人。

在中共宁德市委、市政府的正确领导下，在市委统战部、市工商联、市沪办的精心指导下，商会坚持以邓小平理论和"三个代表"重要思想为指导，深入贯彻落实科学发展观，积极发挥宣传、教育、服务、引导的商会功能。商会秘书处内设办公室、会员部、宣传教育部、维权中心、项目投资部、光彩事业部等 6 个机构，成立了会刊编辑部，创办会刊《上海闽东人》，为双月刊，内部交流刊物，分发于全国各地有关部门。2010 年 4 月，宁德市上海商会水产分会成立，紧随着，木材分会、茶叶分会也都在酝酿筹划之中，反映了同类企业联合发展、做强做大的自觉正在不断增强，同时标志着商会正进入了一个快速、健康的发展时期。

商会本着"团结、服务、和谐、发展"的理念，致力于全方位对外联络，不断拓展服务渠道，构筑沟通政企的桥梁，及时传达家乡信息，大力宣传宁德在沪企业家及会员企业。在全体理事的积极配合下，商会工作开展顺利，其作用得到有效的发挥，知名度和影响力不断提升。

②南京市宁德商会

南京市宁德商会 2011 年 6 月 12 日在南京国际博览中心揭牌成立，这也是在宁商会中会员人数最多的商会。南京市宁德商会是在宁德市和南京市工商联合会业务指导下，以南京市发改委为主管单位，南京市民政局为社团登记管理机关，由在南京从事工商业的福建籍企业界人士组成的地方性、行业性、非营利性的社会组织。商会坚持热爱社会主义祖国，拥护中国共产党领导，坚持以人为本，诚信经营，落实科学发展观理念和和谐社会的思想为主流，遵守国家法律法规，遵守社会主义公共道德，为宁德籍的所有企业家、商人和南京市政府、宁德市政府的沟通建立了良好的平台，提供了企业间学习交流和合作的平台，努力为促进宁德市和南京市的经济发展和社会进步做出了贡献，造福两地人民。

本届荣誉会长郑文坤，名誉会长黄钟平、吴建发、黄金城、魏明生、林光麟、林庆友、周方长，会长许益同，监事长蔡作斌，常务副会长王怀平、卢允福、叶小义、汤海涌、许克勤、张丽彬、李上养、陈杰、林伟、林诚、郭正双、高国强、黄允东、蔡作斌、薛仕怀，顾问团陈增光、陈佩尧、林鸿坚、黄信煜、叶恩发、林有镇、陈专山、张应标、颜健建、李兴平、骆培新、许玉祥、卢开华、陈兰英、朱小聪、陈斌、李维勤、黄祖湖、徐承庆。

③西安市宁德商会

西安市宁德商会是经西安市工商联批准、西安市民政局登记的具有法人资格的社团组织。是由福建省宁德籍在西安从事各类经济活动的工商企业自愿组成的非营利性社团组织。主要从事协作交流、咨询服务、招商引资及行业自律。

西安市宁德商会于 2010 年 12 月 28 日正式成立，在各理事单位的共同努力下，开展了卓有成效的工作，取得了阶段性成绩。商会下设秘书处、会员部、融资部、法律维权部、办公室，拥有会员企业 700 多家。会员在陕西投资主要在二、三产业方面，在房地产业、商业地产、钢铁生产贸易、建材、服装、茶叶、投融资、餐饮、娱乐休闲等行业均已形成规模化经营，呈现出群体化、集团化发展的良好势头。随着改革开放和西部大开发的不断深入，宁德商户在西安投资兴业迅速发展，据不完全统计，宁德籍企业家在西安打拼的有 10 万多人，注册企业 1 千余家，在西安投资累计已达 300 亿元，年销售总额超过 1 千亿元，提供社会就业岗位 3 万余个，已经成为陕西强省富民、拉动地方经济发展的一支重要的民间投资力量。

西安市宁德商会秉承"以创新为主题，以发展为核心，以服务为宗旨，以共赢为目标"的办会理念，以拓展西安、宁德经贸纵横合作联系，促进两地经济共同发展为主要任务，以服务会员企业，实现信息互动、资源共享、优势互补、互利共赢，创建和谐商会、品牌商会为主要目标。

西安宁德商会本着自愿互利、共同发展的原则，凝聚西安的宁德商人的力量，整合人脉、乡脉、商脉、才脉，办成交流、学习、合作的平台，展示、奉献、发展的平台，并为在西安的宁德商户发展提供了良好的支持。

④深圳市宁德商会

2011 年 1 月 9 日，深圳市宁德商会筹备组召开了第一次会员大会。在商会筹备组的努力下，根据深圳市民政局下达的深民函〔2011〕282 号批复文件，深圳市宁德商会于 2011 年 3 月 25 日正式获准成立。

深圳市宁德商会是在宁德市人民政府和深圳市人民政府及有关政府部门的关怀支持下，在宁德市人民政府驻深办事处指导下，由在深圳发展的众多宁德企业家自主发起，依照国家法律法规，经深圳市民政局批准同意成立，具有独立法人资格的非营利性组织机构。本着服务于会员的原则，以集宁德商人智慧，聚宁德商人力量，弘宁德商人美德，创宁德商人品牌为宗旨，深圳市宁德商会致力于会员企业的学习、交流和培训，进一步规范会员企业行为，搭建企业和政府沟通的平台，为促进深圳、宁德两地经贸合作而努力，为推动企业和地方经济的繁荣和发展做出贡献。

本届荣誉会长林忠豪，名誉会长刘程宇、汤大杰、林忠伟、郑耀南、王福清、陈寿，会长林强，监事长林瑞基，执行会长陈印，秘书长肖泽琛，法律顾问陈丽妃，常务副会长方瑞喜、叶大彪、刘田飞、朱建国、何鹂妃、余锦秋、张桂章、张瑞声、杨锦仁、苏有玉、陆修万、陈善贵、周庆全、周昌镜、林郑顺、范家凤、郑孙满、郑海涛、赵星宝、徐孝生、郭起雄、钱先元、黄华、黄良勇、龚锦春、雷忠清、胡岩青，副会长叶阿峰、刘飞、阮智峰、张志峰、范叔怀、赵星茂、郭玉资、章偶弟、黄连春、董品春、薛华熙。

⑤上海市周宁商会

上海市周宁商会成立于 1996 年 2 月，是首家在上海成立的福建省县一级异地商会，会员企业 1 300 多家，创建大型钢（木）材市场 150 多个，遍布上海及周边省市。会员主要是从事钢材、木材、金融担保、仓储物流、房地产开发行业等卓有成效的企业家。

周宁上海商会在促进宁沪两地经济发展，积极引导会员诚信守法，联络、团结周宁在沪企业主，营造"会员之家"，热心为会员办实事、解忧难、维护会员合法权益等方面发挥了重要作用；同时带动了一批批周宁人跨出山门，闯荡上海滩，滚雪球似地迅速发展壮大，由此，提高了商会的知名度，增加了商会的凝聚力。周宁在沪企业从 20 世纪 90 年代初几十家拓展至一万多家，从业人员数增至 5 万余人，从 2006 年起销售额每年都突破 1 000 亿元以上，成为钢铁经济的一支稳健的主力军。

上海市周宁商会立足上海，面向市场，注重做好经济领域中的沟通、协调工作，经常深入企业调研，善于连接企业和政府的关系，积极发挥桥梁纽带作用，以多种形式为企业做强做大服务。加强与上海市有关部门和省、市、县驻沪商会的联系，建立友好关系，帮助会员处理好与当地工商、税务、金融、执法等部门之间的关系，取得他们的关心与支持。

商会历届班子成员只讲奉献，不求索取。多年来，他们以身作则，带动会员和周宁在沪企业主在抗震救灾、抗洪抢险、抗击非典、资助县慈善总会、帮助贫困学生、支持学校发展以及社会主义新农村建设等诸多方面做出了突出贡献。2003 年 2 月，商会发动会员和有识之士捐资购置商会楼，有力地促进了商会的内部建设，保证了商会日常活动的正常开展，提高了商会的服务水平。2009 年 8 月，商会又在位于普陀区真南路 1228 号的"康建商务广场"买下 1 500 平方米的高级写字楼，大大提高了商会的对外形象。商会多次被省、市、县工商联评为先进单位，2008 年 12 月被全国工商联评为"抗震救灾先进单位"，多次被省、市、驻沪商会评为"先进商会"，上海市周宁商会已成为福建省县级驻处商会的一大亮点。

第一届（1996 年 2 月至 1998 年 3 月）名誉会长余上富、刘秉辉、叶仕明、王孝基、郑维雄，顾问叶建春、郑祥贵、张珠圣，会长肖志成，副会长周华瑞、周伦滔。

第二届（1998 年 3 月至 2000 年 3 月）名誉会长林龙飞、薛成康、甘代琳、叶天仁、郑维雄、肖志成，顾问叶建春、张珠圣，会长周伦滔，副会长周华瑞、肖建华。

第三届（2000 年 3 月至 2002 年 3 月）名誉会长林龙飞、孙鼎鸿、刘延兴、郑裕木、郑维雄、肖志成、周华瑞，顾问叶建春、张珠圣，会长周伦滔，副会长肖建华、郑克用、周培建、黄振东。

第四届（2002 年 3 月至 2005 年 7 月）名誉会长林龙飞、孙鼎鸿、潘陈秋、刘延兴、郑维雄、周伦滔、肖志成、周华瑞、肖建华，顾问叶建春、张珠圣，会长周培建，副会长魏祖斌、郑克用、黄振东、郑长志。

第五届（2005 年 7 月至 2008 年 11 月）名誉会长郑维雄、周华瑞、陈翔闭、魏祖斌、肖家守、苏会华、肖家利、周林强，商会顾问肖金通、叶建春、黄容干、吴松弟、林学初、肖志成、周伦滔、郑克用、陈丙正、蔡敏、刘云，会长周培建，常务副会长叶海洲、苏斌、李其立、肖仙华、肖志凯、肖国树、吴文锋、吴秀水、吴陈谷、张佛全、张诗团、陈圣宝、郑长志、郑孝良、郑孝富、黄振东、彭陈相，副会长刘位鹏、李强、李渤、肖汤龄、肖佛炎、肖家辉、肖木久、肖青平、汤文宁、吴守华、张月生、陈菊花、陈孙强、陈奇、陈建灼、陈诗强、林石贵、林虎、周劲辉、郑长地、郑星火、郑仙顿、彭志筹、谢家金、蔡书鹏。

第六届（2008年11月起）名誉会长周华瑞、陈翔闭、魏祖斌、肖家守、苏会华、肖家利、周林强、郑孝良、郑长志、黄振东、肖佛炎、苏斌，商会顾问肖金通、叶建春、叶仕明、林学初、郑维雄、肖志成、周伦滔、郑克用、陈丙正、蔡敏、周华成、彭卫星，会长周培建，常务副会长叶海洲、李其立、刘位鹏、阮王辉、肖木久、肖仙华、肖青平、肖家辉、肖传宝、吴文锋、吴陈谷、张佛全、张诗团、陈圣宝、陈建灼、陈菊花、林石贵、郑孝富、郑国青、郑长地、彭志筹、彭陈相，副会长王劲松、叶罗彬、叶君喜、汤文宁、孙芳清、孙忠康、张志党、陈奇、何邦建、何晓斌、李剑、李强、李渤、李郑明、肖石燕、肖宁、肖锦林、肖仙财、吴孔华、吴剑洪、吴惠文、张月生、陈云辉、陈明汶、杨文金、林虎、林孝泽、林兴国、林彬、周伦斌、周劲辉、周华诗、周兴旺、周桂荣、郑辉、郑小玲、郑为松、郑仙顿、郑招龙、郑星火、郑伟、郑谢斌、郑妙华、章坚雄、彭立成、谢郑坚、谢家金。

⑥江苏省周宁商会

江苏省周宁商会成立于2008年。名誉会长肖家守、肖佛炎、刘茂见，会长魏明生，常务副会长刘云宾、刘芳招、李成华、肖进发、肖国树、陈圣腾、缪晓文，副会长王贻铮、刘用纲、刘先样、刘晨曦、李屾、李瑞华、连孙全、肖孙灼、肖新文、吴孙针、吴绍枫、何杰、张友福、陈宏源、陈新锥、林春明、周健、周伦成、周国付、周国强、郑林、郑传扬、郑陈茂、黄友喜、黄家毅、翁章灿、谢仙水、缪章明、魏翰晖，常务理事叶惠林、兰林怀、刘卫华、刘延智、阮仕磷、陈斌、林志明、林颜斌、周斌、郑清泉、翁则辉、魏云来，理事刘伟、汤大华、李爱红、肖佛端、张昌福、林罗春、林建国、金景朝、周伦友、郑开成、郑家寿、徐樟贵、游树康、詹庆斌、魏斌。

（3）党建

出色的党建工作是宁德商帮的一大特点。以上海为例，1994年，第一个跨省际党组织——周宁驻沪工作处支部，在上海七莘路成立。1996年2月，周宁上海商会宣告成立。其后，各县（市、区）驻沪党组织和商会相继成立。周宁和蕉城成立了驻沪党委，各县（市、区）都成立了党支部。全市共有驻沪党委2个、党总支3个、党支部26个，在沪党员2 000多人。宁德市委还在上海设立驻沪党工委，加强在沪党建工作。宁德驻沪党建工作探索出三向管理（宁德市委、各级在沪党组织、上海有关党组织）两地对接（流出地、流入地）的党员管理体系，总结出创先争优的激励机制。这些都具有极大的开创性。市委书记因此被评为全国优秀党务工作者。

具体来说，其党建管理具有以下特点：

一是依托市场建支部。1994年以后市场的建立使得经营户聚集起来，一个市场一个支部提高了组织效率。同时也是党建与企业发展同步进行。

二是成功企业家带头。党支书大多为经营得力的企业家，为党建活动提供场地和经费。

三是主题活动为载体。虽然党员忙于事业，但1999年成立党委至今，坚持每年开展七一红色纪念之旅，以此警醒党员义务、铭记党的宗旨，进行灵魂的洗礼和教育。同时还定期开展纪念会等活动，并对优秀党员进行表彰。

四是密切联系县党委。宁德各县委组织部、机关党委对各县在沪的党组织很关心，通过开展调研活动和座谈会为党建工作提供指导性建议，使流动党员感受到了家乡党委的关注，帮助企业解决经营中的困难，增强了党员凝聚力。同时，在沪每个支部和家乡一个乡镇支部实现对接，促进了宁德当地的发展。

五是积极回馈帮家乡。宁德的社会公益事业开展得十分活跃。从兴教助学到交通、扶贫、赈灾，党员起到了先锋模范作用，带动了非党企业家投身家乡建设。"流动党员当先锋，百家企业挂百村""身在他乡创业，心系家乡建设"等一系列主题活动，使得党员作用具体化、目标化。这种机制得到了中组部、上海市委、福建省委的肯定和支持。

虽然大多数党员经商使得活动时间具有不确定性，但在理论学习、组织建设和发挥党员先进性方面毫不放松。第六支部湖北籍经理要求入党，就严格按照程序专门向湖北发出了调函。

党建活动卓有成效地指导了企业发展，其作用主要体现在以下几个方面。

（1）约束党员言行。宁德驻沪党委向友谊钢材市场等企业颁发了105家

"党员诚信企业"，以党员义务树立企业家精神。

（2）加强政企沟通。党建工作的开展，使得宁德在沪企业与上海政府和宁德政府的关系得以加强，推动企业融入上海经济发展和家乡经济建设。

（3）把握经济形势。以党建活动为契机，党员企业家进行对宏观和行业经济形势的讨论，这加深了其分析判断能力。

总之，宁德在沪企业的党建活动是改革开放的结果，并进一步推动了企业发展，为全国流动党员管理提供了范例。

三、宁德商帮与晋商、徽商、温州商帮、日本综合商社的比较

1. 与传统商帮——晋商与徽商的比较

宁德商帮虽然兴起仅仅二十余年，但它与中国传统的商帮有许多共性。中国传统的十大商帮中，以晋商和徽商为首，而且这两个商帮又分别代表了北方和南方的商帮类型，具有较强的一般性。从制度变迁路径和资本结构两方面比较而言，具有以下特征。

从制度变迁的角度来看，晋商在明清两百余年间形成了它独特的制度变迁路径。最为突出的是资本结构或者说产权结构的变化，从独资到合伙再到股份制，变化方向非常明确，和近代西欧十分相似。但晋商，包括徽商，并没有出现如上文所述模式的制度性变迁，它们的变化都是在传统的结构中形成的。具体来说，经济交换域 D_e^i 和社会交换域 D_s^i 本身就同构于原来的嵌入方式，传统商帮的扩展只不过是社会资本的转移而已。这种本身就存在的同质性，不需要互补性的制度，只有出现足够的异质性时，互补性制度变迁才会成为普遍的模式。从这个意义上来说，晋商的"股份制"不能放在资本主义和现代企业制度的背景中去叙述，只能把它放在传统商帮的背景中去叙述。

从资本结构或产权的角度来看，宁德商帮与晋商之间存在较大的差异，而与徽商更为接近。早期晋商流行独资制、合伙制以及资金借贷。许多著名晋商在早期都是独资的，因为大多数的资本积累都是在一个较小市场中由个

体来完成，比如乔家、祁县渠家和介休侯家。独资制的特点是经营权和所有权合一，类似于古典企业。随着所需商业资本的增加和市场范围的扩大，合伙制盛行起来，即合伙人共同投入资本，共同经营，按资本多少取利。如乾隆四十三年（1778年），李步安、傅德、董禹和徐子健共合银一万四千两在阿克苏和杭州两地贩卖玉石。① 晋商的许多票号、钱庄和当铺都是合伙经营的，且合伙人往往有亲缘关系。但合伙人承担无限责任，因此合伙制的风险比较大，由此产生"股份制"。晋商的独特之处是不仅"资本"划分股份，还有"顶身股"，即根据员工所顶的股份划分资本收益，所顶的股份又取决于员工的劳动能力和努力程度。既然实行了股份制，随之而来的就是企业所有权与经营权的分离，管理结构出现层级化。② 这种企业制度的出现其实已经与现代企业制度十分接近。与之相比，宁德商帮更为传统。独资、合伙的较多，但真正实行股份制的较少。因此出现了许多规模较小的企业，这些企业往往共同进货、发货，在同一个市场平台上交易，相互合作，但并不合伙，也并不合股经营。自然地，大多数宁德企业都是古典企业的类型，所有权与经营权不分离或者分离程度不高，往往是在父子、夫妻、兄弟之间划分。如果在传统背景中来比较，宁德商帮与晋商相比差距是较大的，因为资本结构和产权的背后是资本积累的规模、市场、利润等与企业绩效直接相关的因素。当资金不足时，许多宁德商人习惯向银行借贷，还相互担保，以降低风险。与晋商相比，徽商在从事的大多数行业都是独资或合伙经营，只有像茶叶贸易等少数行业有合股现象，但与合资的区别不大，而且徽商也盛行资金借贷。在徽商的资本结构中，存在资本的委托经营现象，但与晋商的股份制迥异，前者只是把资金托他人运作，与借贷并无本质差别。这种差异的背后有着十分复杂的历史传统和路径依赖的相互交错，在这里无法进一步展开。与徽商和晋商相比，宁德商帮的特殊性不在于具体的制度细节，而在于新的经济交换域、新的资本市场、新的文化和环境，因此这些制度细节均带有过渡性的特征。

① 刘建生、刘鹏生、燕红忠：《明清晋商制度变迁研究》，山西人民出版社，2005年，147页。
② 同上，第162—198页。

宁德商帮与晋商的另一个不同是资金来源或融资渠道。众所周知，晋商以票号闻名，主要作用是异地划拨款项，票号收入来源是汇费、压平擦色和利差收入，这与银行有许多相似之处。但是，宁德商帮并没有这样一个融资渠道，而是需要向国有银行、私有银行和其他融资机构融资。

对于宁德商户自身来讲，他们认为宁德商帮与其他商帮也存在着很重要的差异。如果将其中的因素归纳为信息获得、管理经验的互相交流、资金储备、企业文化、人才培养、科研开发的分工合作以及其他几项的话，宁德商户认为当中最重要的还是信息获得和管理经验的互相交流，这两项都属于信息共享方面的优势，表明了宁德商户们都十分认可宁德商帮的这种传递信息的模式，认为这种商帮内帮带的信息共享的确使得整个商帮在钢材贸易行业乃至于其他行业都保持了一个较好的竞争优势。

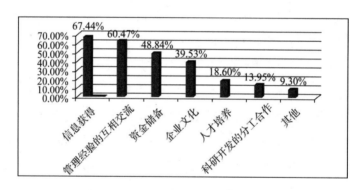

图 4—2　宁德商帮与其他商帮相比的优势

2. 与现代商帮温州商帮的比较

倘若将宁德商帮与现代的其他商帮进行比较，那么就不得不提温州商帮了。诚然，在现在全国各地的商人之中，温州商人的名号之响与风头之劲，是其他地区商人所无法比拟的。然而，不得不承认，在中国的版图中，没有哪一个地域板块，没有哪一个地域品牌，能够像温州这样既被高度地神圣化，又被高度地妖魔化。今天的温州人已支撑起了中国的很多品牌企业，使中国的消费者享受到价廉物美、质量可靠的产品，并使许多产品走向世界。是什么力量，让温州获得这么大的发展？在追问这些的同时，也要将温州与宁德做一番比较，以从中为宁德商帮的发展寻找道路。

（1）禀赋比较

前文已经大致地概括了宁德地区并不丰富的自然资源和略显贫瘠的天然禀赋，而与之山水相连的温州在这一方面的情况与宁德可谓是半斤八两了。尽人皆知，温州并不是一个资源型的城市，它的发展只能是贫乏的自然馈赠鞭笞前进的结果，而没有丝毫的先天厚爱。温州曾是一个基础条件极为艰苦的地方，人多地少、交通闭塞、资源贫乏，而且几乎没有国家投资。温州曾是一个创造神话的地方，经济以光速增长，人民从极度贫困成为了先富起来的一帮人。温州曾是一个几度受到批判的地方，直到邓小平同志南方谈话之后，不少地方公开提出学习温州。曾有人这样说：温州是中国改革者朝拜的圣地麦加。温州的思想历来强调在特定时期有所作为，这种注重实践的话语在温州的经济、文化、社会各方面都成了主流，温州成为全国经济最活跃的地方之一。在这一方面，已无须多言，宁德与温州有着几乎相同的天然禀赋。

（2）发展历程比较

宁德商帮的发展历程，前文已尽述，而温州商帮的发展历程也是闻名遐迩，这便是所谓的"温州模式"。"温州模式"，简单说就是在改革开放以后，温州地区形成的以民营经济为主体，市场经济为基础的发展模式，也被称为"小商品，大市场"模式。所谓"小商品"是指温州民企生产的产品，多为附加值较低的日常消费品，依靠改革开放之后投资和消费在国民经济中的比例差，以及消费品的供给不足，在过去近30年间造就了温州经济腾飞的奇迹。"温州模式"的发展历程主要可以根据中国经济的发展大环境和其本身的特色划分为以下四个阶段：

①以散兵游勇式家庭企业为代表的萌芽阶段。

温州企业发展的第一阶段是改革开放后十年，也就是20世纪70年代末至80年代中期，家庭企业是这一阶段最普遍的生产形式。这一时期温州人独树一帜，采取不同于中国大部分地区渐进式的制度改革方式，大胆进行体制外"边际改革"，民营经济得到超前普遍发展，这与温州独特的历史地理条件息息相关。与福建一样，温州地处东南海防前沿，是属于"三线建设"中的海防一线区域，国家规划在此不建设大型重工业基地，于是在新中国成立后30年，国家对温州的全部投资只有5.59亿元（按当年价格计算），是全国人均投资最低的地区之一。加之温州山地多，耕地少，使得温州农村一直存在自发的民营化、市场化倾向。而恰恰是因为国家投入少，温州计划经济体制相对薄弱，市场经济基础又相对较好。改革开放后，温州基本上没有经历全国多数地区经历的集体乡镇企业蓬勃发展的过程，原有的基础脆弱的"社队企业"在改革初期很快被家庭企业取代，温州体制外市场主体迅速形成。可以认为，温州民营化改革基本上是自下而上的变革过程，几乎没有遇到原有制度带来的阻力，因此完成度较高。家庭企业的蓬勃发展，使得温州获得了国家民营经济发展试点的机会，获得了有利的制度先发优势。

②以"股份合作制"为典型的过渡阶段。

20世纪80年代中期到90年代前期，温州企业经历了"股份合作制"大潮，这一阶段最突出的困难并不存在于企业的经营管理上，而是在特殊的历史背景下，为经济模式争取政治正名性的艰难尝试。在这一时期，随着政治大环境的变化，温州企业的发展经历了一定程度的停滞期，在这一阶段，温州人并没有终止对商业模式和商业领域的探索，为之后的发展在模式、领域乃至生产和销售经验上打下了坚实的基础。

③以公司制为代表形式的成长阶段。

20世纪90年代后，温州企业以公司制为代表进入了迅速成长的阶段，同时也进行了由家庭作坊式企业向法人治理结构的初步尝试。随着公司制条例和《公司法》相继出台，温州民企从股份合作制向股份有限公司或有限责任公司甚至企业集团演变。股份合作企业之所以很快被取代，原因在于它难以形成稳定、规范的法人治理结构，分散持股导致经营权分散，影响决策效率；以职工股东为代表的小股东消费倾向较强，企业分配容易导致短期行为，不利于企业进行再投资，完成资本积累，扩大生产规模；一人一票管理模式的决策成本也较高；同时分散持股的模式既带来了高的交易成本和决策成本，又缺乏对经营者的有效约束，从而容易导致高的代理成本和背信行为，在市场经济的体制下，不适合企业的有序、快速发展。

④"两极分化"下温州商帮新征途。

1998年的亚洲金融危机也是温州企业成熟阶段的开端。集群化发展的温州企业在经历了前期的高速发展后，市场趋于饱和，同类企业高度集中和较低的产品差异度导致了激烈的价格竞争，企业边际收益日益下降，温州商帮进入一个激烈的内部整合过程。少数发展好的企业凭借品牌优势和营销策略创造产品差异性，成为当地企业的龙头。另一部分资本从制造业中退出，逐渐流向以房地产为代表的金融资产领域，温州商帮凭借其对市场经济走向独特的敏感性，在金融资产领域进行大量投资，温州"炒房团"等也应运而生。这一阶段，温州企业的发展特征呈现出两极分化现象，一头是大规模、集团化的企业在市场竞争极其激烈的本土制造业中脱颖而出；另一头则是大量的温州资本退出利润率逐渐降低的传统制造业，利用市场经济进一步深化发展的契机，迈入房地产等资本密集型行业。

宁德商帮发展的历史进程与温州商帮有一定相似性，都是和社会主义市场经济的发展历程息息相关的，有所不同的是，宁德商帮主要以钢材贸易为业务的切入点，与温州商帮先在轻工制造业耕耘，后转向金融资产投资有所不同。

（3）精神气质比较

温州人将温州的发展形象地归纳为：现实"逼"的、政策"放"的、政府"导"的、传统"引"的，这平凡的话语中流露出了温州人民的积极主动、善于思考、勇于开拓创新的精神品质。温州模式的内涵表现为：在充分尊重和发挥温州人民的创新精神的前提下，运用市场机制将经济体制改革和经济发展有机地融为一体，使经济制度变迁与经济演进在温州区域经济和社会发展中，成为一种相互促进的动态变化过程的经济模式。温州模式的内涵具体表现在以下方面：

①温州模式的原动力来自于温州人民。

温州三面环山，一面临海，这对温州人来说可谓是"背水而战"，而正是这"背水而战"使温州成为我国改革开放的发祥地。温州人民是我国改革开放和市场经济的弄潮儿，是温州经济最重要的资源。在改革开放思想的指引下，温州人充分地发挥了积极性、主动性和创造性，他们是这个城市的活力，展示着这个城市的魅力。20世纪50年代中后期，温州人敢冒天下之大不韪，大搞包产到户，于是温州成了众矢之的。十年动乱时期，温州更是全国有名的重灾区，尾巴是一割再割，在农业学大寨的呐喊中，温州人分田到户又再次抬头。改革开放后，温州再次成了是非之地，其所有制结构、雇工经营、分配问题成了争论焦点。不管如何被批判，温州人总是自强自尊地向前走，更在苦难中悟出了自己的经营法则。

②温州模式的内驱力是温州人精神。

俗话说"人穷志强"，温州人所创造的世界性奇迹涵盖着温州人平凡而又独特的精神面貌：吃苦耐劳的品性、敢想敢闯敢干的创业精神、杰出的经商禀赋、精于算计的智慧。这些使温州人成为中国甚至是世界上最成功的一个商人群体，有中国的"犹太人"之美称。改革开放以来，温州人大胆地选择了市场经济，积极地发展市场经济，不断完善市场经济，历经磨难、义无反顾，积累了活生生的实践经验。温州人唯实不唯书，不唯上，敢吃第一口，敢迈第一步，在家不依靠父母，在单位不依靠领导，按照经济的内在规律，探索发展的新路子。

③温州模式的推动力是社会主义市场经济。

从历史上看，市场经济是在民营经济发展中产生的，民营经济天然地与市场经济兼容在一起。温州人民主动选择市场经济体制的改革方向，率先突破计划经济体制的束缚，充分运用市场机制配置资源，整合国内资源和国际资源，拓展国内市场和国际市场，大力发展民营经济，从而促进了区域经济的迅速发展。对于一般人来说，中国恢复高考、江主席访美这样的事似乎并不具有什么商业价值。而在温州的金乡，却实实在在地从这里嗅出了商机。1979年，金乡人看到恢复高考的消息，一封封业务信从当地的小五金厂飞往全国各大高校，校徽成了他们的生财之道。不久，全国最大的铝塑标识市场从这里诞生。

④温州模式的持续力是创新。

创新是温州模式的灵魂。温州经济的迅速发展不仅是温州人"闯"的结果，更是温州人"创"的美好回报。他们继承好的，修正偏的，弥补缺的，拓展新的；他们把党的改革开放政策同本地实际相结合，敢于冲破一切束缚生产力发展的旧观念、旧思想、旧框框，率先进行市场改革，率先发展家庭工业、私营经济、专业市场，率先发展股份合作经济，率先探索公有制的多种实现形式和途径，率先培育社会中介组织，率先建立私营企业的地方性法规。温州人正以其强烈的创新精神创造着一个又一个的全国第一。

宁德人也是同样敢"闯"同样敢"创"，在山区封闭、交通条件和恶劣自然环境的催生下，宁德商人也练就了"不怕苦、不怕累"，敢想敢做的精神气质。与温州人相比，宁德人更注重乡情和"传帮带"精神，更注重团体互相协作、社会网络的应用，单打独斗的精神稍逊于温州人。经济发展的历程告诉我们，地区经济发展的主体是当地人民、当地人精神。我国其他区域经济的发展除了要把握中央政府的宏观经济政策之外，更重要的是能凝聚出一股艰苦创业、共同富裕、和谐发展的当地人精神，充分激发内部的活力。

（4）制度比较

①温州模式中的块状经济。改革开放30多年来，温州涌现了"全国最大低压电器城"柳市镇，"国家级星火技术密集区"鳌江镇，"全国汽车配件主要生产基地"塘下镇，"全国第一座商标城"金乡镇等一批经济总量大，发展速度快，开放程度高，发展后劲足的经济强镇。此外，还有如"中国鞋都"，"中国金属外壳打火机生产基地"，"中国剃须刀生产基地"和"中国精细模具加工基地"等一系列国字号招牌纷纷落户温州，这种块状经济是温州模式的主要组成部分，是温州经济迅速发展的主要支撑点。与温州相比，宁德商人大多数都将生意集中在了钢铁与茶叶上，产业结构略显单一，产业支撑点也少得可怜了。

②虚拟的经营模式。虚拟经营是对企业"五脏俱全"的传统组织模式的一种突破。它是在企业资源有限的条件下，为了取得竞争优势地位，而采取的一种具有高度弹性的经营管理方式。虚拟经营模式非温州首创，也不属于传统意义上的温州模式，但这种先进的经营管理模式已经在温州的一些民营企业中开始尝试，并且得到进一步的发展，成为温州民营企业积极探索新型

工业化路子的一种新模式。这种高度弹性的管理方式，将传统家族乡党制度与企业制度相结合，灵活转变。因人因事的变更而更换的经营模式是南方商帮中极为普遍的管理方式，在这一点上，温州与宁德商人采取了相同的做法。

③技术创新。温州人在国际市场上与国际商人的一次次较量中认识到了知识产权的重大作用，一次接一次的专利官司和技术壁垒激发出了温州企业的专利申请热和知识产权意识。温州剃须刀行业的专利热，就是在和荷兰"飞利浦"的对阵中逐渐形成的。面对温州企业的价格优势，"飞利浦"设立了道道专利技术壁垒，温州商人接招的唯一途径就是不断开发新产品，并申请专利保护。专利企业的示范效应，使得那些暂时没有专利压力的企业——服装、制鞋等也开始未雨绸缪，注重专利申请："法派"新型春夏季凉爽西服拿到了首个服装产品专利；"超豪"新型纳米功能空调鞋首次将纳米材料应用到制鞋技术上，并申请了中国专利。越来越多的企业把是否拥有自主知识产权作为新一轮发展中的关键，企业不断创新、研发新产品。自主知识产权数量的日益积累，使"温州制造"向"温州创造"转变的脚步也越来越快。平心而论，在技术创新方面，起步不久尚在钢材市场中处于跑马圈地阶段的宁德人是不及温州人的，然而在这一方面，温州人也并没有取得太多的领先，因为这些发明创造与技术创新还并未涉及产品的核心技术，没有在技术进步中取得里程碑式的成果。

④打造品牌。名牌的打造绝非一日之功。而温州更是走过了知耻后勇、发愤图强的十年创牌路。多年前杭州武林门一把火，烧得温州企业心寒，但同时也点燃了温州企业的品牌梦。在温州打造国际性城市的过程中，7家企业的11个产品夺"中国名牌"称号。这无疑是温州最闪光的一件"作品"。现在，温州已拥有15个中国名牌产品、7个中国驰名商标和42个国家免检产品。在品牌方面，虽然是温州商人所欠缺的，但即便如此，宁德人也无法望其项背。很多温州的品牌已经走上了正规化和国际化的道路，然而优秀的宁德企业品牌还处于默默无闻中。

⑤企业文化的提升。企业文化是企业组织的共同观念系统，是企业成员之中的共同理解。其核心是企业理念，它在很大程度上对管理者的思维和决

策施加影响。随着温州经济的不断发展，人们早已摆脱贫困，奔向富裕，而温州民营企业价值观也在不断发展过程中蜕变，赢利不再是唯一的目标。比如，著名企业德力西提出的"德报人类，力创未来"的崇高理念，体现了德力西不以满足自我要求为终极目标，更注重回报人类、回报社会，更注重通过营造"亲和""凝聚"的企业文化氛围来实现主动管理。在企业文化方面，宁德商帮所具有的精神气质与修养内涵是略胜温州商帮一筹的，民族优秀的传统文化与精神操守及管理风格正在这些优秀的宁德商人身上不经意地流露着。

⑥政治土壤：实事求是的地方政府（政府的"无为"与"有为"）。如果说温州百姓为了追求富裕而敢闯敢冒、敢于吃苦的精神是温州经济快速发展的内在原因，那么有一个为了百姓的利益敢于突破任何观念和体制束缚的当地政府则是温州经济顺利发展的必要保证。温州模式的成功经验之一，就是地方政府与市场协调一致地运行，遵循社会经济发展规律，顺势"无为"和"有为"，具体来说体现在以下几个方面：一是顺应人民生活、经济发展形势需要的"无为"；二是在奉命压制、打击个体私营经济环境下的"无为"；三是冒政治风险的"无为"为温州模式的产生提供了政治环境；四是突破政策、率先改革的"有为"；五是实施全面整顿、加强质量管理、加强政府管理职能的"有为"；六是加大财政支持、实施优惠财政政策支持的"有为"。为了保证我国整体经济的持续、快速增长，必须从各个区域经济来突破，而区域经济的发展取决于当地政府。政府应在实事求是的基础上转变自身观念，实现职能转换：由传统观念下的"无所不能"转变为真正为人民服务的"服务型"政府，做到政府搭台服务，市场主角演戏；通过构建廉洁、公正、高效、和谐的经济运行环境，刺激和保护区域内民间企业的成长，同时吸收区域外资本和其他要素的进入，实现区域经济的良好发展。太史公曰：善者因之。无论是温州政府还是宁德政府，他们作为地方民营企业的守护者都深刻地明白这一点，在以"看不见的手"的方式调控着市场，保护着企业的同时，又信任这些优秀的企业家们在商场风云中放手一搏。

⑦英雄本色：领"狼"齐舞的谋略。在我国逐步国际化、被世人所认知

的过程中，我们面临着严峻的挑战：市场资源要素、产业结构的国际化调整，外国企业、国际性跨国集团要与我们共分一杯羹……在激烈竞争的环境中，我们要培育一定的"狼性"，在众"狼"纷入时，不但要与"狼"共舞，更重要的是发扬我中华民族的英雄本色——领"狼"齐舞。要做到领"狼"齐舞，我们必须要具有长远发展的谋略：建设企业文化，培育核心竞争力；培育国际品牌，增强国际竞争力；加强战略联盟与合作，推进全球化经营。能够在更广阔的市场与舞台中与更优秀的对手竞争是每位企业家毕生的梦想，这一点在温州商帮与宁德商帮的企业家的身上都得到了完美的体现，不仅深刻地感受到了指点江山一扫六合的宏愿，更体会到了直挂云帆济沧海的气势！

（5）现状与发展趋势比较

现在温州中小企业面临的问题：一是生意难做——产能过剩，内需不足，出口难。二是成本增加——通货膨胀，原材料涨，工资涨，生产经营成本在涨。三是受官府压榨——税收在涨，融资困难，得不到官府公平对待，同官府勾结寡头资本不断挤压中小企业的生存空间。在这种环境之下，实业的利润微薄，到无利可图的地步，所以大量温州人被逼无奈，把投在实业中的资金抽出来。

其实，温州的问题早已凸显。温州现在的经济在浙江排下游，据统计，1997年后，温州发展速度比前十多年下降3个百分点，在浙江排倒数第二。2003年，GDP增长更是落到了浙江省倒数第一的位置，虽然2003年经济增速达到14.8%，但在浙江这个速度却没有优势。而问题的出现是有多方面的原因的：

第一，产业套牢与"代际锁定"困局，使温州模式活力渐失。近20多年来，温州的制造业结构演变极其缓慢，基本局限于低附加值的劳动密集型行业，如皮革、服装、低压电器等。在温州区域经济发展的一个很长时期中，由于温州人率先突破计划经济体制从事市场交换活动，同时与市场经济体制相对应的法律制度尚未完全建立，因此在经济转型的起步和发展阶段，温州商人通过人格化交易方式（在亲戚朋友等熟人间的交易方式）比较容易保障交易的顺利进行。这一方式一旦被确立，就会产生惯性和路径依赖，造成

"代际锁定",即一代又一代产业格局与交易方式的固化。

"代际锁定"的原因之一是温州的产业结构演变过程异常缓慢。改革开放30多年来,温州的产业基本上还是集中在以服装、皮鞋、箱包、打火机、低压电器、汽摩配、泵阀等劳动密集型、低加工度的制造业结构上,即使在温州的第二代企业家中,大多数仍然从事同样的行业。随着各地民营化改革的推进,温州改革的先发优势明显弱化,产业不能及时升级,产业结构难以调整,使温州不得不沿袭传统的产业布局,导致经济发展速度的下滑,导致温州模式活力尽失。

第二,温州企业发展遭遇瓶颈。温州资本和企业的外迁,使温州本土发展缺乏后劲。自"九五"以来,据不完全统计温州已有千亿民资流向外省市。温州光有一定知名度的外迁企业有1 000多家,整体外迁企业就有700家左右。为何民资大量外流呢? 土地太少、太贵;人才太少、太难招。有关部门办事要送礼请客,行政审批繁琐复杂、时间长,社会负担重。温州一些政府基层部门把民企视为收费、摊派、集资本的重点对象。这是民资和民企外流的最初动因。长时间浩浩荡荡的外迁,久而久之会导致劳动密集型企业的急剧萎缩。

一方面是资本大量外流,另一方面是外资企业的缺失。由于温州产业结构的固定化,没有其他类型的产业,因此缺乏吸引非轻工业外资企业落户的产业对接基础。再加上,人才的匮乏,土地成本高于其他地区,最终使得外资很难落户温州。温州除了轻工业,其他类型的企业尤其是重化工业几乎是零。

温州民营企业资金不足且融资难度大,自有资金欠缺,自身积累严重不足。这些直接影响企业的生产经营和发展,银行只认可土地、房产等不动产抵押,银行认为民营企业实力不强、资质信用等级不高。温州民营企业寻找担保也难,想要融资扩大生产经营困难重重。

温州企业自身素质不高,大多数温州民营企业人员素质、科技水平、管理水平都低,生产设备落后,产品档次、产品质量也低,加上生产规模和资本积累方面的劣势,市场竞争力不强,温州民营企业不少都是夫妻店、父子公司。这都影响到温州民营企业的科技创新和可持续发展。

第三，温州市政府政策扶持力度不足，温州市政府在税收、融资、外贸经营权、市场准入界限等方面对民营企业的扶持力度都不够，一定程度上影响了温州民营企业的发展。

第四，大多数温州企业的发展方式已经难以为继。温州作为中国民企大市，温州民营企业喜欢用低价抵利战略来攻城略地，因为生产的产品技术含量不高、附加价值低、多为仿制产品、缺乏或是没有产品的核心技术和开发能力，在高端市场上形不成竞争力，所以不得不实施"低价抵利"战略。一个国家或地区依靠低成本完成原始资本积累是正常的，每个国家和地区的经济发展都必须经历这样一个阶段。但这条路是有尽头的，不可能一直走下去。如果不及时调整发展模式，必然会发生衰退，使自己的生存和生产状况越来越恶劣。因为企业利润很低，所以没办法投资在建立自有品牌以及进行自主研发上，也没办法建立自有品牌所需要的销售渠道，这又反过来迫使他们拼命压低民工的工资，去追逐更低的利润，而民工工资低下又使得民工难以有资本去提高自身劳动素质，职工素质不高又会制约民企的升级，这样形成恶性循环，最终民企掉入低价低利的陷阱。

随着中国遭遇的贸易壁垒增多、人民币的升值、欧美贸易保护主义抬头、外部市场的萎缩，温州市民企在对外贸易中一直实施的"低价低利"贸易策略越来越难以维计。回头反思好几年前民企在国际市场上遭遇的恶劣待遇，无论是好几年前的俄罗斯扣鞋事件，还是2004年西班牙的烧鞋事件，都不过是温州民营企业"低价低利"策略后遗症的集中体现，可以预见如不改变现状，类似事件还会层出不穷。

综上所述，曾经的温州模式在目前的情况下已难以再成功下去，温州现在经济在走下坡路。温州必须对经济进行改革，大刀阔斧地走出一条独具温州特色的发展之路。而如前所言，宁德与温州的发展道路和管理体制有着诸多的一致性，只是温州发展更早一些而已，所以温州现在的颓势很有可能在宁德地区再现。所以，温州人现今对于危机的解决办法也是宁德人需要借鉴的。

首先，对于这一问题的解决，温州人充分地认识到了商帮的作用。众所周知，温州制造业一直在所有行业协会中发挥纽带作用，企业抱团取暖，抱团营销，抱团订单，分工生产，打造产业集群协同作战。为鼓励低小散企业兼并重组壮大做强，温州市工商局出台文件和政策进行引导指导，引入股份制、公司制让企业不要再是小作坊和低小散的境地，出台文件帮助企业建立现代企业制度，为温州企业的迅速做大做强打下制度基础。温州经济的基础在实体经济，实体经济在民营经济，民营经济强则温州经济强。民营经济现状如此亟待改变，这就要看温州市工商局的给力与否了。温州人已然认识到，企业性质多为家族制，民企老板不愿将自家的企业，通过上市转化为公众企业，但企业上市是大势所趋。

其次，温州的产业升级已经势在必行，为此必须要先从劳动密集型产业下手升级。温州市政府主导鞋业、服装业、制革、箱包、打火机、五金锁具产业升级，打造出一批具有国际竞争力的中国民族品牌，温州市政府制定争创国际品牌战略，帮助建立现代企业制度，提升企业竞争力。企业应积极开拓国内外市场，实施品牌专卖、打响民族品牌；提高市场占有率和品牌知名度，形成较为完善的海内外市场营销网络。如今必须要做的，无非是两件事：第一，要从产业链的低端走向高端。顺应国家战略，彻底走出"三高一低"的发展模式。做渠道、做无形资产、做研发，说到底是做品牌。对一个企业家来说，品牌是潜在的资本，也是最重要的资本。第二，要稳中求快。作为中国市场化进程和国际化进程的先行者，如果把仅仅用于产业发展的资本作为一种市场炒作的资金，这是一个非常可怕的事情，只有在产业上下足功夫才是王道。

总之，在市场经济到计划经济的转化过程中，宁德人与温州人都获得了一个自我发展的空间，潜存的能量率先迸发出来，从而获得了一个新的天地，市场化的天地。在这两块山水相连的土地上，其民众的发达与它的文化底蕴有很大的关系，从未依赖过上天的赐予。而正是因为宁德与温州什么资源都没有，从而逼着他们走出去，哪里有资源，就到哪里去生存，在这个过程中，艰难困苦，玉汝于成，造就了一大批的人才。

温州与宁德的历史更是颇多相似。宋朝以后，由于中原人民的南迁，宁德地区像温州一样，面临着人多地少的困境，结果逼着两地百姓不得不离开土地，去四处经商或从事小手工业，从而造就了两地浓厚的商业文化。改革开放以后，宁德地区慢慢地发达起来，而宁德没有经历早期温州的走私贩私经历，和生产假冒伪劣产品的往事，这是它所没有的历史包袱，更不需像温州一样为重修庙宇，再塑金身，诚信立市，而下太大力气。所以，虽然宁德发展晚于温州，但是却有很好的机会追赶温州。借鉴温州的经验教训，宁德人需要的是及时转变，而避免走入同样的低谷，必须走向高端的品牌发展路线。因为任何一个区域的发展，一开始是原始资本积累，但是一旦原始资本积累实现以后，必须进入制造业，从低端到高端到品牌，这是一个必然规律。

3. 日本综合商社对于宁德商帮转型与发展的启示

所谓的商社，即从事贸易的公司，在世界各国类似的公司并不少见，但巨大的跨国性的综合商社却是日本独一无二的企业形式。有关综合商社的定义，大多数研究者普遍认为：综合商社是以贸易为主导，多种经营并存，集贸易、金融、信息、物流、投资、组织与协调等综合功能于一体的跨国公司，是集金融化、实业化、集团化、国际化于一身的全方位、综合性的贸易产业集团，是一种特殊的现代企业组织形式。

综合商社起源于150年前的日本明治时代初期（1867年）。当时，日本正处于向近代国家转变的阶段，综合商社发挥了从欧美发达国家引进资源、技术以及向国外出口产品的桥梁纽带作用。以三井、三菱这两家超巨大财阀为龙头组成的产业集团，成了当时日本经济的两大支柱。随着时代的变迁，以它们为原形组成的综合商社，又逐渐向开发国外资源、开拓出口工业品市场和跨国经营等领域延伸，为战后日本经济迅速崛起立下不可磨灭的功劳。因此，日本的综合商社与产业集团有着密不可分的联系，是日本企业走向世界的"流通窗口"。所谓综合商社（General Trading Company，GTO）是指以贸易为主导，多种经营并存，集贸易、金融、信息、仓储、运输、组织与协调等综合功能于一体的跨国公司形式的组织载体。综合商社通常是以厂家的代理商身份出现，除具有贸易功能外，还作为参加企业组成的产业链的组织者，活跃在世界经济贸易舞台上，成为跨国公司进行对外贸易和跨国经营的急先锋。它在发展国内贸易、扩大进出口交易、推进三国间贸易和合作、拓展企业的跨国经营和技术开发等方面发挥着重要的作用。近年来，综合商社的整合性物流功能特别受到关注。

目前，日本有六大财团，三井、三菱、住友、三和、富士和第一劝银。他们通常是以横向联合的方式，由三个核心部分组成：主力银行、综合商社、大型制造企业。以三井财团为例，樱花银行是其主力银行，三井物产是综合商社，而索尼、东芝等具有代表性的纵向发展的制造企业集团，通常称为企业系列。除此之外，一些现代金融机构如保险公司和证券公司也通常被划归某一财团，但它们的独立性更强。它们很难说是财团的核心成员，却是作为财团核心的综合商社的主要股东。商社的持股方、大股东全都是金融机构。拿全球最大的综合商社三井物产来说，它隶属于三井财团，大股东是三井住友银行（由樱花银行和住友银行合并而成），此外还有三井生命保险、三井信托等其他金融机构持股方。当然，财团内的这些企业之间都是互相交叉持股的。囿于日本资源匮乏和外向型贸易格局，综合商社多发端于贸易公司。虽然发展到今天，它已经远远超出贸易公司的经营范围，但商社的基本定位仍然是提供交易服务：帮助出口商开拓海外市场，为进口商提供市场行情，监督贸易双方的商业信用，帮助筹措资金或安排贸易，甚至提供全球范围的运输服务。用日本学者小岛清的话来讲，综合商社"是在一定的时间和场所中起中介作用的类市场合作体系"。综合商社扮演着产业培育者的角色。它就像一个母体，不断培育新兴产业与公司，后者身强力壮之时，也是前者自动退出之日，此后便一直陪伴左右给予照顾。

日本综合商社是集贸易、产业、金融及信息等为一体的，为客户提供综合服务的大型跨国公司。综合商社产生于 19 世纪末的日本，成长和发展于"二战"之后。综合商社是一种特殊形态的跨国公司，与制造业跨国公司的不同之处在于：制造业跨国公司以产品生产与加工为主，向前或向后进入销售领域，以及横向进入其他行业，实现经营多元化；综合商社将贸易功能、产业功能、金融功能和信息功能融合起来，形成一种大型经营综合体。综合商社的成功运作，一方面需要政府的支持、商业银行的配套发展，另一方面与企业本身及市场经济体系的完善有重要关系。在日本，一般指三井财团、三菱财团、住友财团、丸红财团、伊藤忠财团，因为这几个财团控制了日本大部分的大型生产企业及贸易公司，掌握了日本各类产业的命脉，是日本五大综合商社。

日本贸易会统计数据显示，截至 2000 年年末，日本政府正式认定的综合商社有 18 家，其中驰名世界的有九家，它们是：三井物产、三菱商事、丸红、伊藤忠商事、住友商事、日商岩井、东洋绵花、兼松江商、日绵实业。这 18 家综合商社在国内外拥有 2 000 多个网点，从业人员达 8 万多人，全球营业额为 100 兆日元，折合人民币达 7 兆元（汇率：1 元＝14.3 日元）。从营业额构成上看，国内占 48％、第三国间贸易占 22％、进口占 16％、出口占 15％；2000 年日本总出口额的约 30％、进口额的约 50％是由综合商社所完成的。

日本综合商社的经营范围极为广泛，从资源开发到高精尖端技术，几乎涵盖了所有产业领域。而且，它的经销品种不仅限于物，还包括咨询服务体系以及影像、音乐、电视节目等软件。综合商社的业务主要是贸易和投资，两者相辅相成，在金融、物流、调研、咨询、市场营销等功能的支持下，通过遍布世界各个角落的网络有条不紊地进行。因此，被冠以"产业组织者"之号。20 世纪 70 年代初，在世界经济萧条中，保持旺盛发展势头的日本综合商社模式引起了世界各国的广泛关注，美国、韩国、加拿大、巴西等都纷纷效仿组建了自己的综合商社。其中韩国大获成功，而美国则以失败告终。其原因可归结为美国企业的规模均比较大，在世界市场上都有一定份额，且各自独立性较强。另外，完善的激励和约束机制保证了代理人与企业利润的最大化。

（1）日本综合商社的组织形式

①经营综合商社所必需的先决条件

一是需要政府强有力的支持。综合商社对商业银行的配套发展要求较高，存在相互依赖的关系，银行商业化程度的高低将直接影响综合商社的发展。二是商社的内外贸综合能力与生产能力的结合。综合商社以贸易为主，最大特点在于其"综合"能力，不论是在外贸公司的基础上建立商社，还是在内贸公司的基础上建立商社，都不能只顾其一。市场经济体系真正建立的程度，对于综合商社的发展起到制约作用。

②综合商社在财团中担任的角色

综合商社作为财团的贸易出口，通过产品的供销为财团提供"贸、工、银"一体化的枢纽作用。其中主办银行扮演着父亲的角色，决定成员的血缘关系和姓氏归属，是家庭成员稳定的经济来源。综合商社扮演了母亲的角色，她负责生育儿女（众多制造业），照顾家庭成员的起居，对孩子的教育和成长施加影响，为子女长大后外出求学与发展谋划（获得情报），甚至为子女选择对象和操办婚嫁（创办合资企业）。制造企业相当于财团家族的子女角色。

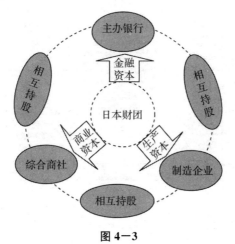

图 4—3

资料来源：赵梅阳《专家论坛》。

③综合商社的内部分工

为应对贸易空间不断萎缩的威胁，日本综合商社将单纯贸易功能扩展成多元化功能体系。

④综合商社的内部流通企业的发展空间

综合商社内部流通企业主要凭借中间差价、稳定供应和牢固关系获得发展空间。综合商社内部流通企业的生存与发展首先是获取中间的差价，其次是获得"稳定的批发量"，因此必须与上下游厂商建立牢靠的关系。体现在：

与银行、金融机构结为良好的关系。

依靠自己的存款信誉，投资、参股、贷款获得融资能力。

向上游的制造商提供融资上的信誉，使上游拓宽了资金的来源，逐步依赖综合商社的融资渠道。

拿下"独家经销权"。

布局、成立系列"专营机构"，用贷款、齐全的品种、优惠的价格等手段支配、影响下游的专业零售商。

把零售商纳于综合商社的体系。

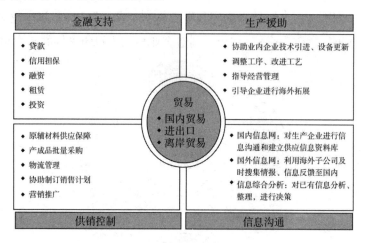

图4—4

资料来源：赵梅阳《专家论坛》。

综合商社为生产提供稳定的原材料，金融机构为之提供金融支持。综合商社是以贸易活动为主的商业资本，它不仅发挥着大企业集团生产活动的润滑剂作用，而且还发挥着对内外贸易的主渠道作用，是日本企业集团良性运作的一支主导力量。在企业集团内，综合商社的主要作用之一就是为企业集团的生产企业提供稳定的生产原材料，以保证它们的生产需要，同时也为所属企业的产品提供销售市场，即作为企业集团产销的中间环节，为企业集团的产销活动发挥主导作用，进而在企业集团内形成了以综合商社为中心的产、供、销有效连接的网络。

这样，不仅保障了生产企业的生产资本全力从事生产活动，而且还以其独特的商业资本功能为生产企业不断开拓市场。企业集团内这种相对稳定的产销网络化，还依赖于它们之间建立起来的相对稳定的业务关系，而这种关系主要表现在它们之间通过相互持股而建立起来的系列化的企业群体关系。金融机构是以资金经营为主体的企业，是综合商社中保障"输血"功能的机构，是支撑综合商社正常运行和不断发展的不可缺少的支柱企业。一般都拥有一家稳定的所属大型金融机构来支持本企业集团的发展。

⑤日本综合商社优势体现

优势一：提供综合性服务。综合商社集各种功能于一身，为中小型企业，包括大型企业进出口和发展跨国经营提供综合性的一体化服务。综合商社能够提供信息、技术和设备、原材料、资金，提供从运输到销售的各种服务，还能够帮助并直接参与中小企业在国外开发资源和设厂等经营活动。

优势二：获取规模经济。综合商社开展跨国经营，建立遍及世界的销售网点、信息网点、金融网点和生产基地，进一步强化了它所拥有的各种功能。这样，综合商社便以它自身为中心，将国内众多的中小型企业带入全球市场的广阔经营空间；通过拥有可靠稳定的供货来源，多元化的范围经营以及大批量进出口业务获得规模经济优势。

（2）以金融业务为综合商社的关键业务

综合商社金融功能表现形式有企业之间的商业信用、多方的投融资及广泛开展融资性和经营性的租赁业务。

①在企业间广泛应用商业信用。综合商社是流通企业，在与众多企业建立贸易关系时自然会发生信用关系，这种信用关系是以商社为中心来进行的，商社向自己的贸易伙伴企业提供商品的赊购、赊销、票据的支付和接受、延期付款信用等，成为卖方和买方之间从事企业信用业务的机构，解决其经营活动所需的大部分周转资金，保证再生产的顺利进行。

②在多方面进行投资及融资。投资和融资活动是综合商社金融功能的主要内容，其活动分为国内及国外两部分。综合商社的国内投资与融资，有的是单纯地为了获得利息和股息，有的是在新兴行业中进行风险投资以先行占领市场，有的是为了维护集团企业之间的相互关系，有的是为了扩大自身的融资能力，而更多的则是为了获得生产企业产品销售和原材料供应的贸易代理权。为了抵消日元升值的不利影响，综合商社进一步加强了同国外垄断企业资本与业务的联系，帮助日本制成品重建成本竞争的优势。为此，综合商社转向在海外创办金融子公司，从事资金的筹措、使用及以汇率风险管理为主的各种风险管理等业务，从而促进了商社金融业务向多元化发展。

③广泛开展金融租赁业务。综合商社针对当代科学技术的飞速发展、企业技术革新加快、产品生命周期缩短的特点，推动了租赁业的发展，例如三菱商事的钻石租赁、住友商事的住友租赁等。这些商社都以开展金融租赁为主要模式，商社先通过自己的租赁公司与需要租用机器设备的承租人签订租赁合同；然后把机器设备卖给自己的租赁公司，租赁公司将其出租给承租人，并一次性将贷款支付给综合商社；最后由租赁公司分期向承租人收取租金并提供一系列售后服务。这种方式既不影响综合商社总部的资金周转，又相当于给承租人一笔可观的融资，从而拓展了业务，进一步加强了与生产企业的合作关系。

④综合商社的金融资金来源。综合商社金融功能中资金来源体现在自有银行、政府贷款、国内融资及国际融资四大渠道。

第一种渠道，本综合商社的银行贷款和其他垄断财团的贷款。综合商社从大财团金融机构借入资金占借入的资金总额的25％～30％，其中又以1～2家大金融机构借款居多。1974年以后受政府立法的影响，本财团的借款比例下降到10％左右，而从其他财团的金融机构分散借款的比例之和超过10％，资金来源呈现出多元化的态势。

第二种渠道，政府贷款。日本政府一方面通过日本银行对商业银行提供巨额贷款，使之能够满足综合商社的资金需求，保证企业经营活动的正常运转；另一方面通过日本输出入银行和日本开发银行向造船业、外贸业及制造重型机械的大公司提供出口低息长期贷款，鼓励企业出口和向海外投资。此外，日本政府战后加强外汇管制，在对外贸易中特别在进口国外产品时，采取由国家统一分配外汇的方式优先向垄断企业提供外汇，以满足他们购买国外原料和部分产品之需。综合商社利用这些资金大力开展企业间的信用活动。

第三种渠道，在国内金融市场上直接融资。直接融资是商社资金来源的重要补充，这包括：发行债券直接筹集资金；发行股票筹集主权资金；发行商业票据筹集长期资金。

第四种渠道，从国际金融市场上筹措资金。由于在一些国家发行债券无须物资担保，手续简便，因而综合商社纷纷进入国际金融市场筹资，用于企业合并与协作。另外，随着日本跨国银行国际化的发展，综合商社海外业务扩展得到有力支持，带动了其金融体系的国际化。综合商社金融资金的来源，与其股权结构有紧密联系。日本综合商社的股权结构是一种贸易、实业、银行环形持股的结构，其最大的股东是金融机构。日本综合商社资产负债率都很高，主要靠借贷资金推动贸易规模的扩展。

（3）以进出口业务为综合商社的主营业务

综合商社的基本职能是组织发展进出口业务，综合商社的强大资金规模和遍布世界各地的情报网，以及吸引了大批的优秀贸易人才，使得综合商社具有强大的进出口功能。综合商社承担的进口，主要是与国民经济发展密切相关的原材料、能源和资源，如石油、煤炭、有色金属，粮食等。出口方面，商社将日本的成套设备、机电产品、汽车、精密机械大量外销，可以说，综合商社的外贸交易功能是日本贸易立国赖以存在的条件。在大力开展对外贸易的同时，综合商社极力推进国内贸易商社组织产品出口，要求国内的生产厂家密切配合供货，安排好产品的生产、运输和流通等诸环节，商社进口的产品又要及时地供给国内市场。为了达到这个目的，商社在国内建立了广泛的商业网，从事批发及其他交易。

综合商社从事国内交易，一方面容易形成寡头垄断市场，或者是封闭的割据市场；另一方面又能统一协调，控制流通渠道，既保证了国内市场的需要，也能保护本国产品免受外来影响。总之，综合商社对于稳定国内市场，加强国内生产及出口协作，理顺流通环节和流通渠道，形成全国统一的市场，有着重要的作用。而且，商社凭借其实力和优势，可以形成一定规模的垄断，提高在对外贸易谈判中的地位，从而改善贸易条件，增强贸易协作，避免内部自相竞争，体现出规模效应。

（4）日本综合商社对宁德商帮的借鉴意义

尽管有人认为，日本综合商社式的企业模型在信息化、扁平化的全球化时代已经落后，然而必须认识到以下两点：其一，综合商社的经营模式仍处于不断变化的过程中；其二，中国当前钢贸企业的状况其实与日本在 20 世纪 60 年代至 70 年代的状况非常相似，即使是相对落后的经营模式，对于发展相对滞后的市场而言可能依然具有很好的效果。简言之，笔者认为，针对目前钢贸企业规模分散、营销与销售体系发展不足、缺乏自有品牌、融资渠道有限的状况，借鉴日本综合商社模式，构建中国自己的大型综合性流通企业可能是缓解经济转型阵痛、推动中国经济可持续发展的潜在选择。

①组织结构模式的借鉴

日本综合商社普遍采用董事会、总经理（社长）和职能部门的纵向三层次组织结构。由于其组织健全，较能充分地发挥"信息畅通、功能全面、协调运转"作用。此外，比较有特点的是，实行事业部制与独立核算制相结合的管理体制。

事业部制是指公司本部对其海内外分支机构实行统一管理，海内外事业部长对所辖事业部的经营好坏负全部责任。事业部独立贯彻总公司的经营方针和决定。事业部长主持产销会议，决定本事业部经营中的重大决策。独立核算制是指各国内外机构均是当地的法人公司，实行独立核算，自负盈亏，重大投资及经营活动一经总部同意，便可独立自主地开展经营活动。将事业部制和独立核算制相结合，可以将两者的优点很好地结合在一起，有效地将生产和销售直接联系起来，可以不失时机地做出决策，及时生产出市场急需的产品。

目前我国有些企业，包括外贸企业和制造企业，正在借鉴日本综合商社的三层次组织结构模式，推行事业部制，并把事业部制与独立核算制结合。纵向设立董事会、总经理和总务、人事、企划、财务、审查等部门。横向则根据业务性质、区域和产品等设立事业部，各事业部实行独立核算制。这种纵横交错的组织结构，可以克服松散化，增强聚合力；可以保证总公司的战略性计划顺利地贯彻执行；可以根据独立核算的结果，评定事业部的业绩，决定其扩大、缩小或撤销。

②领导决策模式的借鉴

日本综合商社曾采用三种集中程度不同的决策模式：

统一核算、统一管理的典型集权管理模式。在该模式下，领导决策是垂直型的，权力高度集中于总公司。20世纪60年代中期日本企业大发展阶段，有60%～70%的企业集团采用这种领导决策模式，其优点是命令统一，管理效率高，秩序好，责任清；其缺点是管理层次较多，各部门间比较难以协调。

统一指挥、分级管理的集权与分权相结合的模式。在该模式下，领导决策是垂直型与水平型相结合，总经理根据董事会的决定全权管理企业，对企业内部部门实行垂直领导，各职能部门从自己的专门业务出发，协助总经理工作。该模式集中了集权模式与分权模式的优点。在具备了电子计算机等现代化管理手段的条件下该模式比较适用。

分级管理、分级核算的彻底分权模式。它是指在总公司下分别按产品或地区、市场组成设立事业部，每个事业部独立经营、独立核算、自负盈亏；同一公司内部各事业部之间，既相互合作又相互竞争。

集权与分权相结合的领导决策模式值得宁德商帮借鉴。其优点是：实行分权模式可以使产供销有机结合起来；事业部接近生产基层和现场，对市场变化的应变能力较强；事业部之间成绩优劣可以相互比较，有利于促进公司改善经营管理，有利于造就一批拥有全面技能的经营管理人才。但在借鉴时也要事先看到其缺点并适当规避，如事业部之间彼此机构重复，经营管理人

员相对较多，各部门之间关系复杂，易产生本位主义，总公司职能部门作用分散、不利于集中统一等。

③对成员企业管理的借鉴

第一种形式，相互持股。即每家成员企业的股权被其他成员企业所持有。与此相应的是每家成员企业都持有其他成员的股权。

第二种形式，互派干部（董事）。在一个综合商社内部，约有 70%的企业接受成员企业派遣的干部，在每个成员企业董事中，属于其他企业派遣进来的平均占 7%。

第三种形式，商社内交易。据日本公正交易委员会调查，1987 年六大综合商社的内部交易比例，产品销售额为 10.8%，进货额为 11.7%。

第四种形式，成员企业间保持金融和技术等方面的合作关系，特别是注重互换情报，协调行动。

总之，宁德商帮大型企业集团不少，往往集贸易、实业、科技、服务、金融于一体，普遍面临着如何管理成员企业使之日趋紧密融为一体的问题。这方面可以借鉴日本综合商社的成功经验。如：环形持股，结成休戚与共的企业实体；定期互派高级管理人员；以转移价格进行内部交易；成员企业间保持金融、管理、技术等方面的长期密切合作；互为情报站，建立起集团公司内严密有效的情报网；总公司定期或不定期召集成员企业负责人聚会，融洽关系，加强交流与合作，等等。

④命运共同体建设的借鉴

命运共同体建设是日本综合商社塑造自身企业文化的一种重要形式。其主要内容包括：

第一，"集团主义"的经营思想。"集团主义"经营是从日本传统的"经营家族主义"发展起来的。它把企业视作一个有机的命运共同体，主张企业内部每个成员都在不同程度上共同参与企业经营决策，并且依靠这种集团的力量完成企业的各项经营活动。"集团主义"经营思想还包括"店员储蓄制度""有红利的储蓄制度""投资储蓄制度"等形式，把全体职工的利益、希望与资本结合为一个"综合体"。"集团主义"经营思想也即"全员经营"思想。

第二，爱社教育。其中最有效的就是"企业命运共同体"教育：办好企业，对大家都有好处；企业倒闭了，谁也没有活路；劳资双方唯有同舟共济，才能共存共荣。

第三，终身雇用制。终身雇用制是日本企业命运共同体的根本支柱，它仅适用于企业的正式职工，数量巨大的临时工则全部根据需要随时雇用和解雇。在终身雇用制下，职工的命运同企业的发展紧密相联，使从业人员能更好地为企业效忠，同时，有利于稳定雇用关系，使企业能从长远发展出发进行大量的人力和智力投资，为企业培养优秀人才。

第四，年功序列制。其基本精神是根据学历、工龄逐年增薪和按时提级。20世纪60年代末以来，能力主义工资制所占比重有所提高，年功序列工资制所占比重则有所下降。

近年来，宁德商帮一直在借鉴日本的企业文化建设，重点是建设企业命运共同体。管理层要注重互通信息，缩短相互间的信息距离和心理距离，提高工作效率，克服官僚主义和本位主义；对职工，一方面要完善物质激励机制，另一方面进行"公司兴我兴，公司衰我衰"的集体主义教育，建立职工与企业的命运共同体；在就业方式上，可以借鉴终身就业制、年功序列制的经验，同时吸取其教训，实行能力本位与稳定就业相结合的就业制度，把着眼点放在对职工的长期培养和公司的稳定发展上。

⑤专业板块，专业运作，一致对外，联合作战，通过集团组织联合舰队，发挥集团作战能力。各专业板块发挥专业优势，各专业板块为企业集团提供集团的专项职能，如外贸为集团提供规模优势、现金流；产业为集团提供利润和技术；工程技术为集团提供情报资源等。

⑥研究内部运行规律，寻找尽可能公平的内部合作机制，减少内耗，提高整体运营效率。关于内部结算体系，企业集团现有的利润中心已经远远不能满足发展需求，根据发展可以分为利润中心、费用中心、成本中心、半利

润成本中心。合理评价各板块的评价体系，企业集团现有的评价体系不能科学全面地评价各个板块的业务状况，需要对板块职能进行重新界定，明确考核评价指标，使评价体系具有公信力。制定集团战略，明确子公司战略，只有分公司、子公司职能明确，才能有更好的内部协作。

　　对于宁德商帮而言，日本综合商社可以借鉴的地方还有很多，如采用战略联盟的方式，通过自愿互利的企业联合或合并，组建一个立足钢铁行业，集贸、工、商、金融、物流服务等多功能于一体的综合服务商等。战略联盟是适应新经济特点的一种创新的竞争模式，企业要实现跨国发展战略目标，就必须培植起自身的竞争优势，而走"强强联合"发展之路，这是提升企业市场竞争力的重要手段。

第五章　宁德商帮商业运营模式的优势

一、运营模式及融资模式的优势

1. 运营模式的基本介绍

宁德商帮的商业运营领域主要包括钢材贸易、房地产业、建筑业、建材贸易等，其中最为主要的是钢材贸易，据了解宁德商户当中 60% 以上都从事这一行业，这个情况在宁德商帮主要集聚的地方基本都是一致的，其中包括沿海地区的上海、江苏、浙江、山东以及内陆地区的西安、南宁、重庆、安徽等地。当然，各地的钢材贸易的情况实际上也有所不同，如西安的宁德商户主要是针对钢材的终端市场，针对工地的需要来提供钢材；而上海的宁德商户则主要针对大众化的市场需要，既有大宗批发代理，也有针对终端的市场需要，覆盖面要较西安更广。总的来说，宁德商帮在经营钢材贸易的模式与其在建材贸易等多个商业领域的基本模式是一致的，而且钢材贸易也是宁德商业的主要商业经营领域，因此笔者尝试以钢材贸易作为基础对宁德商帮的商业模式进行经济分析，并运用商业组织的理论分析对宁德商帮的这种商业运营模式进行剖析。

本章将主要分析宁德商帮在钢材贸易行业的基本经营模式和其存在的优势。其中，关于该模式的主要内容基本是通过与在全国各地宁德商帮的各行业人士详细访谈总结得出。因为宁德商户在各地从事钢材生意的占多数，朋友之间相互交流、经验相互介绍、老乡帮老乡的模式，使得宁德商户在各地的融资模式和经营模式都比较接近，而且从各地的调研报告中也基本反映钢材贸易的方式基本一致，因此不妨以在全国各地调研中的一次访谈内容作为主线，对宁德商帮的运营模式进行介绍。

永翔钢材贸易市场位于南京江宁地区，是一个由宁德人创办的在建大型钢材贸易市场，它的主要负责人陈贵正先生介绍了宁德人的钢材经营模式的转变。陈先生指出，宁德商帮的钢材贸易模式基本处于不断变化、不断改进的过程中。在20世纪90年代，当时做钢材贸易生意的人都是租一间沿街的小店面，在店面后边放一点现货，小单生意直接提取现货，接到金额较大的业务时则要到厂家或批发商的仓库去提货。这种方式拖延了交货的时间，而且信用存在很大风险。关键是，这样的做法永远只能是小作坊式的经营，难有规模效益。由于零散小店面的种种弊端，宁德人开始探索新的经营模式，于是就有人提出了建设钢材贸易市场的设想。这种经营模式包括以下三个部分。

第一，由一个或者几个大股东出资购买土地，建造门面，将散落在各个街道的店面集中起来，成立一个钢材贸易的市场，通过集聚效应将同乡的钢材贸易店面和附近从事钢材贸易的店面集中到市场里。每个门面分为三层，一层办公，二、三两层提供商户的吃住。同时，钢材贸易市场的大股东主要负责市场的日常管理。另外，货物的存储中心一般建在交通方便的商户门店的后院，即周华瑞先生所开创的"前店后库"式的经营方式。众多商户的货物按照钢材的种类囤积在一起，每家商户的货物都在结算中心有记录，且每一次进货与出货都进行更新。当一家商户找到了大的货物需求者时，他可以在征得其他商家同意的前提下，以赊欠的形式卖掉共同囤积的货物，从而使得不同的商户之间合作更为紧密。并且，商户为了应对市场价格的变动而"囤货"，也囤积在仓储中心应对所有商户的不时之需。

第二，每个钢材市场都应该配套一个担保公司，担保公司以钢材市场的土地等固定资产为抵押向银行申请配比额度，再由担保公司出面为市场里的商户进行担保（辅之以多家商户的联保）进行信用贷款，使商户能够顺利向银行贷款，担保公司从中抽取费用。钢材贸易的现金周转量很大，因此需要大量融资，向银行贷款是最常见的方式，而担保公司就成了商户和银行之间的一座桥梁。担保公司作为钢材市场必不可少的一部分，最早出现于2003年、2004年，在2006年－2008年发展壮大，这期间，银行因上市而进行的裁员使得大量原银行工作人员流入担保公司内部。担保公司一方面担负着保证商户资金需求的重要责任，一方面也承担着违约风险。随着钢材贸易对资金量需求的不断提升，商户对担保公司的依赖性也更强，担保公司的风险也不断增加。因此，为了更好服务于钢材市场，宁德钢材贸易市场的担保公司采取多种方式来防范风险。

第三，也就是租位营销，市场建成后，要吸引大量的商户进驻市场，而后每个商户开始各自的生意。市场由宁德人创办，但是面对的商户可不只限于宁德人或是其他福建人，对于外地人市场的大门还是向他们敞开的，并且在租金、管理费用上还给予一定的优惠，只是外地人目前还不能进入融资市场。实际上，南京地区的宁德钢材贸易市场的商户几乎清一色的全是宁德人。在宁德商人的钢材贸易市场里，每一家商户专门负责经营某种钢材，这样整个市场就可以在每家商户专业经营一种钢材的基础上囊括几乎所有的钢材种类，拥有完整钢材体系的钢材贸易市场向钢材的需求者提供产品，这些钢材的需求者大多从事施工工地等基础设施建设。

相应的，宁德人投资钢材市场赚钱的途径也有三条，即收取市场的出租管理费用，担保公司的业务收入，以及商户的钢材贸易收入。这种经营模式不仅能给各个商户节约成本，还能实现规模效益、提高效率。每个市场都拥有几百个商户，钢材种类齐全，方便客户选择。同时市场做大以后，还具有品牌效应，相当于做了无形的广告。市场的兴建也考虑到了与商户的合作，商户的业务主要分为两块：一块为现货，做钢材现货的交易；另一块为工地，即商户与工地方协定，在工地建设时使用其钢材。

除此以外，宁德人在各个地方成立的宁德商会，在宁德商帮的商业运营模式中也起到了重要的作用。这些商会里面的成员能够在其他企业出现困难时互相援助，而且商会本身也是一个重要的信息平台，有助于信息的传递和减少信息不对称的问题。除此以外，商会为会员单位提供资金、业务等方面的交流，在连接政府和会员单位之间的关系方面也发挥了桥梁作用。这种商会也在宁德商帮的实际运营模式中起到很大的作用。通过对企业问卷的分析可以发现，周宁的钢材贸易商户对其从商会得到的资金借贷、信息共享、维护公平竞争以及质量监督方面的帮助表示认同，并普遍认为统一的宁德商会使得其中的企业拥有了信息获得、管理经验交流、资金储备等方面的优势。

2. 融资模式——有效的防风险体制

前面提到宁德商帮钢材贸易模式的第二个部分是每个市场配套一个担保公司，这种担保公司实际上是现阶段法制环境和企业诚信体系不完善的产物，是一个预计未来二三十年内仍会存在的过渡型产业，主要作用在于为企业融资、为银行降低风险。其中，在宁德商帮首先发展并且较为集中的上海，政府对担保公司管理最为严格规范。包括政策性担保公司在内，上海现在约有80家担保公司，其中30多家是真正有业务的。为了分散风险，这些公司普遍存在担保额度小、担保对象多的特点。为了支持中小企业的发展，国家按照单笔额度对担保公司进行补贴，单笔额度小且风险小的可获得高补贴率。在无锡、西安等地，担保公司的情况与上海的情况基本类似，宁德的担保公司多集中在资金需求量较大的钢材贸易行业，基本聘用专业人才提供高效安全的融资服务。

担保公司为商户提供便利的贷款以及降低整体风险，有利于钢材贸易的商户通过担保公司从银行里贷款。但实际上担保公司却要承担起更大的风险，尤其是整个钢材贸易行业一旦出现整体风险，对于担保公司而言影响是巨大的。因此针对风险防范，担保公司有以下几种办法来降低风险：第一个是对商户提供的详细公司资料、财务状况进行审查以决定是否提供担保以及担保份额，实际上是从准入的角度来降低和防范风险；第二个是在钢材市场中，担保公司采取五户联保形式，即一方出现违约，五户均要承担一部分相应责任，通过这种办法，担保公司实际上将一部分担保的义务转移给了联保商户；第三个是会要求第三方提供反担保。这样的模式不仅大大减少了所谓的道德风险和逆向选择，也维护了良好的市场氛围。具体来说，在融资模式中，担保公司的作用以及防风险机制包括以下几个方面：

（1）融资互利与融资模式

钢材贸易行业的资本市场处于发展初期阶段，商户需要通过担保公司来向银行融资，一方面是企业通过担保公司向银行获得贷款，从而保证了企业的运作，企业通过贷款扩张规模，有利于通过规模效应降低成本，而由于是短期贷款，利润的现金流量回笼较快，资金周转率高，有利于银行的业务扩张；另一方面，钢材贸易市场的生意多是从银行中直接进行划款进行，存款也有利于银行的自身运营。

对于银行而言，钢材贸易市场中的贸易公司有三大特点，也决定了其融资模式和融资特点。第一个是固定资产少，这就导致了贸易公司独自贷款时面临很大的困难，由于固定资产过少，贷款风险很高，对于银行而言则必须通过某些途径进行风险的转移，也就是担保公司存在的主要原因；第二个是资金周转快，由于其资金周转周期短，现金流量大，而且主要是通过银行账号划款进行交易，其资金周转也有利于银行业绩的提升和发展；第三个是利润来得快，尽管钢材贸易企业每吨钢材的进价是 4 千多元或者 5 千多元，而扣除运输费用等毛利大概是每吨 100 元至 300 元，实际的利润率不高，还不到 1%，但是对于钢材贸易企业而言，只要做成一单生意，如一家企业谈妥 100 吨的生意，收款后利润就达到几十万元。对于企业而言，尽管利润相对于资金投入不算很高，但利润的回笼速度较快，而且利润总量较大，因此企业的还贷能力还是较强的，这也是银行希望对相关贸易企业进行贷款的一个主要原因。据担保公司的介绍，早期福建人在上海没有成立担保公司，在上海贸易的影响力很小，而自从 2005 年才开始建立担保公司，福建人在上海、无锡等地的钢材贸易市场的影响力迅速扩张。而担保公司的成立最主要还是由银行促成的，毕竟这对于银行来说是一个值得涉足、有利可图的领域，因而在银行的促进下福建宁德商户中的资金额较大的企业建立担保公司，促进钢材贸易行业的整体发展和银行业务的扩张。

尤其是国家鼓励中小企业等政策，往往还是落实在银行和担保公司这一链条上，毕竟直接资助中小企业的识别成本过高，国家一般是通过担保公司等进行间接补助，这样有利于降低交易成本。

基本的融资模式不仅仅在福建宁德人中是一致的，而且在整个钢材贸易市场的行业也基本是一致的。基本的融资模式是通过建立担保公司，从而与银行获得联系；银行由于担保公司作为担保人，将贷款的风险降低，从而乐意贷款给钢材贸易市场的商户；商户利用银行的贷款加速资金周转，由于规模效应，可以从钢厂那边获得更为优惠的价格，有利于企业的进一步发展和提高市场份额，从而增强企业本身的还贷能力，降低贷款风险，使得银行进一步更加乐意贷款给相关企业。据介绍，银行由一开始向宁德商户贷款的负债资产比从 1：1 不断上升，目前一般达到 1：3 甚至是 1：5，也就是说对于一个有 1 千万元自有资产的企业而言，可以从银行处贷款达到 5 千万元。

实际上这种通过担保公司将风险系数降低，从而达到银行贷款门槛的融资模式在整个物流行业都较为普遍，尤其是像钢材贸易、建材贸易等资金流量较大的物流行业。这些行业其实都类似于钢材贸易行业，具备的特点都相似，因而吻合银行的需求。这种通过五户联保的担保公司融资模式为宁德商户提供了较有保证的融资能力，但在 2009 年年底至 2010 年货币政策紧缩的压力下其融资能力还是受到了较大影响，而现有的证券市场融资的发展程度已经较高，因此进一步开拓的潜力不强。

（2）风险分担机制

银行和企业除了通过担保公司这一层次进行风险分担外，担保公司还通过两个层次进行风险分担：一个是联保制度，另一个是通过再担保公司进行担保。

第一种风险转移的联保制，是由担保公司出面，其受担保企业三至五家成立一个联保组，由其中一家进行贷款，而其余几家与之共同为贷款进行担保，其余的企业贷款也同样由该联保组承担担保责任。一旦出现还贷风险提高的情况，首先由联保组的成员来还贷，如果仍然无法还贷则由担保公司来承担该义务。这也就是前面所提到的"五户联保"的模式。由于联保组的成员间相互负有这样的担保责任，这也促成了同一个联保组的不同企业相互监督、相互警醒，进而降低整个借贷风险的这样一种结果。

对于同一个联保组的企业而言，必须建立一种淘汰机制，从而维持整个投资风险处于较低水平。淘汰机制包含两个方面，一个是退出机制，一个是进入机制。对于退出机制，同一个联保组的企业会对其他企业的效益和法人信誉进行评估，只有同时满足以下两个条件的企业才能停留在联保组内：第一个是在2年内利润达到一定比例的企业才能够继续留在同一个联保组内，否则会根据其还贷能力令其退出该联保组；第二个则是对于信誉的强制要求，一旦出现赌博和买卖期货的现象，会立即迫使其退出，尤其是在上海发生了一宗因赌博而导致企业破产、联保组成员共同承担逾千万元贷款偿还的案例后，对于信誉的要求也愈加严格。根据这次在全国各地对宁德商户调研的一手数据可知，宁德商户商业信用的良好程度较高，而且他们对于保持自身的商业信用尤其重视，在商业信用意识方面也保持着很高的警觉性和肯定性。

对于进入机制，实际上联保组的成员多数是一种民间的自发组织，因此最为重要的也是相互间的关系网络、信用与道德的评估、融资能力等几个方面。从担保公司处了解到，进入机制包括两道门槛，一个是进入市场的门槛，一个是进入担保公司的门槛：要想进入担保公司中的联保组，首先要通过该担保公司主要承担担保责任的钢材贸易市场的进入门槛，其次还有担保公司的进入门槛和同一联保组企业的门槛。这些门槛主要包括等级评估和信用评估，等级评估考虑的因素包括企业经营情况、所占市场份额、开票情况等，分成优良中差四个等级；信用评估则重点是通过了解其朋友以及关系圈，从而了解该企业法人的具体信用、道德等情况。据介绍，市场形势即便不好，企业也不至于过于亏本，而导致还贷风险大幅提高的最重要因素，还是道德方面的风险，也就是前面提到的是否有赌博或者买卖期货的现象，这也是进入门槛中把关最严的一个方面。

第二种是通过再担保公司为担保公司进行再担保，这有点类似于再保险市场，通过再担保公司承保，一旦发生还贷风险，即使商户、联保组的其他成员、担保公司三层都没有还贷能力，银行依然可以向再担保公司索还贷款。例如中正投资担保公司就是通过江苏信用再担保公司来分担投资风险，提高其信用等级，有利于从银行中获得更多的贷款，进而得到业务的扩张。当然担保公司要向再担保公司提交一笔再担保费用，而这笔费用则由担保公司的各个商户自己来承担。

（3）整体风险与应对

由于担保公司本身多是由市场中效益较好的企业来建立的，联保组中的成员本身也都通过联保组及担保公司从银行贷款，实际上融资的风险还是围绕在同一个圈子内——即担保公司的成员。这样在面临整体风险的时候，即整个钢材贸易市场普遍衰退、每一家企业的还贷能力都大幅降低的时候，银行实际上是很难将贷款回笼的，除了通过再担保公司来索要还款外，钢材贸易行业所建立的风险分担机制则很难奏效。这是对整个钢材贸易行业整体风险的一种困惑。

而据担保公司介绍，事实上这种整体风险可以通过两个方面来降低：第一个是担保公司与市场中的企业之间的独立法人关系的风险隔离，尽管担保公司一般是由某一个钢材贸易市场的一些企业共同建立而成，但是担保公司的股东则不一定就是市场中的企业家，也允许是其他途径进入的；而且担保公司和企业本身都是相互独立的法人实体，即便担保公司股东和企业家是同一个自然人，其法人身份则是独立的，所负责任也会相互分开；另外担保公司的成立本身就需要有一定的自有资产，而这笔资产与企业本身运营是完全分开的，这就是独立法人关系的风险隔离。第二个是多元化投资降低风险。据介绍，在上海、无锡等地的宁德钢材贸易商普遍有一个趋势，就是通过多元化投资来降低钢材贸易的波动风险，如通过购买门面房等固定资产，或是投资到实体经济中，如商业贸易等，通过买卖门面房（这是国家政策所允许的）或是实体经济中的分红所得，来分散钢材贸易市场衰退的整体风险。

当然，担保公司也并非鼓励钢材贸易企业投入到房地产等行业中去，毕竟那些行业也存在着投资的风险，但担保公司的态度是"不鼓励也不堵"，只要风险可控，就可以允许其联保组成员多元化投资分散风险。

3. 信息共享——减少信息不对称

信息不对称是指信息获取和使用双方由于所处地位或角度不同，一方拥有信息而另一方无，或一方比另一方拥有更多信息，造成一方处于信息优势而另一方处于信息劣势；或者双方信息量一致，但由于认识不同对信息理解不同造成的差异。信息不对称，导致企业在对人力资源进行管理和互相合作时常常遇到多种问题。

由于信息不对称，企业的人力资源管理中分别可能引发逆向选择和道德风险，影响人力资源作用的发挥。逆向选择模型中所研究的信息不对称，一般发生于当事人双方签约之前。中小企业人力资源管理中的逆向选择主要表现在，由于中小企业获取真实信息和甄别虚假信息的能力和大企业相比较弱，在人力资源招聘的过程中部分应聘人员故意隐瞒、编造个人信息的行为往往能够成功。其后果是导致一些庸才在应聘中胜出，进入企业，而真正的人才却有可能被企业拒之门外，其严重后果便在于使应聘人员整体质量下降，出现"庸人积淀"的现象。另外，在企业与员工签订契约之后，由于监管成本的问题，难以对其员工进行有效的监察，这样使得员工的工作积极性不高，或者会私下违反公司制度，给公司的经营与信誉带来严重的问题。而在企业与企业之间的合作中，信息的不对称则会直接影响企业的盈利能力。面对合作对象，无论是货物买卖，还是资金融通，企业都需要付出高昂的成本对其信誉及能力做出判断。即便如此，依旧难以阻止由于信息不对称导致的市场欺诈与合作破产，造成企业巨大的损失。所以，观察整个市场，因为经理人破坏股东利益、合作伙伴欺诈、企业得不到信贷支持而导致的受损失情况比比皆是。

然而，因为信息不对称而导致的这些问题，在宁德人的钢材贸易企业的身上却并未体现出来，究其原因还是得益于其特殊的经营发展模式。正如前文所说，钢材贸易市场的商户多来自于宁德县，故而相互之间常常十分熟悉，合作的双方对彼此的信誉和实力都知根知底，即便双方不甚了解，也可以通过众多的途径真实地了解到对方的实际情况，从而使信息不对称的情况大大降低。所以，通过观察宁德人控制的钢材贸易市场，可以发现，宁德商人之间可以很好合作，放心大胆地为对方提供资金和货物的帮助，乐意分享彼此的社会资源和投资风险。并且在其企业内部的人力资源管理方面，也因为重要的岗位多由自己家人或家乡人担任而不会对其才能做出错误的判断，并不必担心因为对内部职工难以监察而导致企业所有人的利益受到损害。而且，由于"五户联保"、反担保机制以及整个市场共同承担风险的机制设置，市场中的小企业通过主导该地市场的大企业（宁德人自己成立的结算公司、存储中心、码头、担保公司）获得贷款，而大企业则直接向银行贷款，并有担保公司为之抵押。所以在这一套贷款程序中，信贷的提供者只需要了解大企业和担保公司的信誉程度和自身实力即可，无须对贷款的最终获得者有深入的了解，因而减少了信息不对称的影响，可以放心大胆地对钢材贸易企业提供资金支持。由图5－1可以看出，宁德商户同乡之间最重要的互助方式就是信息的共享，这个比例占到83.33％，大部分的商户都认为这是最为重要的互助方式。除此以外，管理经验的互相交谈以及企业文化的相互促进也可以划入宁德商户之间的信息共享机制内，而且这两项所占的比例也相对较大，分别为76.19％和45.24％，这些数据反映了宁德商户在信息共享上不局限于市场信息，而且在企业的管理经验以及企业的文化等方面都保持着良好的沟通渠道，这在实证数据上为宁德商户之间的信息共享提供了较有力的证据，间接印证了后文提到的企业之间不吝交流经营经验的说法。

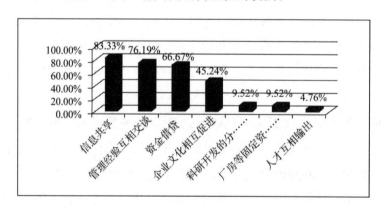

图5－1　宁德商帮同乡之间的互助方式

另外，宁德政府对于宁德商帮在各地的发展，在信息的层面也有着一定的支持作用，同时企业所在的当地政府也为宁德商帮提供一定的便利，例如对宁德商户而言，企业政策的最主要来源是农业局，比例达到55％，其次是发展与改革局，比例为 45％；而且对于宁德商帮的企业而言，获知政策信息的最主要渠道不是新闻媒体，而是政府文件传达，表明宁德商户本身对于政策信息更多的是主动去获知而不是被动地等待新闻媒体的传递。不过相对于其他商户而言，宁德家乡政府所提供的信息对宁德商户的帮助要更加明显，而且针对性也更强。如图 5－2 所示，在调研的商户中，60％以上的商户都认为宁德政府在信息的共享方面为企业的发展提供了帮助，这也是唯一超过50％的一项，表明对于宁德商帮而言，尽管家乡政府为宁德商帮在外发展提供了各种促进及便利条件，但对企业有着实质性影响且也为企业所共同认可的还是信息共享方面。

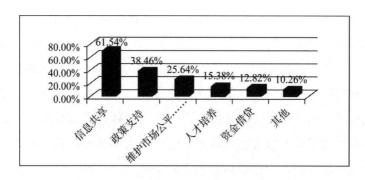

图 5－2　家乡政府对宁德企业发展的帮助

在此不妨以福建省宁德市人民政府驻上海联络处代表市政府为例，看看宁德政府在信息共享方面对于宁德商帮的帮助。驻沪办负责在驻地协调处理涉及宁德市改革开放、经济建设、社会事业发展与党的建设等方面的有关事宜，完成市委、市政府交办的各项任务，是联系上下左右的桥梁、为经济服务的媒介、连结各界人士的纽带、传递重要信息的枢纽和接待来往人员的温暖家庭，是宁德市设在驻地的服务机构、参谋机构、联络机构和办事机构。驻沪办会收集上海重大的政治、经济、科技、教育和社会发展等信息，负责信息的采集、处理、存储、把关、上报、反馈等一条龙服务，扩大信息服务面，掌握信息动态，提高信息的增值效益，把信息及时传递给各个企业。同时，做好企业之间的信息交流工作，保证信息传输网络的畅通无阻。

除此以外，宁德商帮一个很重要的传递信息的平台就是商会。宁德人参与的商会在全国各地略有不同，除了宁德商会，还有福建商会、周宁商会等。商会一般主要致力于全方位对外联络，不断拓展服务渠道，构筑沟通政企的桥梁，及时传达家乡信息，大力宣传宁德在当地的企业家及会员企业。其中对于信息传递最主要的作用有两个，一个是向政府反映会员企业遇到的困难和问题，由会长、秘书长同政府进行对接，及时向政府有关部门反映会员的合理意见、要求和建议，宁德商会在加强企业间的联系沟通，构建政企联系、企业同当地政府部门的联系上都发挥了十分重要的作用；另一个是建立良好的信息平台，主要通过内引外联和有关投资贸易的服务，帮助会员企业开拓市场、发展生产，举办适应会员需要的培训班、讲习班，不断提高企业的整体素质和科技含量，并组织会员交流生产经营管理经验，积极开展联谊活动，增进会员之间的感情，协调会员之间的关系，及时为会员排忧解难。如图5-3所示，商会对于宁德商户而言，最主要的还是信息共享，不过商会的作用也不像家乡政府的作用那样完全集中在信息传递方面，商会在维护公平竞争方面也起到很重要的作用，可能是因为商会的大多数成员都是来自于钢材贸易这一行业，而且宁德的商会在权威方面也获得大部分宁德商户的首肯，因此在行业内竞争这方面，宁德的商会也要维护相对的公平，保证宁德商户的共同获利。

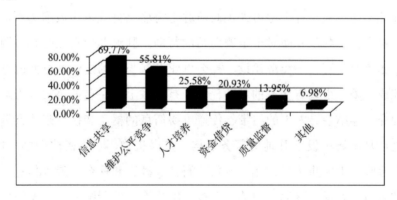

图5-3　宁德的商会对宁德商户发展的帮助

二、制度结构的优势

1. 制度结构分析的背景——商业组织

商业组织作为一种基础性的经济组织，在整体的制度框架和经济结构中有着重要的作用。在理论上，商业组织是经济分析的基本单位之一，既有微观上的意义，也有宏观上的意义。众所周知，微观经济学的分析对象是家庭、企业和政府的经济行为及其绩效。广义上，家庭和企业都可以被看作一种商业组织，因为二者都要参与商业贸易和流通，而且是贸易和交换的基本单位。特别是在由传统经济向现代经济过渡的发展中国家，家庭曾经扮演过的基本生产单位的角色和功能仍旧得到了很大程度上的保留，故而早期的企业形态多为由家族所有并直接经营的企业。但严格来看，商业组织在微观经济学中是被自动省略的；家庭仅仅是消费单位，并提供劳动力；企业仅仅是生产单位，生产出来的产品按照边际生产力进行分配，直接进入了消费领域，二者之间没有任何中介。这是一个典型的萨伊式图景，供给总是自动创造了需求，供需之间不存在缺口，因此不需要贸易和交换，那么商业组织也没有存在的必要。

虽然在严格的理论含义上商业组织不是微观经济学的分析对象，也无法用经典的微观分析框架来解释现实中众多的商业组织，但许多经济学理论都能够对商业组织做出有力的解释，将其纳入经济学的范围内。实际上，最初的市场经济无外乎是贱买贵卖的商业经济，资本积累的最初形态大都为商业资本，资本主义的生产方式和企业制度最初都是从商业流通中慢慢产生的，只是这些方面在微观经济理论中被抽象掉了。作为一种经济组织，商业组织自然成为产业组织理论的研究对象，而在商业贸易中的各种正式或非正式规范、习俗、惯例和法律是制度经济学的研究对象，商业组织的产生、演化和发展则可以用博弈论进行分析。

在宏观意义上，商业组织也是不可忽视的。联系宏观经济情况和商业组织的一个重要概念是交易成本（transaction cost）或交易费用。简单来说，商业组织的主要功能是节约经济运行中的成本，最主要的是运输成本、搜寻成本和交易成本。运输成本或多或少是由自然和技术条件决定，很难在短期内产生较大的变化，商业组织或是通过规模效应，或是通过专业化带来的技术进步，节约了一部分运输成本，匹配了生产和消费，从而使投资和消费不会剧烈波动，这在一定程度上稳定了宏观经济的运行。但商业组织更大的意义在于节约了搜寻成本（search cost）[①] 或信息成本（information cost），即在市场上寻找买卖双方花费的成本。事实上，瓦尔拉斯均衡中的拍卖人就是一个最抽象的商业组织，离开了这个拍卖人，一般均衡是无法实现的，而一般均衡既是微观层面上的均衡，也是宏观层面上总供给和总需求的均衡。然后，商业组织通过中介作用节约了交易成本，包括买卖双方谈判的成本、签约并相互监督的成本等交易过程中难以进入成本函数的成本，显然交易成本的节约能够使微观和宏观经济变得更有效率[②]。

通过分析商业组织的微观和宏观意义，我们可以看到新制度经济学对此能做出很好的解释，二者的框架以及相关的概念有许多共同的内涵，特别是共享交易成本这一新制度经济学的核心概念。North（1990）对制度做过一个较为权威的定义，即制度包括正式规则和非正式规则，正式规则包括宪法、产权制度与合同，非正式规则包括规范和习俗，North 统称其为"博弈规则"，用博弈论的工具来描述制度。制度又可以分为内生（indigenous）和外生（endogenous）以及可实施（self-enforce）和不可实施的，这四组分类基本概括了制度的基本种类。但在《制度、制度变迁与经济绩效》一书，North 明确区分了具体约束的组织和作为组织外部框架的制度，按照这一区分，商业组织似乎更适于从组织理论的角度而非制度的角度进行分析。但事实上，在具体研究中，制度概念的外延十分广泛。青木昌彦（2001）总结了 North 以来的三种制度观，这些制度观都是从"博弈规则"角度来理解的，分别把制度理解为博弈参与人（组织结构）、博弈规则和博弈的均衡策略，不同的定

---

① 有学者把搜寻成本定义为市场型交易费用（R. Richter 和 E. G. Frubotn，p67）。
② 这一结论的证明涉及交易成本或交易费用的模型化和估算，可以参见 North 等人的制度分析。

义取决于分析的目的。因此，组织也可以被纳入制度的范畴，同时引入了制度的均衡、不同状态之间的变迁以及博弈参与者所持有的信念，这些信念关涉到环境与文化。所以，对商业组织采用制度研究方法，这样可对其产生、演变和它的特点、原因做出较为全面的分析，并提供一个分析框架，有助于进行不同商业组织形态之间的比较。

因此，本文采取的方法是制度分析，具体而言，包括制度的历史分析（演化制度分析）和比较制度分析。在许多地方是用博弈的视角来看待某个经济现象的。但在分析过程中，会出现一些纯粹经济学所解释不了或解释得不够充分的地方，届时笔者将尝试引入社会学的一些概念和分析方法，从而对整个现象做出较为完整可靠的解释。

对商业组织作一般性的理论分析，不仅难度极大，而且容易流于空泛，因而在此选取了一个商业组织的经典案例——宁德商帮来展开分析。商帮是一个中国的传统概念，国外文献中较多地称之为商业同盟或同业公会，它泛指商人通过某种纽带而联接成的或松散或严密的群体。宁德商帮是伴随改革开放而兴起的一个崭新商人群体。它缺少如晋商和徽商一般悠久而辉煌的传统，真正兴起的历史不过二十余年，可以说完全是中国的市场经济和资本主义孕育出的商业组织，分析它有助于审视中国当代的商业组织和市场机制的运行状况、特点、发展路径和方向；但这一商帮的兴起同样烙上了醒目的传统印记，背后支撑着的不仅仅是单纯的市场，还包括社会组织和文化信念，后者的作用在商帮演化中特别突出。这就使得宁德商帮具有当代商帮的典型性。

正如马克思在《政治经济学批判导言》中所说，要理解人脑不妨从猴脑开始解剖，但高级的人脑却拥有猴脑的所有典型特征。宁德商帮具有它的前瞻性，但同时也带有许多传统商业组织的色彩，通过解剖它，大家会对中国的传统商业组织和现代商业组织有一个更全面的了解。

2. 差序结构与制度性互补

宁德商帮兴起的过程中，宗族一直是一股重要的力量。传统的社会关系包括亲缘、地缘和业缘。宁德商帮内部无疑有着业缘的联系，但亲缘与地缘往往伴随着业缘，这是中国传统商业组织最显著的特点，在宁德商帮身上体现得尤其明显。一个最主要的历史性原因在于，宁德地区是以家族或宗族为单位形成聚落，因此，亲缘和地缘是紧密结合在一起的。一个村落往往同姓，即使有外姓迁入，几代之后也往往被纳入这个家族之内。为了理解这一社会结构在经济层面的作用，笔者将从以下几个方面来阐述社会结构与经济域之间的互动，从而证明宁德商帮的兴起是一种内生的制度性互补现象。

（1）作为传统整合机制的宗族

许多文献早已注意到了宗族在中国商业组织中的作用，并做了系统化的阐述。[①] 本文在这里只做一个简单的概括和拓展。家庭是社会的基本经济单位，扩而充之为家族，家族再扩而充之则为同乡，同乡成为一个伸缩性极大的地缘概念，范围依据参照对象而定，只要能够被划入同一区域，那么在一定条件下就可以成为同乡。这个区域的外部边界往往为省。由于人的行为是嵌入在这些社会关系当中的，因此宗族和地缘关系能够对经济域产生影响就是十分自然的现象了。这些影响有如下几点。

首先，借助宗族势力和地缘关系可获得资金和人力上的支持。商业资本的原始积累可能有很大一部分来自宗族和地缘关系。前面提到几乎每一个宁德人都有资产投在钢铁市场中，就是一个很好的例子。许多宁德商人最初进入上海时，启动资金都是通过亲戚和老乡募集的，或者借助在上海的一些宁德人获得贷款。在20世纪90年代的浦东大开发中，许多企业都是挂靠在宁德一些集体机构之下，以获得资金的支持。此外，宁德本地为其他地区提供源源不断的人力资源，这一特点被总结为："一人富，带一家；一家富，带一族；一族富，带一村。"

在直觉上，稳定的亲缘和地缘关系可以在原始积累时期以较低的成本融资，特别是在私人融资市场极不发达的中国。在制度经济学中，这种方式被称为"关系型融资"（relational financing），这种融资对应于"距离型融资"

---

① 唐力行：《商人与中国近世社会》，商务印书馆，2003年，第72—89页。

（arm's-length financing），指贷款人和借款人能够在一系列法庭无法证实的事态下完成融资，也就是说，关系型融资往往发生在不确定情况下，或者市场经济较不发达的社会中。显然，一般性的融资模式在这样的环境中成本过高，而关系性越强，关系型融资的成本就越低，这对于宁德商帮的兴起提供了资金上的有力支持。

其次，宗族和地缘力量有助于建立商业垄断，提高参与竞争的能力。物流业是一个竞争性行业，市场准入低，利润率不高，难以建立垄断势力。通过宗族和地缘的整合，不同商人可以维持长期的合作关系，避免掠夺性定价和恶性竞争。亲缘和地缘上的密切联系能够降低违背承诺的行为，因为这会影响背信者在整个团体中的信誉和预期收益。同时，作为一个整体参与市场竞争，不论在资金规模、风险还是议价能力上都有相当大的优势。实际上，宁德的钢铁商人往往共同决定钢材市场的价格。

再次，宗族和地缘力量可以在初期降低道德风险和管理、监督成本。在现代企业中，代理人和员工的道德风险是一个普遍的制度性难题，较为普遍的解决方法是效率工资或剩余索取权的分割，但这并不是帕累托最优的，存在效率与质量的取舍。但亲缘和宗族关系可以取代效率工资的溢价部分，因为相互熟悉，如果出现道德风险问题，就会破坏相互联系的一系列关系，这显然对代理人或员工的今后发展不利。这在整体上提高了企业的效率。

宗族和亲缘关系也存在很多问题，特别是在现代化的经济体中，这种经营模式已被淘汰。那么为什么宁德商帮或者说中国的诸多商人团体在市场化进程中选择了这样一种制度而不是直接采用现代企业制度？要解决这个问题，要进入到深层的制度和文化结构中去研究。

（2）差序格局

"差序格局"被费孝通称为中国农村社会的基本结构。[①] 虽然这最初是一个社会学概念，但这样一种结构所担负的经济或与经济相关的功能却使之成为一种自发的制度。费孝通只用了一个形象的比喻来描述这种社会结构：

---

① 费孝通：《乡土中国》，北京大学出版社，2012年，第21—28页。

我们的格局……好像把一块石头丢在水面上所发生的一圈圈推出去的波纹。每个人都是他社会影响所推出去的圈子的中心。被圈子的波纹所推及的就发生联系。……我们社会中最重要的亲属关系就是这种丢石头形成同心圆波纹的性质。……在我们乡土社会里，不但亲属关系如此，地缘关系也是如此。[1]

这种以个体为中心，借助亲缘、地缘逐渐扩散开去的差序格局源于农业制度，并且造就了一些典型的行为特征。首先是在公私关系上，没有明确的公私界限，一圈波纹外面就是公，里面就是私，因此只能用非正式的礼俗来规范人们行为，而无法实施凌驾于公私之上的法律；其次，人与人之间的交往主要借助攀关系来展开，随着波纹一圈圈往外扩张，很难制定正式的固定合同明确规定双方的权利和义务。因此，差序格局中的秩序不是被契约限定，而是来自日常生活中对习俗和规范的默会和无意识的执行，借助这一方式，各种嵌在其中的制度得以自我实施。由于缺少契约，经济关系往往是一种"人格化"的交易（personalized trading），即根据自然人之间的关系、交情、性格来展开经济活动；道德和法律也常常根据人际关系进行伸缩。此外，在这种差序格局下，家庭演变为家族，其功能从生儿育女扩大到各种日常事务，包括经济方面的事务。在传统社会，宗教、教育、经济事务有较大的稳定性，因此家族内部和之间的联系也固定下来。

差序格局既可以看作基础结构（infrastructure），也可以看作元制度（meta-institution），各种更复杂的制度和不同的领域嵌在这个格局当中，它们的运行方式和特点必然受到这个格局的影响。这就是宗族在中国商业组织形式中占据重要地位的深层次原因。下面来论证在这个嵌入式结构中，宗族和商业组织相结合的机制。

（3）社会资本与互补性制度

在制度演化过程中，常常出现互补性制度。互补性制度是在多样性的制度结构中，不同的社会和经济层面产生互动，形成的相互契合的制度。互补

---

[1] 费孝通：《乡土中国》，北京大学出版社，2012年，第23页。

性制度有很多种，包括战略上的互补性，路径依赖造成的互补性，体制之间的互补性等。[1] 这里我们着重讨论一种移植嵌入式的制度互补以及由此形成的制度演化，这种移植嵌入正是宁德商帮中宗族、地缘等传统势力和现代经济结合的关键。[2]

如图 5-4，假定一开始经济交换域 D_e^0 镶嵌在社会交换域 D_s^0 中，随后在之外出现了经济交换域 D_e^1，原有经济交换域和社会交换域中的一部分人迁移到了新的域中。这个领域具有自主治理机制或自发的制度，但该机制无法单独发挥作用或在新的环境中运行不佳，这时 D_e^1 的参与人逐步建立起一种社会交换域 D_s^1，使得 D_e^1 镶嵌在 D_s^1 中，并同构于相互之间的联系机制。这种同构性嵌入的方式使得原有的制度结构与新的制度结构出现重叠，但不是完全的复制。这种嵌入是共时性的（synchronic），一个社会交换域作为横切面嵌入另一个经济交换域中；同时也是历时性的（diachronic），旧的机制很多都被保留下来，并未消失。新旧之间的同构性使得 D_e^1 和 D_s^1 之间出现了制度的互补。这种制度间的相互依赖构成了演化博弈中的一个均衡。

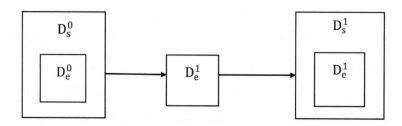

图 5-4　移植嵌入

在这个过程中，关键的要素是社会资本（social capital）。简单来说，社会资本是嵌入在社会交换域中的、通过社会关系获得的资源，它包括两个要素：它是社会结构的一个方面；在结构内它为个体的某些行动提供便利（Coleman，1990）。在社会组织中，社会资本表现为网络、规范和信任的特征，这对集体社会福利的生产和维持是至关重要的（Putnam，1993，

① 青木昌彦、奥野正宽：《经济体制的比较制度分析》，魏加宁等译，中国发展出版社，2005 年，第 8 页。
② 青木昌彦：《比较制度分析》，周黎安译，上海远东出版社，2001 年，第 256 页。

1995a)①。许多研究业已表明社会资本与经济领域关系密切，移植嵌入的过程中，最重要的是社会资本的嵌入。

宁德商帮的兴起是通过社会资本的移植嵌入实现互补性制度变迁的典型实例。1978年之前，宁德是一个以差序格局为特征的传统社会，经济形态为自给自足的小农经济。当市场化改革开始，特别是随着浦东开发的进程，一个新的经济交换域在宁德之外形成。一部分宁德人迁入这个新的领域，随之进入的是差序格局之下的各种社会关系，以及镶嵌在关系中的社会资本，比如等级结构、亲属、朋友关系等。这些社会资本为新的经济交换域构造了新的社会交换域，比如事业有成的宁德商人带着更多宁德人来上海闯荡，这是借助原有等级结构移植和积累社会资本的例子；再如许多宁德人都是和亲戚朋友一起创业，这是借助社会关系的一个例子。另一方面，社会资本在经济交换中方便了交易方获利②，这反过来加速了社会资本的积累，强化和创造社会关系网络。通过长时期的建构，新的经济交换域与社会交换域结合在一起，并同构于原有的镶嵌方式，这使得差序格局和市场经济共同组成新的元制度，在表面上则是呈现出众多宗族和家族特色的商业组织。因此，宁德商帮不仅是一个经济现象，从深层次上说，它是一条制度变迁的路径，该路径的特点是互补性制度的均衡和动态演化。

从实证角度来看，之所以把社会资本放在如此显赫的位置，是因为无法论证物质资本和人力资本在宁德商帮兴起中谁发挥了更大的作用。由于宁德经济的落后，宁德商人在一开始的物质资本都是很匮乏的，早期的物流业也是投资门槛较低、资金流转较快的行业；同时，宁德地区教育落后，绝大部分在沪宁德商人的文化水平都是小学和初中，加上钢材贸易并不要求多复杂的技术和知识，因此宁德人缺乏足够的人力资本。况且物质资本和人力资本与社会关系的结合不如社会资本那么深入，所以只有借助社会资本的移植嵌入，才能形成上述制度变迁的路径。当然，在分析宁德商帮社会资本的时候，

---

① 林南：《社会资本——关于社会结构与行动的理论》，张磊译，上海人民出版社，2005年，第三章。
② 正是在能够获利的意义上，才称这些要素为"资本"。一个最简单的例子就是两个卖同样货物的商人，一个和较为信任的顾客做交易，一个和陌生顾客做交易，前者往往更容易达成交易，这将减少交易过程中的许多成本。

重点放在了宁德商帮相互之间的这种群体的社会资本属性，但是宁德商帮本身也不仅局限于内部的社会关系，在与其他竞争对手以及当地的政府和群众的社会关系上也处理得很好，对于宁德商户而言，行业内的聚集程度很高，而且同竞争对手的关系也保持得很好，这些都反映了宁德商帮在社会资本方面的独特优势；而在与当地政府和群众的关系上，只有不到3％的商户反映关系较差，绝大部分都反映关系较好。这些表明了宁德商户的社会资本属性不仅局限于宁德商帮这一圈子内，与其他的社会关系网络的关系也不差。

从大历史的角度看，宁德商帮的兴起和诸多形态可以被视为前市场经济向市场经济过渡时的产物。传统的观点是在市场经济与前市场经济之间划上一条明确的界限（Polanyi，1944；Hicks，1969），但近来修正的新观点认为原来的乡村或社区规范能够在转型过程中发挥良好的作用，促成互补性的产生。宁德商帮的兴起支持了这种观点。

（4）社会资本、社群与契约

社会资本不仅在制度变迁中扮演了关键角色，在其他方面也有不可替代的作用。市场和组织嵌入在人际关系和等级结构中，这些社会关系往往会加强人们的信任，并惩罚违法背信的行为。从另一个角度来看，社会资本的存在无疑促进了契约的自我实施。这种解释认为，实业集团中的不同成员处于家族、亲戚、朋友、同学等相互联系的网络中，如果集团内部和外部交换关系镶嵌在这个网络中，那么良好的关系将会成为有利的合同实施机制。从这个意义上讲，正如社会资本对人力资本和物质资本存在一定的替代，社区或社群关系和规范也能对法律和正式制度形成一定的替代。因此，家族的、社群的联系和基于市场的经济联系可以一起成为商业集团的特征性事实。

社会资本的另一个作用是补偿合作或联盟的机会成本。在对宁德商帮的调研中，笔者发现周宁商人之间一个典型的"帮带"现象是较为成功的周宁商人乐意任用新进入该市场的周宁人，而且十分信任，往往把经验和技能倾囊相授，甚至帮助联系客户，分享自己的各种市场渠道。在工作了几年之后，周宁人往往喜欢"单飞"，即自己筹集资金来从事相同的事业，相当于原来东家的竞争对手。但原来的雇主不仅鼓励这种行为，还提供启动资金上的支持。

这是宁德商帮内部很有特色的扩张方式，但问题是同一个市场上的周宁商人越多，竞争越激烈，这固然可以通过巩固彼此的商业联系实现市场垄断，但内部的博弈同样减少了商人的利润，构成合作的机会成本。一个可能的原因在于，能力较强、较为成功的周宁商人通过扶持潜在进入者将在社群内部获得更多的社会声望和社会尊重，这会提高他在等级结构中的地位，扩展其社会网络，从而积累更多更有效的社会资本，反过来将提高经济中获利的可能性。普拉特奥和关（Plattean 和 Seki，2000）对日本渔村的调查也提供了类似事例。他们发现生产效率越高的渔民群体越盛行合作性规范，比如积极分享技能和有关最佳捕捞位置与最佳捕捞时间的信息，集体打捞丢失的渔网并进行修补，建立渔业资源的集体提供制度，甚至均分渔业单位的净收入。虽然像集体打捞丢失的渔网并进行修补之类的活动以及对渔业资源供给进行控制提高了市场上的获利，但信息、人力资本以及物质资本和收入的均等化也意味着生产率高的渔民遭受了损失。更深入的调查支持这样一种观点，对集体净贡献较大的渔民会拥有更良好的社会关系，这部分充分补偿了收入的损失。从整体上来看，合作与分享在高效率的组织和结构中更有可能维持下去。

社会资本的第三个作用是有助于社群责任制的实施。2003 年以来，面向周宁商人的担保公司纷纷兴起，这些担保公司往往由声望较高的周宁人管理，为贷款融资提供信用和抵押物的担保，并在企业出现亏损、贷款不能及时归还的情况下负责注资和还款等工作。在调查中了解到，宁德商帮中盛行若干企业的联保制度，而且信用记录极好，违约率几乎为零。这不仅便利了周宁商人贷款融资，还大大降低了单个周宁企业的运营风险。宁德商帮的这种担保制度是靠着内部的社会关系建立起来的，因此这种担保或风险分担其实是一种无形的社会资本，镶嵌在复杂的网络结构内部。事实上，借助这种方式，宁德商帮建立了社群责任制。即作为一个共享某些信念、规范和社会资本的群体，一旦某一个借贷人违背承诺或失去信用，遭受损失的将是整个群体，这反过来促使这个社群做出可靠的承诺，小心维护自己的信用记录。在个人法律责任制还没有建立起来的近代欧洲社会中，这种社群责任制也是十分盛行的，它起到了促进社群之间非人格化交易的作用。对于宁德商帮来讲，它起到了推动社会交换域和经济交换域结合的效果。此外，这也为"帮带"现象提供了更充分的解释，因为社群的扩大有助于进一步降低分担的风险，特别是整体性风险。

在长江三角洲地区，存在大量的周宁商人组成的商会。事实上，商会只是宁德商帮这个社群的另一种组织方式，它与宗族等传统结构发挥的作用在很大程度上是相同的，这里不再重复其诸多的社会和经济功能。需要指出的一点是，当代的商会更多地带有现代色彩，比如会更强调正式契约的签订、实施和保障，在贷款融资上也会采用更正式的申请、担保和偿还方式。传统的社会结构和关系在这里逐渐被削弱。但对于整个宁德商帮而言，包括商会在内的各种制度安排，都在以社会资本为纽带的互补性制度变迁路径中被清晰地呈现出来。

同时，宁德商户在这种社群责任制的指引下，不仅能从宁德的各级商会、家乡政府以及其他同乡处获得信息共享等帮助，同时也负责任地回馈于商会与家乡政府。如图5-5所示，宁德商户对商会做出的贡献中，信息贡献仍然是最为重要的，占到总数60%以上的商户都认为自身对商会做出了信息的贡献；相比于信息贡献，宁德商户认为在管理经验、人才培养和企业文化这三个方面也对商会做出了一定的贡献，不过相对较少；而选择科研开发的商户是最少的，可能是由于调研的商户所处的行业更多的是贸易行业，科研开发对于该行业的影响力不大。而对于家乡政府信息共享等帮助，宁德商户们同时也有所贡献，主要在人才培养、信息共享、税收贡献等方面，而宁德商户中选择了人才培养的排在第一位，税收贡献方面排在第三位，这可能与宁德人多数敢于到外地打拼，而回家乡一般多是在节假日有关，这些情况也在前文有所涉及。

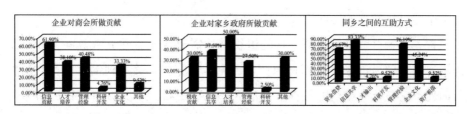

图5-5　宁德商户对商会、家乡政府以及同乡之间的回馈与互助

3. 网络化的商业组织结构与传统乡党结构的有效结合

传统的家族式管理结构是传统中国农村的组织结构。这种依靠血亲、人伦维系社会稳定，进行冲突管理，划分社会职能，进行社会分工的管理模式，与在西方社会产生的注重公平，排斥血亲关系，依靠奖惩措施进行效率管理的企业文化多有抵牾之处。而在不少的大型企业中，乡党与宗族关系更是企业的决策者所唯恐避之不及的，因为一旦先天的、固定的乡党与宗族关系植入了商业组织的制度之中，股东、管理层、员工之间以及互相之间关系会因此而变得更为复杂，原先商业组织的原则会受到极大的破坏，企业的管理制度、经营效率以及盈利能力都将遭受极大的破坏。于是，近百年以来，众多声名显赫的大企业，如 IBM、丰田之流都已改旗易帜，将家族式企业转变成了现代的股份制企业。这似乎说明了依托血缘、宗法，结合乡党结构的家族式的商业组织模式并不可取，但是闽商的经营模式却恰好化腐朽为神奇，依托网络化的乡党宗族关系建立起了网络化的市场组织结构，在众多行业中创造了一个又一个的奇迹。

福建地处武夷山区，外有山岭耸峙，内有低丘起伏，河谷与山间小盆地错综其间，特殊的地理区位和地形使得福建在历史上较少地受到外来的入侵与破坏，因而这里古风犹存，唐宋文化保存尤为完整。故而福建人深得传统中华文化之菁华，深知孝悌之义与乡党之情，思想意识上受传统的儒家文化影响深重。所以，福建人的经营模式自古以来就以血缘宗族为核心，以家族为凝聚力。这种特殊的经营模式有着其他经营方式难以匹敌的优势，在很大程度上弥补了其与现代企业制度的冲突所带来的经营困难，同时也更好地适应了中国市场经济的发展模式，其优势具体体现在以下几点：

首先，钢材贸易市场网络化的组织结构需要从业者建立有效联系的组织网络。钢材贸易市场涉及钢材的批发、流转与零售，关系到钢材生产、运输与消耗，它将分散在全国各省市自治区却又集中在众多大城市的钢厂所生产的钢材以价格机制为调整杠杆，通过代理销售、物资流转的方式将钢材输送到更为分散的全国各地。简而言之，钢材贸易市场就是一张大网，生产出来的钢材在这张大网的内部得以自由流通，通过钢材贸易商人被销往市场需要的地方。所以要使钢材的流动能够充分地满足全国市场对于钢材的需求，保证我国正在高速发展的基础设施建设得以为继，除了需要这张大网覆盖全国之外，还需要其网络内部的不同节点，即不同的商户之间管理有效，协调有序。这样既会使得价格调节与传导机制不会因为市场混乱和机制不透明而失去作用，也会使得某一地区的市场物资供给不因某些商户缺少存货并得不到其他商户的拆借等问题而无法得到保证。所以，钢材贸易市场必须依靠有效的物流网络才能充分发挥其作用，这就要求其从业者必须组成有效联系的组织网络。因此，钢材贸易市场需要植入一种能够稳定联系，并且管理有序的组织网络才能充分发挥其作用。

其次，宗族乡党的组织结构契合钢材贸易市场所需要的网络模式。传统的宗族乡党网络是一种能够对其内部人员进行有效管理的网络系统。在中国传统社会中，宗族作为一种亲属集团，常以一成年男性为中心（称"宗子"或"族长"），按照父子相承的继嗣原则上溯下延。此为宗族之主线，而主线旁更有若干支线，支线排列的次序根据与主线之间的血缘关系的远近而决定。族内为家，家属于族，族是家庭的联合体，故而家之父受制于族之宗子，即古人所谓之"父，至尊也，大宗，尊之统也"。与宗族的血缘亲属集团不同，乡党则是一种地域集团，古代五百家为党，一万二千五百家为乡，合而称乡党。这两种网络结构一直是传统社会的组织方式。宗族网络依靠族长进行管理，而乡党群体则依赖当地有威望之人进行组织，不过在传统的中国农村由于同姓聚居的聚落形态，社会宗族与乡党的管理者往往是合二为一的。虽然随着现代社会的发展，这种管理模式的影响力正在不断地下降，但是依旧对国人的思想观念有着举足轻重的影响。这一点在福建人的身上体现得尤其明显，福建商人团体对其内部有威望的前辈和大企业家十分敬重，经营管理都要听取其意见。

这种依赖血缘和乡情的管理方式有着其显著的优越性。家族利益和地缘关系的一致性使得沟通成本降低，决策过程缩短，从而提高了决策的效率。在家族企业中，决策层大多来自同一家族，各成员对企业外部环境的变化具有天然的、敏感的一致性判断。为了家族利益，决策成员很快会聚集在一起，甚至可以忽略必要的程序，在认同家族利益的前提下很快达成共识，使得决策效率大为提高。另外，家族企业的管理体制以家长居多，创业者一般都是家长或前辈，企业重大决策由他们最后决定。这种家长制的权威领导，可以使得企业决策速度最快。决策过程中消耗的时间和精力大大降低，同时也提高了决策产生效用的效率。

这种通过内部人商议就可以完成的市场调整机制，可以很好地适应钢材贸易零售市场面对货源供给和货物需求的调整需要。当钢材贸易的市场掌握在来自同一个县的客商手中时，这个宗族乡党网络就很自然地植入了钢材贸易的物流网络。这样一来，这个网络内部的货物运送、价格调整、存货调节的决策权就可以由一个地区和家族公认的领头人来决定。这样，可以很好地避免钢材贸易零售商户之间各自为政的问题，可以将分散的商户统一有效地协调管理。当市场上出现需要共同处理的问题时，在领头人的号召下，众商户可以依赖原有的信赖和亲缘关系很好地做到通力合作，而不会陷入囚徒困境，做出有利于自己却损害集体利益，最终多败俱伤的事情。可见乡党、宗族网络在血缘、乡情和文化上的天然纽带，可以有效地编织起物流业所最需要的通力合作的网络体系，契合钢材贸易市场所需要的网络模式。

再次，企业管理方式的家族制与合伙制的有效结合。福建宁德商人的钢材贸易企业既采取族制，也采用合伙制。家族式的管理方式是中国南方民营企业中常见的企业股东与管理者全部来自一个家族甚至一个家庭的组织形式。在访谈得到的信息中，我们发现宁德的企业管理人员百分之七十五是董事长本人兼任或家人担任，明显是家族式企业的管理方式。家族式企业有着显而易见的组织优势。在创业初期，家族企业可以借助家族成员之间特有的血缘关系、亲缘关系及相关的社会网络资源。另外，在当前的中国市场经济制度条件下，相关控制制度不完备，市场风险还比较高。在这种情况下，如果要寻找可靠而又能干的非家族人员来参与管理，所有者要付出很高的成本。于是找亲属来占据企业主要的管理岗位，是回避风险和降低成本的现实选择。并且因为亲属之间长幼有序，有辈分等级，这样就容易协调处事，即使有小的矛盾，也可以通过成本较低的手段来解决。家族成员彼此间的信任及了解要远高于其他非家族成员，因此他们之间所担负的心理契约成本大大低于非家族成员，这使得家族企业的监督成本较非家族企业要低得多。从上面的分析我们可以知道，家族文化的确对企业产生了很大的影响，可以通过互相之间的认同感极大地降低管理成本，增加管理效率。而在一个非家族企业里，企业主不得不设计出一套足以让所有者信任的监督制度，建立起一套切实有效的监督机构，而这必将加大企业运行成本。现实中大多数家族企业的所有者和经营者事实上是合二为一的。这一特殊性使得企业内部组织结构的形式往往表现为董事长兼总经理，即决策层与执行层实际上是重叠在一起的，而不是两套独立的机构。这就使决策层与执行层之间的信息传递过程不存在，并且无论是在决策层还是在执行层这个单一层面上，企业的各种信息传递都较为通畅。这是因为事实上的信息传递，是在执行层这一个层面上进行的。家族成员之间特有的信息传递程序，会使各种信息汇聚至以创业者为中心的决策层的速度大为加快。而家族企业特有的二合一模式又必然导致决策被执行的速度快、效率高。

与家族企业决策执行速度快、效率高及互相之间可以获得充分信任不同，合伙制与股份制企业拥有融资上的优势，其资金范围可以远远超出某个家族可控范围，并使得企业可以获得更多的社会信任和社会资源，可以迅速地促进企业的发展壮大。

宁德人的钢材贸易生意就是将这种管理制度有效结合的典范。就其钢材贸易市场中的单个商户来说，其企业的组织形式既有家族制，也有合伙制。但纵观整个宁德人麾下的钢材贸易市场，却可以将之看作为一种合伙制的管理体制。这是因为，无论是由各商户所共同建立的硬件设施，还是各个商户之间频繁的资金、货物互助行为，以及各个商户相互分享的市场资源，都符合一个合伙制企业的特征。宁德人通过互相救助和共同分享行为，使得整个钢材贸易市场犹如一家大型的合伙制企业，是在依托单个企业家族管理的前提下，在领头人的带领下进行协商管理，促进市场迅速发展。

三、历史文化优势

1. 宗族文化优势

（1）宗族文化对宁德商帮的影响

特殊的自然禀赋，历经岁月的洗礼和历史的积累，逐渐沉淀出宁德文化所独有的丰富内涵。宁德商帮作为福建商帮的一部分，既是福建文化和客家文化的结合部，又是沿海文化与农耕文化的综合体。宁德市地处我国海岸线的中点，海岸线长达 878 公里，海域面积 4.46 万平方公里，浅海滩涂面积 9.34 万公顷，均占全省的 1/3 左右。沿海文化的核心在于抱团，也就是"帮"的概念。这里的人们在同海洋搏斗的过程中意识到了个体的渺小和团结的必要，并培养出其博大的胸怀与认定了就会一直走下去的坚定信念。农耕文化则体现为强烈的宗族观念和对血缘的重视。他们带着祖宗遗骨走出故土，一路走一路奋斗，品尝创业的艰辛，收获成功的喜悦。

具体而言，宁德地区的文化底蕴大体有以下三个方面：

一是"情"，即乡情、亲情、友情的结合。由于家乡的面积较小，乡里乡亲之间的感情非常深厚，长期以来便形成了互相帮助、互相信任的习惯。来到上海之后，人们"亲帮亲，邻帮邻，朋友帮朋友"；在遇到资金困难时只需打一个电话，对方不问用途、不问归还日期，只要手里还有剩余资金就会毫不犹豫地伸出援手。这在很多地方连亲兄弟之间都无法做到的完全信任，却在宁德商帮这个大范围的群体中实现了，不得不说是一种奇迹。在福建，往往会有这样的事情出现，就是一个人在外发达了，他会返乡带动自己的亲戚，将他们引入这个圈子，继而全村人都因为他通过这一个行业而实现致富。不仅是互相拉动脱离贫困，在日常经营中，福建商户也是如此。周宁钢材贸易商人常常使用一种叫作"五户联保"的贷款方式和互助模式，即五户结成一个互助的小团体，共同为其中某一户的贷款提供抵押，一旦其无法偿还贷款则五户共同偿还，联保制度下的五家商户也会同时一起合伙做生意，共同接受大的钢材合约。当然周宁钢材贸易商人的合作圈子也不仅仅是组成联保的五户，一旦有大的项目和工程，需要巨额的融资或大量的原材料，同乡们要么会互相帮忙，以极低的利率拆借资金和存货来保证拿到生意的商户能够应付需要，要么其他的商户会被请入生意中来共同为需求者提供货物。可见周宁人从来不是孤军奋战，而是共同成就大事。就互助方式而言，从家乡刚刚被带入钢材贸易圈子的新加入者既可以以个人身份加入原有的公司，也可以以成立自己公司的方式同其他商户进行合作。不管怎样，虽然新加入者在成熟之后会开辟自己的市场，但他绝不会强抢其他公司的客户，破坏周宁人之间的合作关系。从宁德企业互助方式的统计中可以明显地看出周宁钢材贸易商人之间在信息共享、经验交流、资金拆借方面深层次、广泛性的合作。

二是"穷"。以周宁为例，当地的地理位置较差，交通不便，资源相当匮乏，人均耕地不足一亩，而且完全是山田，贫瘠多丘，难以耕种。恶劣的生存环境使得人们从很早以前就有被迫外出打工的经历，并与温州人一样形成了闯天下做生意的传统。古人道"生于忧患"，越是艰苦的自然环境越是能激发出一个地区人们的艰苦奋斗精神。福建本地欠佳的自然资源直接赋予了福建人吃苦耐劳的精神，使得福建人踏实稳重、敢于担当、不怕吃苦，这是福建商帮无论从事哪一个领域都能迅速占领该领域全国市场的一个重要原因。福建商帮能有今日的市场地位，最直接的原因就是他们吃苦耐劳的精神。在周宁人刚刚进入长江三角洲的钢材贸易市场的时候，市场还是掌握在本地人的手中。长期以来缺乏有力的竞争对手，以及江南地区有利的地理位置和交通条件，使得此地的钢材贸易经营商们缺乏服务意识。由于货物能较快地出售，所以一般是客户找上门，去找他们要货。但初来乍到的福建人却不同，他们既缺少此地的人脉，也缺乏市场信誉。于是，在创业初期的周宁人常会推着单车去各个工地挨个问需不需要钢材，需要什么型号的钢材，哪怕是一根钢筋他们也会送货上门。正是这种吃苦又负责的精神让他们逐渐得到了当地人的信赖，占领了当地市场。虽然，如今众多的福建商人已经取得了不小的成就，不再为贫乏的资源而被迫奋斗，但福建人本身所具有的乡土精神依旧没有改变，他们无论走到何方，财富多少，依旧不忘艰苦奋斗、吃苦耐劳的本分。

三是"变"，穷则思变。为了生存，人们纷纷离开家乡外出打拼，上海成了他们的第一个大本营。他们在这里学到了制胜的本领和诚信的理念，并探索出一种成熟的、可复制的商业模式。举例来说，周宁县是宁德市下的一个贫困县，它地处闽东北山区，地势陡峭，几乎没有平地，土地贫瘠，作物产量不高，也不靠海，不能发展养殖业。同时，山区的交通十分不便，山路十分崎岖，很少有外人进山，更不用说是投资建设。生活所迫，周宁人不得不出外打工，与其说是周宁人自力更生，还不如说是被逼出来的。这也是为什么其他较富饶的地区没有闯出一片天的原因，只要能够生存下去，很少有人会不畏艰苦出外打工。而敢于思变，促使宁德人在闯荡的浪潮中发展总结出一套宁德商帮持续保持竞争力的商业运营模式，并在经济的大幅波动下仍保持良好的发展态势。

绝大部分的商户都会认为家族文化对企业的发展有着很大的促进作用，只有少部分（不到3%）的商户不认同这一说法，如图5-6所示，这表明对于宁德商户而言，其家族文化还是对企业员工的社会关系网络、经营策略与模式等有着一定的影响作用，这种情况在南方的商户中应该尤为突出。当然，这种文化的影响更多反映了整个福建地区商户的一种宗族依赖，只不过在宁德商户中也有着突出的表现。

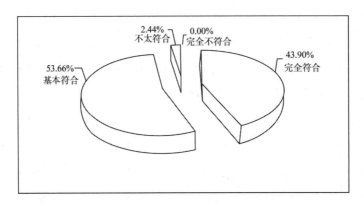

图5-6　家族文化对企业发展的促进作用

具体来说，宗族的文化对宁德商户的影响是多方面的，不仅为宁德商户的员工和老板提供了一种打拼精神和变通思想的源泉，更加重要的是使宁德外出的人保留了浓厚的"情"之意。这也是我们在调研中所重点关注的一个角度，毕竟对于宁德商帮而言，之所以能够在全国各地、在钢材贸易乃至于其他各行各业有如此大的作为，"情"的牵引是绝不可缺的。这不仅体现在前面提到的社会关系网络、制度结构以及信息网络，也同时体现在企业对待员工的文化之中。如图 5－7 所示，大部分的企业都表示在扶持老弱、家庭和睦以及同乡友谊等方面有所作为，这些与宁德商帮中一直牵引着彼此的"情"之一字是分不开的。

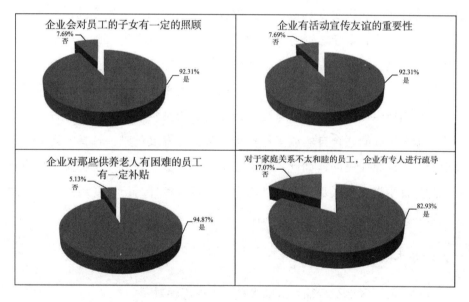

图 5－7　宗族文化对企业员工文化的影响

（2）闽地宗族文化与北方的差异化发展

自古以来宗族关系都是中国传统社会的重要一环。在法治为基础的社会制度不健全的时代，宗族之规对乡邦起到重要的制约作用，成为封建皇权统治下的社会秩序的重要补充部分。随着社会生产的发展，区域间经济文化交流范围不断扩大，地域性的血缘宗派关系渐渐受到削弱。而大一统王朝不断巩固发展，儒学的大一统观念成为封建思想文化的核心，这也使得血缘为纽带的宗族观念一定意义上站到了封建皇权的对立面。在作为汉、唐、宋、明等统一王朝统治中心的北方、中原地区，以血缘宗族观念为核心而凝聚形成的世家大族、地方门阀在一次次的战乱中受到摧毁或驱逐，又在稳定统一的时代遭到中央统治者的打压，逐渐不复旧观，而其宗族文化也逐渐被同化于自中央集权而形成的大一统的社会秩序内。

但考察南方，特别是福建地区的文化观念变迁，血缘宗族观念却没像北方一样呈式微之态。这种发展的差异化主要是自然环境与历史变迁所塑造的。

从自然环境看，福建地区地处南方海疆，历来远离封建政治中心，加之地形之利使其极易割地自守，受到的中央皇权压迫远少于北方，大一统观念自然单薄许多。从历史变迁看，北方游牧民族多次南下引发战乱，致使北方人民南迁，而能有南迁之资力与人力的必然又是原有世家大族，这就给闽地宗族文化的维系及强化提供了人群基础。这些南迁的人口往往举乡携族，在入闽过程中长途跋涉、路途艰险，需要以宗族为单位结伴而行；入闽之后又面临着与当地原住民的矛盾、与当地相对贫瘠的自然资源的矛盾等种种生存压力，加强宗族的联合自然成了他们维系生存与发展的唯一选择。而对于闽越后裔等当地原住民同样如此，为了维护自身利益，势必在与移民争夺生存资源的过程中强化宗派观念和排外心理。在自然条件与历史变革互为依托之下，宗族文化在闽地得到了良好的保留与发展。

2. 学术思想与性格特点

(1) 宁德地区地缘特征导致的多种学术思想辐射

宁德所在的闽东地区，正处于闽北、闽南和浙江温州三角形的中心。由于此地缘之利，闽东处于闽北朱熹闽学派的"调和"思想、温州叶适永嘉学派的"事功"思想和闽南李贽泰州学派的"商农并重"思想各自的文化辐射区内。三派存在时代、所持观点各不相同，但均给宁德地区留下了各自的独特印记；而宁德人由于地缘与历史沿革而形成的独特包容性，也使他们得以兼收各家思想而形成其重视实用的思想特征。

①朱熹与其调和思想：朱熹（1130—1200），字元晦，一字仲晦，号晦庵、晦翁，南宋著名理学家，闽学派代表人物。他在经济上继承传统的重本

抑末思想，强调农业是民生根本，从这一点来说，对于闽东人商业思想的发展是阻碍的。但其调和思想在山民身上得到明显体现。朱熹曾在致宰相王淮的信中指出："明公试观自古国家倾覆之由，何尝不起于盗贼；盗贼窃发之端，何尝不生于饥饿。"他在《劝谕救荒》《劝农文》等文告中往往就地主、农民双方分别劝谕，既要求地主减租、宽限，又要求农民自觉交租，力求缓和矛盾。朱熹在闽北设帐授徒时，即有古田籍士人20多位师从于他。当朱熹来到古田及闽东各县讲学时，闽东士人追随朱熹者更众。古田溪山书院和魁龙书院、古田杉洋的蓝田书院、宁德八都的浣溪书院、宁德九都的螺峰书院等均迎来过朱熹及其弟子的讲学，可见其学术对闽东的影响。

②叶适与其功利主义思想：叶适（1150—1223），字正则，学者称水心先生，永嘉人。他是永嘉学派的代表人物，持唯物主义观点，强调"道"存在于事物本身之中，"物之所在，道则在焉"。反对空谈性理，提倡"事功之学"，也即今日所说之功利主义。他在经济方面的思想主要有：（a）义利之争——重义而不轻利。叶适明确反对传统思想中"正其义不谋其利，明其道不计其功"的观点。他指出："无功利，则道义者乃无用之虚语耳"，应当把义理与功利结合起来，将"义"作为养"利"的手段。（b）本末之争——重视工商业者的地位。他反对传统中"重本抑末"的倾向，以古圣先贤为例，说三代"皆以国家之力扶持商贾，流通货币"，到汉代始行抑商政策，并非正论。他还主张提高工商业者的社会地位，认为工商之民也可以进入士的行列。（c）富民思想。"保富论"是叶适思想的核心。他强调许民求富、保民之富，反对"抑兼并"和行井田制，为富人辩护，因为作为国家的根基，富人理所应当需要受到保护，不容抑制损伤。（d）重视理财。传统时代人往往"讳言财利"，而叶适则强调古之圣贤皆擅理财，同时又指出"理财与聚财"相异的区分，认为应当"以天下之财与天下共理之"，即除国家政权之外，人民理财也被包括进去。

③李贽与其商农并重思想：李贽（1527—1602）泉州人，初姓林，名载贽，后改姓李，名贽，字宏甫，号卓吾，别号温陵居士、百泉居士等，明代泰州学派宗师。在李贽生活的明嘉靖、万历年间，中国封建社会内部已经出

现了资本主义萌芽，李贽的故乡泉州，工商业发达，对外贸易频繁，已成为东、南、西洋的总口岸。这种萌芽状态的资本主义生产方式，尽管当时还很微弱却是代表着新的生产方式，具有其生命力。市民阶层思想伴随着资本主义萌芽而兴起了，而李贽的经济思想正是代表了新兴市民阶层的利益。(a) 泰州学派的百姓日用之学。李贽以人生最基本的自然要求为道，把道具体化为穿衣吃饭，认为道不在于禁欲，而在于满足人对物质生活的追求。从"势利之心乃吾人秉赋之自然"这一命题，李贽进一步提出"人必有私，私者，人之心也"的观点。(b) 商农并重的思想。李贽指出："商贾亦何可鄙之有？挟数万之资，经风涛之险，受辱于官吏，忍诟于市场，辛勤万种，所挟者重，所得者末。"与叶适一样为工商业者辩护。(c) 自由竞争思想。承其商农并重的思想，李贽认为弱肉强食是自然规律，部分小商品生产者在竞争中被吞并也是自然规律，如果人为地加以干涉是"逆天道之常"。

(2) 宁德商人的性格形成——商帮发展的重要条件

①民众来源多样：宁德地区的居民除原住古越民外，更多是北方迁入移民，而这势必使其人民拥有多源的家族性格。宁德移民比例很大，这些移民不仅在空间上来源范围广，时间上也有着很长的跨度，例如宋代及宋代之前迁入川中汤氏等 14 姓，元代迁入首洞何氏，明清两代迁入虎冈杨氏等 8 姓。这些家族来自天南地北，部分家族如刘氏、李氏、魏氏甚至为汉唐等朝皇室或重臣后裔，给宁德带来了各自家族原在地域的文化性格。而在千百年来不断迁入、交流、融合的过程中，这些不同的家族文化也渐渐将宁德人的性格塑造成了一个兼备各地特征的复合体。

这种性格上的多源为宁德商人带来的是更加宽广的视野和接受力。在小工商业者劳务输出的初期，他们借此能更容易适应周边各县的环境，与各县人民取得更多的共同语言，进而赢得更多、更稳定的客户，同时有助于降低获取市场信息的成本，增加长期交易、合作的可能。随着交通的不断发达，宁德商人越走越远，这样的多源性格也同样帮助他们能够更容易地在华东乃至从华东出发辐射的全国各地更快站稳脚跟、谋求发展。近年来宁德商人兴起回访其姓氏历史源头、寻根问祖之风潮，这一方面是出于一种文化认同的需求，另一方面在文化联结、寻根的意义之外，又何尝不是一个寻找与拓展商机、获取更多更深入商业交流渠道的重要切入点。

②宗教信仰多样：宁德商人性格中的包容、适应能力同样有其民间宗教信仰的历史沿袭因素。福建地区的宗教信仰长期以来都有着多种信仰并存，甚至显得纷乱的特点。除原住民闽越族和畲族各自的原始图腾崇拜外，还有汉唐以来中原移民带来的佛道二教、宋元港口开放之后域外商贾带来的伊斯兰教、摩尼教、印度教、古基督教、天主教等，以及本地一度盛行的白莲教、罗教等杂教。宁德地处闽东内陆，加之开发较晚、交通闭塞，在外来宗教方面不像闽南沿海一带一样繁盛，但也同样具有多信仰并存的特征。从大型宗教来说，宁德民间有影响力的主要有佛教、道教、基督教。其中佛教在唐末传入，传入最早，影响最大；境内道教活动则始于明代，相比佛教和基督教规模较小；基督教是在清光绪十年（1884 年）传入，民间信徒也不少。除此之外民间还有更多更杂的鬼神信仰。百姓婚嫁、丧葬、动土、迁居等均有讲究，为求安居乐业百姓往往不愿得罪任何一部分人所信仰的鬼神，也就使得其民间偶像队伍不断扩大并走向普遍化。其主要信仰有：文武圣（孔子、关公）、奶娘陈靖姑、林公林亘、土地公、孙大圣、天后（妈祖林默娘）等。

前文所言思想上的包容性，正是多宗教多鬼神兼信的局面存在的土壤，而形成这种包容性的环境、历史因素也正是形成宗教信仰状况的原因所在。这样的信仰对民间生活习俗、文化习惯产生了巨大的影响，对宁德人外出经商更提供了不可忽视的帮助。正是多信仰的特质使得山民可以在不同环境下能有不同的信仰招牌，以此融入不同阶层、不同信仰地区和人群，获得更加充分的商业信息和更加广泛的潜在客户与合作伙伴，这无疑增强了宁德商人的适应力。

③敢于冒险的拼搏精神：正如其歌曲所唱《爱拼才会赢》，福建商人历来有敢冒风险、进取拼搏的精神传统。第一，闽越族在古时就以民风剽悍著称，在中原王朝统一全国的过程中福建往往是征服过程最为艰难的地区，可以说福建人血脉中就有一种勇猛精进的传承。第二，历代封建王朝的统治多以北方为重心，福建因地处偏僻受中央控制力度小，使得其人民养成了思想桎梏

较少，相对自由的性格。第三，宋元明清海上贸易的扩大也大大刺激了福建人类似于西方航海家的冒险精神，加之海上贸易往往疏于制约，也就使福建沿海地区商人更加自由冒进。如图5-8所示，在这次调研中超过一半的商户认为自身外出打拼有着福建商帮文化传统的"爱拼才会赢"的拼搏精神做支撑。而且我们在调研中发现，不少商户本身都有着公务员或教师等职位，但是勇于打拼的精神促使他们下海经商，打下了现在的一片天地。这也从侧面体现了宁德商户中部分人员有着一种"儒商经营"的策略。

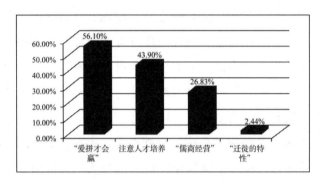

图5-8 体现在宁德商户中的福建商帮文化特点

无锡的一位钢材贸易商户林总，原先是宁德市中宁县法院的一位编制人员，一开始还安逸于原先的生活，但在2004年的时候由于一系列的触动，终于决定走出宁德，从事钢材贸易这一行业的工作，开始了自身的打拼生涯。刚开始起步的时候，林总选择先在上海帮表弟做几个月，也算是熟悉钢材贸易这一行业的一些具体操作性的知识。而且由于在2004年的时候，林总还未满30年提前退休的要求，基本上都是通过各种请假来推掉法院那边的工作，直到2005年的时候才正式办理了提前退休的手续。从2005年开始，林总向银行贷款——当然是低于5万元的个人小额贷款，以家里好几个人的名义贷了30万元，还向老家熟悉的一些朋友借了一笔钱，凑足100万元，在无锡的钢材贸易市场迈出创业的第一步。之所以选择无锡，一方面是由于上海钢材贸易的企业已经很多了，上海的钢材贸易企业资本大，而且整个市场也基本成型，100万元投入到上海的钢材贸易市场中只是一笔小钱，如林总介绍说其表弟的总资产达到了3 000多万元，100万元投放进去也不过是1/30，还不如在一个小地方自行创业；另一方面林总也看好无锡的发展前景，尽管无锡相比上海只能算是小地方，但是由于地理位置较好，而且市场的需求量较大，因此发展的前景很好。一开始林总要早起晚归，整天往工地跑，而且还只是坐黑车过去，后来环境稍好便换成电瓶车。刚起步之际还是十分艰苦的，而谈妥了第一笔生意——一个100多吨的钢材零售后，他总算赚了第一笔资金10 000多元，从此开始逐渐步入正轨。现在林总的博盛钢材贸易公司已经成为钢厂的代理商，代理的钢材达到四千万到五千万吨，而融资方面也从一开始的低于5万元的个人小额贷款，逐步达到现在的负债资产比为60%——即贷款达到三千万元的较高层次。这都是宁德商户们勇于打拼而闯出来的一片天地。

第六章　宁德商帮商业运营模式的劣势及建议

一、宁德商帮商业运营模式的劣势

1. 民营企业的整体困境

改革开放以来，民营企业虽然得到了一定的发展，但也经历了相对较多的困难。民营企业受到了很多政府部门的调查；民营企业大多位于产业链的末端，一旦调控政策出现紧缩，会最先感受到压力和风险；大型银行贷款审核条件相对苛刻，民营企业发展规模受限。

民营企业的挑战主要来自商业和社会两个方面。商业方面，如何在持续的竞争中保持创新能力和人才优势、如何在全球一体化和互联网迅速发展的变革时代中满足市场需求是民营企业亟待解决的问题。社会方面，在由封闭转向开放、由政府管理社会到二者分开的转型时期，社会的价值观念正在重塑，各种社会组织被催生出来，民营企业和企业家的角色面临重新定位的考验。

虽然政策在整体上有效促进了企业的发展，但仍然存在以下几个方面的问题。

首先是政策的连续性较差，缺乏预警。比如信贷政策的突然从紧，使得企业的成本上浮了20％到70％不等，银行的贷款也有部分无法到位，不少企业因无法承受成本的上升或因资金缺乏不能履行已签订的合同而纷纷倒闭。即使企业侥幸撑过难关，也会因信誉受损难以恢复而面临经营困境。政策的随意性产生了非常大的负面影响，带来了产业链和社会层面的深层问题。

其次是对于民营企业的保护不足。虽然企业应该承担相应的社会责任，但在其发展过程中仍然需要政策的关怀和培育。民间流传着这样的说法："政府开口子，企业掏袋子"；"你办企业我欢迎，企业倒闭我同情"。以《劳动法》为例，它的颁布保障了雇员的合法权利，其正面意义无可厚非。但《劳动法》在提高企业成本的同时并没有出台相应的扶植政策，企业的工资成本骤然加重，难以消化。

最后是具体政策的制定问题。作为一个大国，中国的经济发展情况比较复杂，很难做到客观、全面地把握整个局势。另一方面，统计数据中存在的水分也使得决策部门无法认清真实国情。以担保公司为例，国家对该行业进行规范的确能够促进其健康发展，但在实施监管的过程中，不是无人管就是多个部门同时管，导致"一放就乱、一管就死"这一尴尬局面的出现。

2. 钢铁生产和需求状况的制约和限制

宁德商帮所从事的钢材贸易行业，是整个钢铁产业链的重要一环。考察钢材贸易行业的发展，就需要我们对其上、下游行业进行多方位考察，全局把握钢铁产业的现状。考虑到钢材贸易行业联结钢铁的生产和需求，因此对其上、下游行业的考察，着重分析的就是钢铁的生产及需求。

请看钢铁的生产。首先在宏观层面上，我国钢铁生产行业的发展正受到国家政策层面上较为严格的限制。"十二五"规划纲要在节能减排方面可谓是重拳出击，国家计划在"十二五"后实现"非化石能源占一次能源消费比重达到11.4%。单位国内生产总值能源消耗降低16%，单位国内生产总值二氧化碳排放降低17%。主要污染物排放总量显著减少，化学需氧量、二氧化硫排放分别减少8%，氨氮、氮氧化物排放分别减少10%"[①] 的目标。要实现这些目标，工业领域的节能减排自然是工作的重点，而钢铁生产行业又是工业领域规模最大、最具代表性的高耗能产业之一，可谓重中之重。因此，这一

---

① 《国民经济和社会发展第十二个五年规划纲要》"绿色发展、建设资源节约型、环境友好型社会"篇。

行业在未来将面临何种政策导向，是不言而喻的。其次，具体到钢铁生产行业本身而言，由于目前我国存在着较为严重的钢铁产能过剩、钢铁业效益低下的问题，淘汰落后产能以提高资源的优化配置势在必行，这将会对钢铁生产行业产生负面冲击。再次，目前能源和原材料价格颇高，钢铁生产行业在很高的生产成本之上运行，势必不利于其长远的发展。综合以上几点可以看出，在未来一段时期内，钢铁生产行业将面临较为严峻的挑战。而钢材贸易行业与钢铁生产行业可谓休戚相关，后者的不景气肯定会对前者造成十分不利的影响。

至于钢铁的需求分析，由于钢铁的需求结构本身的复杂性，这里将需求简单划分为工业用钢需求与建筑用钢需求，二者又各自涉及许多方面。其实这一事实本身可以被看做是钢材贸易行业发展的一个利好，因为风险被分散化了，任何一个单一领域的变动不会对钢材的整体需求造成过大的冲击。在各种需求之中，建筑用钢需求显然是较为重要的部分。就这一部分而言，虽然上海浦东等地的建设已基本完毕，钢材的需求趋于饱和，正如宁德商帮已然发展到了上海周边的江苏、安徽等地，并还在向全国各地扩展；但是，宁德商户集聚地区有着较为广远的辐射范围，其贸易对象也并不局限于当地；何况向长远看，当这一轮建设所形成的钢材需求基本饱和后，上海等最先建设起来的地区又面临着新一轮的再建设问题。因此，宁德钢材贸易行业的未来发展有着较为稳定的市场需求作为支撑。但同样值得注意的是，目前，对于钢材有着较大需求的房地产业正处于政策调控阶段，受到了较为严格的限制，各地房屋建设放缓，而这种放缓在短期内显然将会对钢材贸易行业产生较为不利的影响。

3. 钢材贸易经营有待进一步规范化

由宁德商人创办的钢材贸易公司数量众多，扩张迅速，尽管多数都通过自身的努力以及同乡的帮助得以发展，但也难免鱼龙混杂。在我们的访谈中，就有老一辈宁德商人表现出对年轻一代的担心。虽然宁德商帮的年轻一代继承了父辈的探险精神，上进心强，但是，他们往往求成心切，从事超出自己能力的经营活动，导致企业的规模不合理，资金周转不灵。而一旦资金方面出现问题，或是向其借款的其他商户受到拖累，产生连锁效应；或是向其贷款的银行难以收回贷款，蒙受损失，就会扰乱正常的市场秩序，抹黑宁德商帮这一群体在银行和政府眼中的形象，有损商帮商誉，不利于宁德商帮在今后的发展。据悉，针对类似情况，相关部门已加强了对钢材贸易行业的监管，并进行了一定程度的整顿。此外，由于商户数目很多，而规模较小，因此对他们的监管就相对困难。据当地政府工作部门反映，目前宁德商户中还普遍存在着逃税等不规范经营行为。

显然，如果扩张或盈利是建立在"非理性"和"超规则"之上的，那么，一旦有朝一日"退潮"了，即监管与整治的力度加强了，那么宁德商户的这些问题将暴露无遗，其生存和发展必将面临重大的挑战，竞争能力恐怕大不如前。因此，为了实现健康发展，宁德商帮有必要加强自我约束，实现稳健与规范经营。

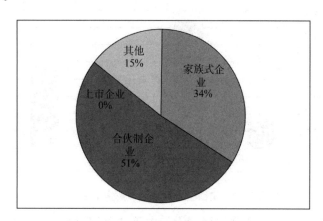

图6—1　宁德企业商业模式汇总

规范化的另一个方面是指，虽然对于处于起步阶段、规模尚且有限的一般宁德商户而言，家族式经营适合其自身特点，对其发展有促进作用，但是，随着商户经营规模的扩大、实力的提高，其在发展之初所自然采用的家族式的经营方式，将不再符合企业发展的要求，可能导致一定的负面后果。因此，要想将事业做大，建立较为规范的公司法人治理结构，是十分必要的。值得注意的是，这种公司法人治理结构的建立，不能仅仅流于形式，止于"设立了董事会""设立了监事会"，而是要真正实现权力的转移、分配、限制与监督。在今后的发展过程中，对于那些做大做强的宁德商户来讲，如何实现由家族本位观念向公司本位观念的转变，是一个重要的议题。

4. 资金筹措的局限性

钢材贸易行业对资金的需求量非常大，因此，如何处理好资金的筹集问题，在宁德商帮经营中显得至关重要。而资金筹集问题中，最为突出的是银行贷款问题。宁德商户普遍反映，虽然他们在经营中更重视对自有资金的运用，但是，一旦面临重大经营项目或是诸如扩大规模等对企业经营的重大调整，融资就显得十分必要。而对于这些商户而言，除去亲戚朋友间的相互拆借外，唯一的融资手段就是银行贷款。

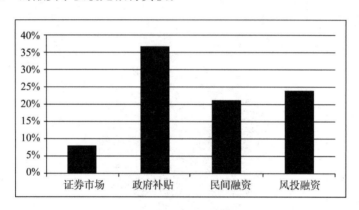

图 6—2 宁德企业计划融资渠道汇总统计

谈到银行贷款，从微观层面来看，由于从事钢材贸易行业的企业属于中小型流通型企业，固定资产配置较少，即可用于贷款抵押的资产较少，因此，它们向银行贷款存在一定困难。担保公司的存在以及宁德商户相互之间的联保，对解决钢材贸易商户的贷款问题意义重大。可以说，没有了担保公司，宁德商户的钢材贸易经营就难以维持下去。这正是钢材市场一定要有担保公司配套的原因。

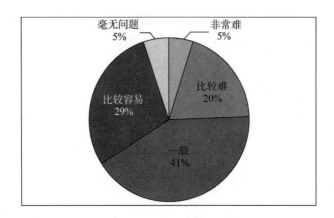

图6—3　宁德企业获得贷款难易程度

　　而从宏观层面上看，我国的信贷政策对于宁德商帮的发展影响巨大。2008年虽然时值金融危机，但正是因为银行执行了相当宽松的信贷政策，钢材贸易市场才得到前所未有的扩张，很多无锡的市场也正是在这一时间内建立的。但是进入2009年以来，为了应对当前的通胀压力，我国的货币政策日益紧缩，对信贷投放的限制逐步增强，商户的融资成本上升，融资难度增大。有的商户向我们反映，利率上升等原因，使其融资成本较往年增加了25％左右，高利率成为制约其发展的最主要困难。高利率使得宁德钢材贸易行业高速发展的步伐逐渐慢了下来，宁德商户中出现了如果不涉足股票、期货等就无法赚钱的情况。而期货投机稍有不慎，就会给钢材贸易经营带来毁灭性打击，而且许多担保公司也不允许其承保企业进行期货等投机活动。

　　当然，信贷紧缩给不同商户带来的影响也是不同的。一方面，在创业之初，宁德商户的资金主要来源于亲朋好友之间的拆借，受银行信贷政策影响较小（事实上，当信贷收紧时，其亲友的资金状况也将恶化，恐难有富余资金用于拆借。如考虑到这一点，信贷政策对于起步阶段的宁德商户而言，影响也是颇为可观的）。而要想进一步发展，将生意做大，就必须依靠银行贷款。另一方面，宁德商户注重自有资金的积累与运用，因此，那些起步早、实力强、掌握了一定自有资金的企业受日益紧缩的货币政策的影响相对小一些，而发展相对不够成熟的企业则面临着较大的困难。

作为后者的一种，钢材贸易行业有着物流业所共有的灵活性。正如一些商户所言，如果金融形势进一步严峻，他们大不了可以"蛰伏"起来，仅仅维持企业最为基本的运行。但是，这种"蛰伏"显然意味着发展步伐放缓，意味着钢材贸易行业蒙受损失。何况商户对于融资成本上升的可承受度也并非无限大。由此可见，宁德钢材贸易行业在今后的发展，还有赖于国家信贷政策的放宽。

5. 经营模式的区域性复制，行业整体利润降低

随着周宁商人对全国市场占领脚步的不断加快，国内市场也将会被瓜分殆尽。如果不适时地进行产业资金的转移或者进行市场的突破，而只是向更为偏远的地区进军，在消费能力有限的地区建设大规模的钢材贸易市场，那么这种简单的复制则会给福建商帮的发展带来极大的损害。这种不切实际的简单复制，不仅会使得不少钢材贸易商人损失惨重，更会耗费宁德商帮不少的可用资金，并会为争夺社会资源、人脉关系而破坏合作的气氛，带来全行业的混乱。

世纪交叠前后，上海出现的动辄赚大钱的情况在如今的钢材贸易行业中已然一去不复返了。虽然，作为一个整体，钢材贸易行业的发展前景仍被看好，但是，在钢材贸易行业内部，商户的数量已是多如牛毛，并且还在不断增加，而这些不断增加的商户也多是对现有经营模式的简单复制。虽然钢材较为丰富的种类和规格提供了一定的差异化经营的空间，但是这远抵不上经营者的大量进入对行业效益带来的冲击。宁德商帮的钢材贸易市场的发展模式，无疑已经是一种较为成熟且适合中国市场的合理模式，这种模式伴随着周宁人生意范围的扩大而推广向全国本无可厚非，但不考虑市场容量与当地特殊的市场条件而盲目地进行低水平组合，则极为容易带来全行业布局的不合理。

目前，宁德商人已经注意到了行业内竞争加剧的情况，数位钢材市场经营者都坦言强调稳健发展的战略，认为在当前应停止门面房建设等大规模扩张行为，加强监管，提高质量，优胜劣汰，以降低经营风险，应对未来可能

面临的不利冲击。

通过理论分析、商户们自身的判断和实际观察，笔者可以断言，目前的钢材贸易行业，已由浦东建设时期的卖方市场转为了商户众多、竞争激烈的买方市场。

这就引发了对宁德商帮未来发展的思考。首先，对利润的追求是企业从事经营行为的根本动力。在早期的卖方市场时代，从事钢材贸易经营获利较为丰厚，行业内竞争尚不激烈，"亲帮亲，邻帮邻"既符合宁德人的道德规范，又能互惠互利带来经济回报。而在当下竞争如此激烈、政策环境和经济环境又不甚理想的情况下，虽然"多人联保"等互惠行为仍会带来互利的结果，但是，"亲帮亲，邻帮邻"的成本难免上升，收益难免下降。当然，不能否认宁德人的团结和凝聚力，但是，在竞争将更为激烈的未来，宁德商帮间的相互联系是否还会如先前那样紧密，是一个值得关注的问题。

更重要的是，钢材贸易行业日趋激烈的竞争，带来了利润率的下降，因此，对于那些发展较为成熟的钢材贸易商户，甚至对于整个宁德商帮而言，"转型"已不再是一个遥远的话题。

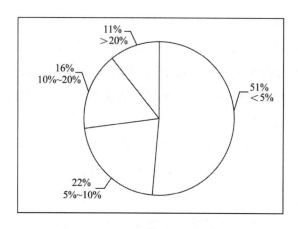

图6—4 宁德钢材贸易企业的利润率

钢材贸易商户转型比较典型的，是在坚持本业的前提下，或是因与本业关系密切而成立钢材市场、担保公司（大部分钢材市场和担保公司都是由宁德钢材贸易商人建立的），或是因在日常经营中与房地产业打交道比较多而转向投资房地产，或是因平日应酬较多而对餐饮服务业有一定了解而建设宾馆酒店等。宁德商人在从事钢材贸易时积累的有关钢材贸易服务平台、房地产、酒店等领域的丰富经验，既成为他们转而从事这些行业的诱因，也使得他们在这些领域的竞争中占据了一定的优势。

虽然钢材贸易行业利润率较低，但宁德商户的转型意识还不是很强。然而，未雨绸缪自是强于临时抱佛脚的，在未来的发展中，宁德商户有必要开阔眼界，避免一味地对旧有模式进行简单复制，要及早树立转型意识和多元化经营意识，开拓新的经营领域，以提高企业盈利能力，实现整个宁德商帮的长远发展。

6. 低技术低附加值导致企业盈利能力偏低

长三角地区的钢材贸易还处于以销售低附加值、低技术含量的钢材为主的阶段，企业仍然依靠低利润率、高销售量来保证较高的利润和企业的正常运转。这样一来，企业的发展既受制于上游企业的货源，又难以满足下游企业的需要来生产市场所需的产品。可见，钢材贸易企业的各商户虽然都非常重视销售的总量和种类，却对销售钢材的技术含量或是深加工水平重视不足。

调查显示，多数企业上一年度利润率在5％以下，净资产收益率也在10％以下，其每年的资金流量多在千万元以上，但是总的营业收入却不足百万元，故呈现出高营业收入额、低利润率的显著特征。这种以量取胜的经营模式是企业对科技创新、高附加值重视不足的必然结果。

虽然周宁人在钢材贸易行当还处于发展阶段，正处于蒸蒸日上的时期，在大好环境下谈论将来可能面对的危机有些为时尚早，但要居安思危。想到可能诱发问题的种种原因，并做到及早防范，将减损和防损措施纳入企业发展的规划，方不失为企业前进的万全之策，这样才能保证福建商帮屹立于商界如岩石般岿然不动。

7. 人才问题——限制发展的瓶颈

人才问题是钢材贸易行业发展的一个瓶颈。早先从事钢材贸易行业的福建宁德商人文化水平相对不高，多是凭借自己的勤奋与拼搏开创出了一番事业。而当企业的经营规模扩大到一定程度后，要实现进一步发展，不但要求经营者自己进行再学习，提高文化素质，更好地管理企业，更要求有高水平人才的扶助。当前，宁德钢材贸易行业在人才问题上面临着两个难题，一是留不住人，二是招不来人。

一方面，许多宁德人出外打工，不仅希望能够赚取工资养家糊口，更希望通过几年的学习，提高自身能力，积累经营经验，日后好开创自己的事业。据了解，钢材贸易行业中甚至出现了辞职创业的员工将老东家的客户一并带走的情况。这种难于避免的人才与客户的双重流失显然给商户的经营带来了很大困难。

另一方面，由于钢材品类繁多、规格复杂，因此，钢材贸易经营对相关专业知识有一定要求。再加之这一行业还涉及期货等领域，因此，对于规模较大、对高水平人才有一定需求的经营者而言，能够满足他们用人要求的对口专业人才数量很少，且这些人才未必乐于从事钢材贸易行业。故此，人才紧缺，是宁德钢材贸易行业面临的一个重大问题。

此外，如何充分利用人才，也是一个值得考虑的问题。宁德商帮要考虑到由家族本位观念向公司本位观念转变，建立完善公司法人治理结构的问题。事实上，公司法人治理结构的建立和完善，不仅是经营规范化的要求，也有助于实现对人才的尊重和利用。比如，在公司决策中，如果始终是老总"一言堂"，即便聘请了职业经理人，怕也是形同虚设，是对人才资源的一种浪费。因此，一个完善的公司法人治理结构，是实现人才价值的重要保证。

依赖血缘和乡情的管理方法有着其显著的优越性，具有家族企业决策执行速度快、效率高及互相之间可以获得充分信任的长处，同时也不失合伙及股份制企业能够汇集大量社会资源的优势。但这种管理模式是建立在对同乡与同族人充分了解和信任的基础之上的，这就直接决定了周宁人的钢材贸易企业的网络面对着的只有周宁县的商户，不仅其他地区的商户和优秀人才加入其中困难重重，而且钢材贸易市场中的其他商户以及周宁企业内的外地人才的发展也举步维艰。其他地区员工不仅在企业中人数较少，更是难以进入企业高层，并且其他省份员工占总比 16%，而工资仅占 4.85%。如此大差别的待遇，乡党门槛对于优秀人才的排斥也可见一斑了。

表 6—1　宁德籍企业员工的工资状况

	宁德籍	福建籍（不含宁德）	其他地区
平均工资	18 800	2 679.788	3 337.5
人数	51	33	16
人数比例（%）	51	33	16

表 6—2　宁德籍企业员工总工资与人数比重　　　　　　　（单位：%）

	宁德籍	福建籍（不含宁德）	其他地区
工资占总工资比重	87.11	8.03	4.85
人数比例	51.00	33.00	16.00

表 6—3　宁德籍企业员工职位统计

	宁德籍	福建籍（不含宁德）	其他	总计
高层管理	22	2	4	28
中层管理	16	13	1	30
技术人员	5	1	1	7
普通员工	14	19	13	46
总计	57	35	19	111

　　地域的限制保证了宁德商人之间的了解程度和信任水平，节约交易成本，提高经济效益，是宁德商帮创造财富奇迹至关重要的原因。但这种限制同时也是一种局限，它使得要素无法充分流动以达到最优的配置，企业很难做到任人唯贤、聘用更为专业的人才以应对日益激烈的竞争。

　　我国中小企业，尤其是家族制小企业中，存在着对"自己人"过度信任的问题，因此，小企业的组织成本、交易费用也往往低得出奇。但随着我国市场制度的不断发展，竞争体制的不断完善，有着合理分工的现代企业将会有更大的发展前途，而这种对"外人"的信任不足将会严重困扰着企业的发展。究其原因有六个：一是对"外人"的低信任缩小了合理引进人员的范围，不利于企业素质的提高；二是对"外人"的低信任，使企业在人员选拔上难

以做到任人唯贤；三是对"外人"的低信任，往往使经营者大权独揽，独断
专行，身边既无"左膀右臂"，手下之人也尽是晚辈后生，于是可以完全忽视
其意见，从而盲目自信，难免翻船；四是对"外人"的低信任，往往导致
"自己人"不思进取，缺乏创新和忧患意识，对危机尤其是对潜在危机缺乏敏
锐性和预见性，或者是由于忙于日常事务难以进取，对危机视而不见；五是
在企业发展到一定程度时，对"外人"的低信任，会导致"自己人"争权夺
利，企业分化，"信任圈子"越来越小，社会资源也损失殆尽；六是如果不吸
纳企业所在地的优秀人才进入圈子，则难以实现与当地市场和社会的融合，
对企业的发展有不小的戕害；另外周宁内部人占领企业重要岗位的现象是企
业在周宁人所掌握的钢材贸易网络中，依靠周宁人共有的社会资源的缘故，
随着企业的发展或由于钢材贸易市场的衰落而导致企业所面临的转型与资金
分散的压力陡增，企业则会因为这方面的人才资源捉襟见肘而难以为继。

即便如此，由于传统家族企业观的限制和引入外部人进入钢材贸易圈子
所面临的种种问题仍然使得钢材贸易企业的高层罕有外部人员介入。截至
2011年年底，虽然人才队伍的不合理对于企业的负面影响尚未显现，但人无
远虑必有近忧，如果不适当地对人才队伍进行一些调整，则上文所说的问题
必将暴露无遗。

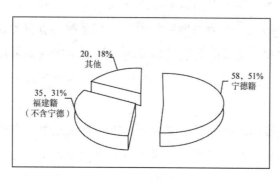

图6—5 宁德籍企业员工户籍所在地

人才是支撑企业发展的中坚力量。在走访过程中，我们发现，无论是政
府、商会还是企业，现在都已经认识到了人才的重要性。随着企业规模的不
断扩大，宁德商帮进入了一个不缺钱而缺人的发展阶段，最初创业时的朴素

和进取精神虽仍必不可少，但已不足以引导企业做大做强。高层管理人才和国际贸易、金融等领域专业人才的缺乏日益成为阻碍宁德在沪企业进一步发展的关键因素。由于商帮成员大多为家族企业，管理比较松散且存在排外现象，很多人才会因感到格格不入而对民营家族企业望而生畏，不愿加入。如何突破人才引进的瓶颈，是宁德商帮未来发展的一个重要课题。

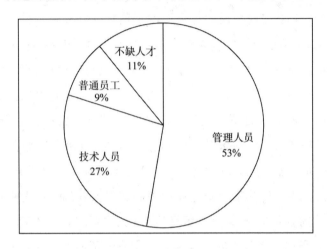

图 6—6　宁德企业短缺人才类型

　　家族企业是中国现阶段经济情况的产物，并且在之后的二三十年中将仍然占据民营企业的主体。中国的实际条件决定了，在同等条件下人们会倾向于录用更为熟悉的人，因为对他们的为人比较了解，也更容易信任，可以减少信息的不对称程度以及由此引发的成本。虽然中国在未来还是会走向任人唯贤、因岗用人，但对于这一具有一定合理意义的客观现象，我们很难进行绝对的价值判断。

　　随着时间的推移，宁德至上海创业的第一批企业家正在逐渐淡出风起云涌的商业圈。他们在岁月荏苒中积累了财富和经验，用自己一生的奋斗谱写出一曲曲动人的流金乐章。只是他们亦无奈于年华的逝去和精力的下降，第二代的接班问题早晚会被提到日程上。与第一代创业者们相比，第二代的冲劲似乎少了很多，抱团意识也在慢慢变淡，很多事情不再亲力亲为，消费上也相对奢侈一些。打江山容易，守江山难。日新月异的经济变化对第二代的专业水平和知识水平提出了更高的要求。第二代的教育水平虽较第一代有所提高，但由于从小把重点放在学做生意上以致教育意识不足、家里较穷没有良好的学习条件等原因，总体知识层次仍然偏低。据了解，现在大多数的二代企业家刚刚进入公司，在父辈的指导下学习业务，其中有一部分人的成长并不理想，甚至闹出过在 KTV 唱歌时发生冲突、打架致死的事件。

8. 系统风险的不可抗性

周宁人钢材贸易市场的经营模式，尤其是信用机制和互助机制的合理设计，可以使得单个钢材贸易企业能够依靠全行业的力量有效地规避市场中价格、利率、货源、信贷及还款等各种风险。但风险规避的前提是整个行业是健康的，只有少数几家商户因为风险而蒙受损失，这样方能倾全行业之力以救少数企业于水火。然而一旦行业形势急转而下，整个行业处于水深火热之中，那么即便网络化的商户组织协调一致，以集体的最大利益为根本目标，且圈内人将其极强的互助精神发挥至极致，毫不利己专门利人地去救助其他企业，那也无济于事了。

所以，不能忽视的是，福建商人组建商户网络的井然有序，银行与政府对钢材贸易企业的大力支持，钢材贸易企业生意的蒸蒸日上，其根源都来自于一点，那就是钢材贸易市场的发展势头良好。但是居安思危，一旦难以预期到的外部环境变化导致了钢材贸易市场的衰落，那么全行业则面临着陷入混乱的危险，彼时各企业之间的资金、货物拆借及当地大企业的帮助将全然无法解决市场危机，而政府的扶持、银行的信贷也会因为产业转型需要和风险管理的必要而一并消失。另外，周宁县 20 余万的劳动力中大约半数以上都在从事钢材贸易生意，全县的资本基本全部集中于钢材贸易市场之中，一旦钢材贸易市场遭遇不测，周宁商人也很难通过从其他行业调转而来的资金对钢材贸易行业进行救助。

总而言之，这种中小企业结合的网络模式固然能够解决单个企业的风险问题，却无法在行业衰败时挽回颓势，这种模式实现了单个企业对风险的有效规避，却将风险统一汇聚在钢材贸易商团之下。正常的市场环境下，单个企业出现的问题可以在其他企业正常运营的情况下给予妥善的解决，但一旦大厦将倒，钢材贸易业的发展出现了巨大的问题，那么这种特殊的风险规避方式则会将全行业通过铁索相连，使其在市场的暴风骤雨中无一幸免。

宁德市的每个县都在上海形成了一个具有相当优势的重点行业，如周宁的钢材贸易、蕉城的水产品等。较高的行业集中度在提升整体竞争力的同时也带来了相应的系统性风险，同乡之间相互入股、联合贷款担保等行为也加剧了风险的程度。由于中国现在的宏观经济形势比较稳定，发展前景预期良好，短时间内这种风险应该不会爆发。但从国家对企业的扶持方向来看，单一行业风险仍然存在。

与此同时，行业的集中还造成了同质化竞争和多层次布局现象的出现。每一种成功的模式是不可能长期被复制的，如今的宁德商帮正面临着转型时期特有的巨大考验。

9. 受限于制度和文化，无法充分融入所在地区

虽然宁德在沪企业为上海的经济发展做出了巨大的贡献，但这并不意味着这座城市就彻底地接受了他们，向他们提供与本地人一样的待遇和机会。政府部门也对这批商人有所防范。时至今日，仍然有很多在沪商人为子女的教育问题四处奔走、担忧着急。由于没有上海户口，他们的子女很难进入上海学校读书，即使入校学习也不能留在上海高考，而福建的试卷与上海相比又存在着很大的不同。如果子女回老家读书，则缺少相应的关怀、照料和监督。作为人力资本的重要组成部分，教育对于人成长的意义不言而喻。对宁德商帮来说，这种教育机会的不均等不仅造成了现时的后顾之忧，更为家族企业日后的发展埋下了祸根。

商会的建立也许可以积聚当地宁德商人的力量，商会在发布信息、引导发展、制定规则、协调沟通方面有着非常重要的作用，却仍存在若干不足之处。一是会长实际上是由市领导指定的，且任职时间与大的宏观周期不符；二是工作的重点放在了高层领导接待上，为会员提供的服务有待增加；三是商会的指导思想不够明确，有时盲目地扩大规模。长此以往，甚至可能演变

成企业家花钱买光环的途径和聚财的渠道。

二、新发展模式的政策建议

1. 依靠行业联合争取钢材定价权，制定行业规范

取得钢材定价权可以提高钢材商户对价格的控制能力，从而增强盈利能力。然而，单个小户对价格没有干预作用，只有行业联合从而集体行动才能影响价格、控制价格。由于掌握定价权可以极大地增加企业收入，故这也应成为新发展模式探索的一条重要尝试。

调查发现，现在钢材市场的销售者主要是通过关注上海西本新干线市场每天公布的行业报价来确定价格，或是通过行业的 QQ 群来发布价格，如果对该价格稍有偏离（在钢材质量一定的条件下），可能会导致销售困难。正是由于仅仅只能听从行业报价却没有能力干预报价，这样的定价方式使得这些商户没有价格控制权，从而不能创造对自己有利的经营局面。

几家担保公司的总经理曾提到过取得行业定价权的初步设想。常熟一位资深的钢材贸易老板正在努力建立"中华钢市网"，并力图将全国的众多钢材贸易商户全部纳入，设置 VIP 专区，通过这些大商户的报价来确定市场价格，努力掌握定价权。这样一来，钢材的报价不仅仅由现在的钢厂、商户、代理共同确定，并参考期货价格和"西本新干线"的报价所确定，而是钢材贸易企业将掌握更大的话语权。

通过建立统一的钢材市场网，企业不仅会取得钢材的定价权，更会逐步建立行业的联合，用较大的行业势力共同干预市场价格，从而使行业联合中的成员在市场竞争中取得优势，使市场价格反映自身的意愿，从而获得更强的盈利能力。

制定行业规范也需依靠行业联合。行业规范是降低风险的重要途径，也是行业持续健康发展的保障。以钢材贸易行业为例，建立一个全国性的钢材贸易商会，设定企业准入门槛，进行人员培训，实现行业自律是未来发展的

必由之路。就单个企业而言，为了解决融资难问题，其首先要把企业的基础工作搞好，使企业的管理规范化，为银行提供详细的、真实的财务报表以及企业法人代表情况等。让银行掌握第一手真实的材料，银行才能给予授信，及时发放贷款。

2. 人才的培养与职业生涯规划机制

目前，多数企业多采用办公地点与厂房一体的布局模式和家族式企业的管理模式。这些模式都限制了企业办公效率的提高和人才引进的力度。部分企业已经开始向办公地点与厂房分离的模式进行转变，向现代企业管理模式进行转变。

办公地点和厂房的分离可以改善企业员工的办公环境，从而提高办公效率，增强员工的工作积极性。而厂房的单独布置可以更加方便货物进出的管理，提高货物管理的规模效益。办公地点和厂房的分离无法离开土地的重新分配或是政府的土地拨付，因此这种分离也需要得到当地政府在土地和政策上的大力支持。

除了对外部设施的调整、转变以外，企业治理的内部设施也应该进行一定的调节。要做到这一点，就必须在一定程度上打开家族企业的大门，使更多优秀的人才进入钢材贸易圈子，一定程度上进行家族式企业管理模式向现代企业管理模式转变。这样不仅可以降低行业的人才进入壁垒，使更多的人才可以被吸纳至钢材行业，同时也可以使钢材市场更好地发挥吸收当地就业的重要功能。

一年之计，莫如树谷；十年之计，莫如树木；终身之计，莫如树人。在意识到人才的重要性之后，宁德商帮开始了对人才的招聘选拔和培养。商会正在了解不同培训机构的背景和特点，寻求合适的合作公司，在未来建立起长期的人才培养计划；组织企业领导者集体进修必要的课程，提高管理者的专业素质。地薄者大木不产，水浅者大鱼不游；大志非才不就，大才非学不成。许多大企业也都自觉地把学习、培训提上重要议事日程，企业家们计划回归校园读 EMBA，学习管理经验，引入先进的管理理念；公司也将设立专门的培训机构，每年聘请有关专家对员工进行严格培训；高薪聘请来自全国各地的专业人才，帮助企业包装上市、进行规范化管理。

商帮若想真正做强做大，开放是其必由之路。包括之前提到的人才任用，也对商帮企业的开放度和包容度提出了相应的要求。当然，这种开放并不是盲目的、程度越高越好的，而是存在着一个"度"的把握，即保持较高的群体经济判断力，逐步地开放到与自身整体素质相匹配、保有一定洞察力和控制力的水平上即可。

3. 积极拓展其他业务

20 世纪 50 年代安索夫提出多元化经营的理念，此后，特别是 70 年代后多元化经营战略广为各国企业采用。高特（M. Gort）在全球第一本以多元化为主题的专著《美国产业的多元化和一体化》一书中对企业多元化作出定义："多元化可定义为单个企业所活动的异质市场数目的增加。生产活动的异质性（Heterogeneity）如果仅仅涉及有些差异的同类产品或垂直结合方式，并不是多元化。"可以说，多元化是企业发展到一定阶段，特别是所处产业相对成熟时，为求企业规模的扩大和持续发展而选择的经营模式的转折。

单一的钢材市场盈利来源单一，平均利润率也较低，因此企业必须将业务和资金拓展至其他行业，才可以保证收益来源的多元化和投资回报的安全性。所以，当所在地的市场发育成熟，资金出现冗余时周宁的钢材贸易企业可以进行资金的分散投资，进行业务的拓展，可以将业务范围先逐渐拓展到物流、建材、房地产等与钢材业务相关的领域，再将业务拓展至零售业、餐饮业等服务业，从而形成办公、居住、休闲、娱乐的一条龙服务，使得业务范围扩大。这样的业务拓展是钢材贸易发展到一定水平后的必然产物，也是保持企业活力、提高企业盈利能力的重要途径。然而，企业在业务拓展中不能盲目追求该行业的收益率，也应该注意自身是否对该行业有足够的掌控能力和经营水平，以免产生因盲目进入该行业而带来的经济损失。

虽然积极拓展其他业务看似会因为钢材贸易商户的资金分散而对钢材贸易行业造成不小的冲击，但是对钢材贸易商人来说，其分散的投资方式却有效地分散了风险。尤其当钢材贸易行业出现问题时，其他资产尚处于安全状态而使得其资产不会受到极大的冲击，故而使得钢材贸易商人不至于破产，并有能力挪用其他资产对钢材贸易产业进行救济，增加了钢材贸易产业经营的安全性和持续性。

在之前的几年中，钢材的商品属性非常明显，价格基本取决于市场供需关系，钢价最高与最低之间的差价很大，每年有旺季和淡季之分，涨、跌也基本有规律可循。因此，钢材贸易商赚钱比较容易。然而近年来，钢材价格的变化日渐加快，令多年从事钢材贸易的商家也无所适从，钢材贸易业务的利润率越来越低。为了防止利润的进一步下滑，不少公司开始将资金逐渐转移到房地产、汽车、餐饮、娱乐等产业中去，聘请专业人士进行投资管理，以寻求更好的发展模式。企业从单一行业到多元化的转型势在必行。这种转型既分散了行业风险，又是一种产业结构的升级，总体来说利大于弊。

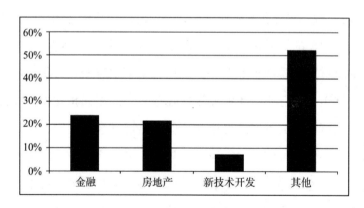

图6—7　宁德商人未来投资方向

4.闽商文化的转型

对于福建，闽商不仅创造了物质财富，而且积累和形成了敢拼敢为的创业理念。

闽商，是对从事商品生产、商品交换、对外贸易、金融业务等活动的福建籍海内外商人的统称。作为有着悠久历史的传统商帮和现代商务中最具强势的商人团体之一，闽商在中国商界、全球商界活跃了上千年，取得了巨大的成就。

闽商所取得的巨大成就，与其历史渊源和文化传统因素有着非常密切的关系。传统闽商文化主要由个人魅力，宗亲观念下的闽商经济网络，重商主义理念以及兼容并蓄、博采众长、善于学习的开放心态等构成，并且在闽商的发展中起到巨大作用，为闽商及福建的发展做出了很大的贡献。

但传统闽商文化所带来的消极作用也不可忽视，如闽商经济网络发展受到宗亲观念的限制，可供利用的社会资源空间日益缩小，不利于闽商事业的发展与进步。作为家族企业形成发展与商帮抱团的文化制度基础，宗族文化现在也给宁德商户带来了相当大的困扰。一方面，各个企业不断做大做强，领域和地域分布不断分散，加之许多人举家外出从商，宁德商人与家乡的血脉联系越来越淡化，血缘宗族文化作为企业与商帮发展的纽带作用逐渐流失。此时宁德商人是否能保持原来以血脉为内核的高度凝聚力就值得注意了，而这种凝聚力恰恰是其成功的商帮模式形成的基础。另一方面，宗族文化本身又给企业发展带来一定掣肘，比如任人唯亲带来的管理结构低效。如何平衡这两方面，既能通过现代企业组织机构的建立改变家族企业管理的弊端，又能良好地保留宗族文化带来的凝聚力、团结精神，是企业家必须做好的一个课题。

因此，有必要在保持传统闽商文化优良部分的基础上，打造新型闽商文化，为闽商及海峡西岸经济区的可持续发展提供强有力的精神动力及保障。

新型闽商文化，首先应以爱国爱闽为核心。传统闽商文化中的闽商，虽然恋家，但却常有无根的感觉；而且冒险精神很强的闽商，对于国家、对于福建的认同度并不高。所以应在中华传统文化的指导下，结合儒家文化及闽商妈祖信仰，把爱国爱闽植入闽商的心底最深处，增强闽商对祖国、对福建的认同感，才有利于世界闽商的真正凝聚、延续和发展。

其次，传统闽商文化存在着急功近利的倾向，注重眼前利益多于长远利益的发展，注重经济利益多于注重社会利益，这使得闽商的成功所带给社会的负面效益加大。新型闽商文化应以和谐发展为主题，着力于提高闽商的精神境界，启发闽商对社会的责任感，引导闽商在经营中时刻牢记践行"取之社会，用之社会"的经营理念。

新型闽商文化应以诚信为基础，还应更具有开放性，突破宗亲、血缘、亲缘等因素的限制，在全世界范围内大力引进资金、技术和智力资源以应对全球化的挑战，站在全球的角度充分利用社会各项资源来发展闽商事业。

第三部分

前景与转型

第三部分主要针对第二部分中提到的优势与劣势，进一步对宁德商帮下一步的发展前景和转型问题有所解析。有鉴于历史上有名的商帮都淹没于历史的长流当中，本部分借鉴徽商和晋商的教训，对宁德商帮的进一步发展和转型问题提出相应的建议。

第七章　宁德商帮的现代转型与未来前景

一、传统商帮的困境与转型的经验教训

1. 晋商瓦解的前车之鉴——居安思危，不断改变

1914 年，"天下第一号"的日升昌票号倒闭了，左右着中国金融界一个世纪的晋商的历史结束了，晋商也已从一个庞大的商业王朝一步步走向了没落，后世者在叹息之余不禁发问：究竟是什么力量摧毁了山西商人苦心经营的金融帝国？

其原因众多，但细究起来不过有以下几点：

（1）错过封建商业资本转向现代工业资本的时机

这一点显而易见，纵观晋商发展之始末，其资本一般多用于购房置地、奢侈消费、捐资买官等，而注意增补资本金或再投资其他企业的都很少。资本或者用于奢侈性消费，或者全部停留在贸易与金融领域，而从未投资过工业产业，完全依赖资本在高风险的流通中增值，难怪其兴也勃焉，其亡也忽焉。

众所周知，在市场稳定、政治安定的情形下，商业资本的增值才能得到很好的保障，可以稳定地赚得正常的流通利润。然而，在中西市场交汇、商业竞争激烈、商业利润下降、工业品价格提升的时代，投资工业才是明智的选择。况且，随着清末年及清亡之后的动乱，流通成本大大提高，通过流通方式来实现资本的正常增值已经不可能，资本在运作的过程中要面

临太多的赋税与动乱带来的不稳定性，这对于单个资本规模并不大的晋商来说，无疑是被断了财路。与晋商的没落相比，彼时迅速起家的状元公张謇、"火柴大王"刘鸿声、荣氏兄弟无不是投身实业，于生产行业做起，迅速积累资本的。

根据"供给学派"的观点，在社会经济陷入因经济周期或者政治动乱所带来的危机之中时，任何供给都将会有需求，所以在当时的政治社会条件下，只有投资于实业部门才是资本安放的最佳之处。而即使是在政局稳定的社会条件下，将贸易所得的资本转移至生产部门，也是延长产业链、分散经营、防范风险的必要做法，可惜即便如此，晋商依旧忽视了资本向实业部门尤其是现代工业部门的转移。

（2）缺乏依靠市场将封建钱庄的金融制度转化为现代银行制度的远见

从根本上说，这完全源于晋商的保守和封闭，在政府这棵大树即将倒台的情形下，在清政府之后混乱的纷争中，晋商要想在金融业立足，唯一的方式只能是依靠市场的力量，通过发展民间借贷尤其是小户借贷来扩充资本，实现分散经营，而不是将有限的公关资金用于"寻租"上来。与晋商票号不同，国外现代银行正是做到了这一点才不仅在中国扎住根，更将生意不断做大。彼时，外国的银行已进入中国，而宁波人创办的中国最早的银行也已经开始出现。将原本无敌于传统经济模式下的票号与现代管理结构的银行相比，票号的弊端显露无遗：传统票号资本金很少，一家票号的资本几乎不超过40万两银子；而现代银行的资本金特别雄厚，因为它在社会上广泛招资，许多现代银行实行1块钱起户，吸收了包括小户在内的存款。相反票号一般是针对大户，很少针对小户。

（3）过度依赖没有强制力的文化约束

现代银行靠制度，比如抵押制度，贷款的前提便是将房契、地契拿来做抵押；而票号发放贷款仅靠信誉，并美其名曰："万两银子一句话"，只要我觉得这个人讲信誉，便把银子借给你，倘若收不回来亦无实质性的惩罚措施。这样贷出去的资金没有安全保障。

然而，晋商的票号并非没有向现代银行转变的机会，也不缺国家政策的扶持。慈禧太后曾经要晋商出钱、出人来办大清户部的银行，也就是国家银行，竟遭到晋商的拒绝。经过谈判，清政府同意由政府出钱，由晋商来办银行。但晋商毅然拒绝了。除此之外，认识到世界新形势的北京分号大掌柜们，策划通过股份制把小票号联合起来形成一个大的现代银行，但身居高位的大掌柜和东家们都持否定态度。结果失去了一次极好的机会。从此，随着现代银行的蓬勃发展，晋商的票号失去了竞争能力，只好凄然退出历史舞台。

晋商由于不了解世界形势的变化，总认为自己的钱庄、票号就是最好的金融形态，根本就不思改变。他们对外面世界的变化了解很少，当然也就不知道去向世界学习，最终导致以票号为顶峰标志，辉煌了 500 年的晋商在 20 世纪初走向了消亡。

2. 徽商的消亡

明清时期徽商之富，称得上是"富可敌国"。清代乾隆年间，仅徽州盐商的总资本就可抵得上全国一年财政的总收入；扬州从事盐业的徽商资本有四五千万两银子，而清朝最鼎盛时的国库存银不过 7000 万两。乾隆末年，中国对外贸易有巨额顺差，关税盈余每年 85 万两白银，而出口商品中由徽商垄断经营的茶叶位居第一。苏北的仪征、淮安等地由于盐业市场的繁荣，当时有"无徽不成镇"之说。徽商通过盐业生意，完成了资本的原始积累，其活动范围东抵淮南，西达滇、黔、关、陇，北至幽燕、辽东，南到闽、粤。徽商的足迹还远至日本、暹罗、东南亚各国以及葡萄牙等地，无论从业人数、经营行业与资本，都居全国各商人集团的首位。

然而，在乾隆末年，仪征盐船大火，盐船被毁 130 艘，死者达一千四百余人。虽然，此次事故不足以对资本雄厚的徽商构成致命的打击，但这似乎是一个预兆：以盐业起家的徽商走向了衰落。而清朝末期所发生的几个重大的事件，更是直接促成了徽商的落败。道光年间，鉴于盐价奇高，两淮的盐务制度发生了变化，清政府把过去盐商卖盐的特许权利废除了，实行运销分离，徽商从此丧失了世袭的经销盐的专利权，于是两淮地区大批盐商破产。太平天国起义，其波及范围主要是长江中下游地区，这正是徽商经营的主要地域，徽商的生意为之大受影响。鸦片战争失败后，西方列强打开了中国的国门，外商的进入使民族资本家群体产生，从而使以宗法关系为纽带的徽州商帮受到冲击，这也促成了它的解体。

除此之外，徽商与其他商帮的最大不同，就在于"儒"字。与一门心思做生意的晋商相比，追逐财富只是徽商的手段，求功名做官才是其归宿。从乾隆到嘉庆十年的70年间，徽商子弟有265人通过科举入仕，而晋商只有区区22人。

可见，徽商的消亡是过度地依赖了传统的官僚政治，通过官商勾结的方式以获得永久的盐业经营权，并通过将宗族子弟送向官场来保证其在江南地区的势力范围。于是，当其依傍的政策一旦消失，或其势力范围落入其他政权之手时，它便风光不再。而太平天国之后，虽又有红顶商人胡雪岩的出现，但他依旧走了依傍左宗棠官僚集团获取政策支持的老路，在左宗棠失势之后依旧家财耗尽了。

3. 日益僵化的管理体制

虽然在传统商帮的发展初期，其家族制的管理方式较为简便而灵活，可以充分发挥家族制企业低成本、高效率的管理方式，但传统家族式管理体制的局限性随着自身规模的扩大和市场化程度的提高而日益彰显。这种传统体制的弊端还在于其过分刚性，在于其不能够提供一种平台：能够让任何人都可以通过自己的才能在竞争中改变自己资源占有状况的平台，或者说它缺乏使目前处于低级阶层的人上升到高级阶层的渠道。

在传统商帮中，其家族企业推行一种人治型文化，靠业主个人的权威和经验来下达决策，缺乏健全的制度和严格的规则。即使有的企业列有制度，也往往"权"比"法"大，形同虚设。在传统商帮中，在这种集权式的管理体制之下，倘若其管理者的文化素质不高、管理水平有限，加上缺乏有力的权力约束机制，容易产生独裁和专断。商帮发展若过于依赖某个人的意志，则有相当大的风险性，同时也打击了非家族成员工作的积极主动性。

家族式管理具有天生的血缘关系，关键性职位都由家族成员担任，不愿意也不轻易相信即使是非常能干的外来人员。有的家族企业甚至还承担起安排亲戚朋友就业的"义务"，因人设事而非因事设人，伤害了非家族成员的感情。当非家族成员有利于公司的意见不被重视，当他们创造性的劳动不及老板平庸的亲戚收益多时，他们容易采取短期行为谋取私利，或伺机跳槽到其他的企业。如此，传统家族企业的决策机制和用人机制都是僵化的，这反过来导致家族式企业人才流失严重、生命周期不长。

4. 日渐匮乏的人才队伍

家族式的商帮在其困难期都面临着一个严峻的问题，那就是商帮内的人才流失问题。造成商帮人才缺失的原因何在？

第一，商帮内部任人唯亲现象严重。由于其内部"家"的观念异常浓郁，在重要职位的人事安排上，首先考虑的往往是候任者的身份，而非任职能力。即使同等职位，家族成员与非家族成员的地位和权力也往往不同。过于任人唯亲往往会带来严重后果，一方面会使管理混乱，原来制定的规章制度难以执行；另一方面也会使一些有才能的员工，对其失去信心。对于商帮发展具有决定性作用的管理人员来说，由于其具有不可复制、难以模仿的独特能力，往往本身有一种价值优越感，他们对组织的承认、掌柜的认同和个人的自我实现具有很高的心理期望，他们对于商帮内部的"任人唯亲"状况深恶痛绝，常常因为制度上或者观念中的歧视而最终选择离开。

第二，薪酬与绩效考核制度不合理或不完善。过往商帮的主要精力都放在如何做好和做大生意上，而忽略了其内部管理。管理主要靠人治，没有"法治"。绩效考核缺乏合理的制度与程序，往往由东家主观决定薪酬水平，其结果是使骨干人才感到不公平。严重影响骨干人才的价值体现。人才价值受漠视，人才缺失是难以避免的了。

第三，缺乏优良的企业文化，难以聚拢人才。家族式商帮的企业文化大都具有以下特点：一是权威主义太重。往往是家族前辈一人说了算，骨干人才感觉自己的人格和才能得不到尊重。二是东家管理方式不当。对下属往往不信任、不授权或授权不足。三是家族味道和家族内部成员间存在利益斗争，造成骨干人才不能以平常心来表达和掌握自己的言行。老板往往把成功全部归功于自己或家族贡献，骨干人才的才能和贡献却被一笔抹杀，骨干人才要找"自我实现的成就感"就没有地方了。那只好换个地方找，人才流失在所难免。

除了难以引进外部的人才，传统的商帮在培养自家人才方面也做得很有问题。翻阅众商帮家谱可以发现，除了晋商的主流安于商业、在商言商，甚至以商为荣以外，其他商帮都是"被经商"，即被迫走上商业之路，心中并不愿意经商，也看不起经商。因此，他们尽管经商了，但心中的最大理想仍然是"仕"。在经商改变了经济状况之后，他们就让子弟走"学而优则仕"之正途，甚至耻于言商。许多成功的徽商都不愿意向子孙讲自己从商的经历，也不让子孙经商。还有一些商人竟也有了些"山野麋鹿之志"，让子孙以归隐读书为业。最后外不能招揽贤士，内不能传承家学。既缺乏外来人才以支撑店面，又没有老一辈商人的创业经验与管理才学可以流传后代，偌大的产业最终流落至一群庸碌的后人手中，只能变作了豪华的宫殿与烟枪里的鸦片。

5. 对国家体制的过度依赖

天下之事，有利必有弊，有大利必有大弊。官商勾结，或者以商附官，或者把商变官，给晋商带来甜头，减少了交易成本，获得了官方强有力的庇护。但是它的后果也是灾难性的。当武昌炮响，清政府土崩瓦解之后，晋商的靠山轰然坍塌了。皮之不存，毛将焉附，辛亥革命后晋商衰败的命运就此注定。

旧时代的"红顶商人"坐拥政企两道资源，以官促商，以官取利，凭借在政界的经验和关系网，在商场上往往有较大的腾挪空间。时代不同了，这红顶也就有了众多新的含义。对大多数是民营业主的当代晋商来说，他们追求的红顶，与其说是一种官衔，倒不如说是一种官方的认可与扶持。与生俱来的仕商观念，使他们与当地政府大多形成一种微妙的鱼水关系。也正是由于政府的扶持，山西省的民营经济才取得今天的成绩。"民营"的红顶使他们在企业的发展、融资方面，或多或少获得了一些裨益。

但是，我们还应该看到，晋商后期与清政府勾结成为"官商"，随着清政府的垮台而步其后尘，随之逐渐衰落。从晋商的历史中，我们看到的是一种畸形的商业发展图。这种情况的形成与晋商的个人品质无关，是中国传统文化几千年积淀而成，他们生长其中，如何能够脱离封建观念的藩篱？今天，当我们回头试图探寻当代山西富豪的财富轨迹时，也无可避免地发现他们的第一桶金上罩着一层闪着红光的神秘色彩。

作为封建经济的产物，传统商帮在国家权力的重压之下，走上了依赖国家体制而非市场的畸形发展道路。凡略有成就之商帮无不与官员搞好关系，凡商帮经营之产业无不分利于官吏；要经略一方则需朝中关系，要经乡入里便需胥吏同意。虽不可将此现象称为"官商勾结"，况这也是商帮的无奈之举，但对政府权力的过度依赖最终还是导致了不少商帮的覆亡，这一点在失去了世代专营盐务之权的徽商迅速衰败的史实上体现得尤为明显。

由于在自身的发展历史中，传统商帮习惯了通过借助国家权力来寻租的方式建立自己的市场势力，在清政府的国家权力因国家沦为半殖民地社会而大为削弱并最终倒台之后，失去了自己开疆拓土最有力的武器。而在市场的竞争中，他们因为管理体制不适应现代市场的竞争规则，并且在资本与特权方面远输外资和官僚资本而难获新生。

更严重的是，我国传统的商人多热衷于功名，将巨额资产捐纳功名，这在大为消耗自我财力的同时，也通过一顶乌纱、一眼花翎将自己与朝廷联系在了一起，从此亦官亦商，藉此以推销产品，获得支持。却不想，成于斯，败于斯，一旦王朝倒台或者朝中失势，便立即急转而下，由胜转衰，迅速被其他如法炮制的官商替代，从沈万三到胡雪岩，大抵都是这般"你方唱罢我登场"的。

所以，在这漫长的封建岁月中，传统商帮形成了依赖国家特权与体制的经营方式，而随着国门洞开，社会随之历经沧海桑田的巨变，传统商帮在市场竞争中难以应对而走向了衰亡。而这种悲剧是专制封建社会歪曲自由市场的结果，走上依赖国家体制的发展道路是传统商帮们不得已做出的唯一选择。

6. 混乱的约束机制——软预算约束

由于没有合理的分配制度，传统的商人在对待自己经营的产业时，俨然如封建帝王将天下视作自己家产一般，也将全部产业视作个人私产而将商业资本与个人钱财混为一谈。生意受阻时，辄调动个人私库以救济；消费膨胀时，亦假公济私以支持。将家庭花费与产业财务混合结算，这样在个人承担了对企业的无限连带责任的同时，也无法对家族花费做出有效的规划，从而使得私人消费陷入软预算约束的陷阱中无法自拔。

何谓"软预算约束"？它指的是，当一个经济组织遇到财务上的困境时，借助外部组织的救助得以继续生存的这样一种经济现象。它在商帮家族上的体现，便是个人在面临财务困境或预算不足的前提下，仍将家族产业的流动资金用来支持私人花费，尤其是奢侈性消费的现象。对于这种现象，传统商帮的例子可谓是不胜枚举。

各个商帮在开始时还注意"勤俭节约"，甚至把"勤俭持家"作为家法以戒子孙。但致富后，奢侈之风却相当盛行。清人李解的《扬州画舫录》就记载了徽商的奢侈，"扬州盐务，竞尚奢丽。婚嫁丧葬，堂室饮食，衣服舆马，动辄费数十万"。晋商中沉醉于声色犬马中的也不止一家，尤其是晋商中吸食鸦片者相当普遍。曹家男女老幼皆吸食鸦片；乔家一向以"勤俭持家"自诩，但第五代乔映霞以后也人人吸大烟；许多晋商大户，如蔚字五联号的东家侯家，日升昌的东家李家，祁县的渠家等最后都毁于鸦片。

如果说，以上的奢侈还属于物质享受，那么精神上的享受就是用钱买官。在官本位的封建社会里，官是地位的象征。因此商人在富起来之后，无法通过科举当官的，都要通过"捐输""捐纳"，用钱买一个虚职官位。不仅本人买，甚至为死去的先人和未成年的子孙买官。当然，这种捐输不一定是商人自愿的，更多是被迫的。无论哪一种原因的捐输都没有用于生产性投资。当然除了买官外，也还有用于其他文化享受的，如晋商资助山西梆子，徽商资助徽剧、新安画派和扬州八怪等。

一旦陷入了软预算约束，家族产业的资本便开始被迅速地消耗，资金不仅无法用于再生产，连继续进入流通领域的机会也没有了。而且人的消费多是不可逆的，一旦高消费的标准被树立起来，在灯枯油尽之前是很难做出彻底更改的。《红楼梦》中所说贾府之状况"如今外面的架子虽还未倒，内囊却尽已翻了上来"，便是衰败期商帮家族的写照，其结果也只能是"眼见他起朱楼，眼见他宴宾客，眼见他楼塌了"。

7. 流通资金的停滞

前面说到，中国的传统商帮是在封建制度下产生的封建商人。封建商人与资本主义企业家是两个完全不同的身份。其经营之产业、从事之行业、利润之获得、财富之使用都全然不同，因而才有了他们所体现的精神和所代表的生产方式的天壤之别，从而有了他们在社会进步中的历史作用与地位的殊异。

资本主义企业家主要从事制造业，他们的资本是产业资本；封建社会的商人主要从事的仅是流通业，其资本主要是商业资本和高利贷资本。马克思在《资本论》第三卷中指出：（前资本主义）商业资本"发生过压倒一切的影响"。换言之，商业资本处于主导地位。而且，"高利贷资本在资本主义生产方式以前的时期借以存在的特有的形式，也有两类"。这两种形式，"第一是按高利的贷币贷借给那些阔绰的人，主要是贷借给地主；第二，是按高利以贷币贷借给那些自有其劳动条件的小生产者，其中包括手工业者，但特别是农民"。马克思特别强调，"高利贷资本有资本的剥削方式，但没有要它的生产方式"。中国各个商帮从事的行业与资本形式正是与此相当一致的。

中国商帮进入制造业或手工业的极少，除了龙游商帮这等小商帮略有涉及造纸、采矿等不重要的行业之外，主要都从事商业，即使进入手工业也是为商业服务，或者是寻找手工作坊进行加工、代理。例如，粤商向外国出口瓷器，也曾在景德镇、佛山向瓷器业订货，按外商的要求或按外商提供的图案生产专门用于出口的瓷器，但并没有向瓷器业投资或自己建厂。同时，晋商经营铁器、烟草，徽商经营茶叶，洞庭帮经营布匹、丝绸，都不是自己生产，而是采取收购或加工订货方式。明清时，中国手工业也相当发达，但并不是由商帮投资或经营。

中国商帮主要从事商业流通和高利贷两大行业。商业有"行商坐贾"之分，即从事长途贩运和开店经营。此外还有牙商，即从事买卖之间的中介活动。无论哪一个商帮都以行商坐贾为主，且主要以行商为主。

在各个商帮中，高利贷也是相当重要的一块。中国封建社会的高利贷行业以典当、印局（不要抵押的短期高利贷，也称为"印子钱"）、钱庄、账局和票号为主要形式。各个商帮几乎都有涉猎，但最主要的是晋商、徽商和宁波商。在清代的金融业中，晋商的票号名气最大，票号不仅汇钱，也从事高利贷借贷业务。"货通天下，汇通天下"就是商品交换和高利贷两大行业。不仅晋商如此，其他商帮也如此。中国商帮从事的这些行业，就决定了他们的赢利方式不同于资本主义企业家。

当然，封建商人与资本主义企业家所经营行业的不同，带来了他们的追求与精神境界的迥异。马克斯·韦伯对此在《新教伦理与资本主义精神》中做了经典性论述。他认为，资本主义企业家把获利作为人生的最终目标，获得并不是为了满足自己的某种需要，而是一种事业。因此，赚了钱就要投资于生产，不断扩大企业规模，赚更多的钱，或者用马克思的话来说，就是一种无止境地追求剩余价值的冲动。封建商人赚钱是为了积累财富，用于满足自己的各种需求，包括物质与精神需要。因此，他们就不是把赚的钱用于扩大再生产的投资，而是用于各种非生产性投资。

因此中国的商帮中纯粹的商人少之又少，其明显地体现在他们利润的使用方式上。资本主义企业家把利润投资于扩大再生产，而中国商帮把利润用于非生产性投资。这种非生产性投资首先是购买土地。在农耕社会，土地是最主要的生产要素，因此也被作为最可靠的资产形式。各个商帮的商人有钱之后第一件大事就是买地。历史记载，晋商在有钱后"且多置买田地"。不仅回本乡买，而且到外地买。1786年，河南大旱，有些大户人家也不得不贱卖土地，于是"山西富户闻风赴豫，乘机放价，准折地亩取利"。道光年间，山西长治人宋良弼经商洛阳，遇上荒年，当地人卖地他迁，宋则"以贱值得膏腴田数百亩"。不仅晋商这样，各个商帮也都如此，历史上这类商人买地的记载不计其数，连作为海盗集团首领的郑芝龙也"田园遍闽广"。所以，中国封建社会的商人都是商人兼地主。

其次，在中国人的思想中，房子和土地一样是可靠的资产形式。因此，有钱之后另一件事就是盖房子。有商帮的地方都有辉煌的建筑，徽州的民居，晋商的大院，都是当年他们所盖的房子。晋商乔家大院占地 8 700 平方米，房屋 313 间；太谷的曹家大院占地 6 700 平方米，有房 276 间；榆次的常家大院占地超过 10 万平方米，房屋达 1 500 余间。山西的晋商大院远远不止这三处。其他商帮的建筑也许没有晋商、徽商的名气，但在当地一定是最好的房子。

再次是把钱用于窖藏。这种窖藏有回避风险的想法，但更多还是作为财富的一种储藏形式。窖藏起来的货币是不会生钱的，资本主义企业家绝不会做这种事，但中国商帮的许多人都采取了这种做法。徽商和晋商的窖藏极多，仅阎锡山当政时一次就挖出 30 万两白银。众多的资金要么花费在房屋住宅与奢侈性享受上，要么沉淀于地窖之中，即便投向资本市场，也仅仅停留在贸易与高利贷中，而没有通过雇用劳动力而实现增值。这样一来，整个社会的资本运作便陷入了停滞的状况，资本与生产基本脱离了关系。

正是由于中国的商帮没有把经商赚的钱用于非生产性投资，因此，他们的经商很快就到了"顶峰"，不想也没有去追求更大的发展。在许多小商帮中，"小富即安"的思想相当普遍。这就限制了他们做大，更谈不上以后的转型。中国商帮尽管也曾轰轰烈烈，辉煌一时，但在社会转型时，绝大多数都以衰亡结束，没有成为推动中国社会进步的动力，这是中国商帮之悲，也是中国历史之悲。

二、国外家族式企业转型的成功经验

正如上文所说，中国商帮转型的失败，与其自身的弊端和长期畸形的发展体制有着很大的关系。然而这也是我国从清末到民初半封建半殖民地的社会市场条件所造成的，而伴随着新中国向社会主义计划经济的转变，商帮不可避免地退出了历史的舞台。

所以说，在一个畸形的市场条件下，考察中国传统商帮的发展历史，不足以为现今基本完善的社会主义市场中的商帮转型提供全面的借鉴。而放眼国外，虽然国外多无"商帮"一说，但其众多家族企业的成功转型之路却为我们提供了不少的经验。他山之石，或可攻玉。我们不妨从西方发达国家成功转型的家族企业的案底讲起，力图从中获得一些借鉴。

以下便是国外众多家族式企业成功转型的趋势与经验。

1. 趋势：由家族企业到公众企业

家族式企业是指由某一家族经营或委托经营，但仍由某一家族控股（相对或绝对控股）的有限责任公司或股份有限公司（一般没有上市）。公众公司是指委托经营、股权高度分化的股份有限公司（包括上市和非上市公司）。

由此可以看出，两类企业的根本差异在于产权控制制度的不同，从而表现出在人事、财务、投资和经营管理等方面的不同特征，其具体表现为：

从历史上来看，股份公司的原始形态早在 15 世纪就已出现，但一直到 19 世纪中叶以后才趋于成熟并逐渐占主导地位。在这一过程中，股份公司发展的形态经历了三个阶段。（1）家族企业阶段，公司的形态是有限责任公司，股份由家族成员掌握，董事会成员和高层管理人员来自家族内部，公司的所有权和经营权尚未发生明显的分离。（2）家族控股阶段，公司的形态是股份有限公司，家族作为大股东持有较高的股份份额，并对董事会和高层管理人员的任免有决定性影响，公司的所有权与经营权开始发生分离。（3）公司股份外部化和分散化阶段，股东人数迅速增多，股权高度分散化，股东不再直接经营企业资产，董事会和高层管理人员获得了充分的经营权，完成了所有权与经营权的分离。

通过上述分析可以发现，家族式企业与公众公司没有不可逾越的界限。一般说来，家族企业规模相对较小，经营比较灵活，资本和经营受某一家族控制；公众公司规模较大，资本所有者对企业的经营控制是间接的，委托代理经营。家族式企业通过"经理革命"就可以成为公众公司。

在美国，现代企业的形式就是股份公司，它包括股票不能公开上市的股份公司和股票公开上市的股份公司。前者就是所谓的家族企业，后者即是公众公司。就股份公司这两种不同类型来看，不上市公司在数量上占绝对支配份额，1985年达到股份公司总数的99％，但是，其资产份额仅为股份公司资产总额的25％。

企业规模的扩张及与之伴随的技术和管理过程的复杂化，导致了所有权与经营权的彻底分离。高层管理者的地位，已不再由所掌握的股份而决定，而是由其经营管理的能力所决定。支薪经理人员在高阶层管理中占支配地位的企业逐渐兴起，取代了家族式企业和金融资本企业的领导地位。用美国经济学家小艾尔弗雷德·钱德勒的话来说，美国企业制度变革中的经理革命，大致循着两种不同形式演进，就是经理式资本主义的兴起和对家族式资本主义、金融资本主义的替代。由此可见，数量上虽然不多的上市股份公司，成为联系无数中小企业的中心，在经济生活中起到举足轻重的作用。

而与之不同，在日本，第二次世界大战后，以1945年解散财阀为转机，企业权利的形态发生了由以前资本与经营合一向两者分离的重大变化。日本有1.12亿人口，196万家企业。这196万家企业，主要分为股份公司、有限公司、无限公司和两合公司四种类型，其中股份公司约占半数。

股份公司占日本法人企业的一半以上，尤其是大型企业，绝大多数是股份公司。但是，股份公司中，股票上市的公司数量甚少，只占股份公司总数的千分之二左右，绝大多数是不上市公司。日本的公司资产组织形式，大部分是公众资产，似乎与家族很少联系。但是，日本的企业职员进了某一公司后，就有一种强烈的归属感，管理者的晋升结构是建立在"终身雇用制"基础上，总经理卸任时，有权推举继任人，保证了经营者权力的延续性、独立性。日本的"家"不仅指血缘关系建立的共同体，还包括企业和公司行号这种经济关系共同体。凡是进入某一企业共同生活者，即被认为是这一"家"的成员。日本企业的所有者或经营者也很自然地将下属员工完整地视为其企业成员，员工对于企业也具备认同感和归属感。因此，日本企业在运作过程中，俨然是家族主义。

通过对美日市场上企业的发展情况及其历史的考察，我们可以发现，家族式企业与公众公司是企业发展过程中的不同阶段，要想企业做大，家族企业大多必须向公众企业转变。虽然家族式企业更多地体现了一种东方文化特征，公众公司则更多地体现了西方文化特征。但公众企业在东西方的文化背景下又有着不同的表现形式，其中美式的公众公司完全以效率和利益为治理原则，而日式公众企业则在其中加入了家族企业的文化精髓，家族企业的实质在现代化的企业结构中最大限度地得以保存。

2. 保持强有力的董事会

虽然，西方国家的市场上大多为公众企业，但依旧有众多的家族式企业活跃其中。经久不衰的大型企业往往都采取强有力的治理模式。这些家族的成员积极参与公司董事会的工作，孜孜不倦地监督企业绩效，同时汲取长期积淀下来的深厚行业知识，有效避免了委托—代理问题。即便是在美国，平均而言（标普 500 的分析表明），家族企业的董事会中，有 39% 是内部董事（其中 20% 由家族成员担任），这一数字在非家族企业中仅为 23%。这样做的好处是显而易见的，不仅保持了企业创业者家族的所有权，更如 IBM 的前任首席执行官所言："家族式管理团队中的一项真正的资产，因为他们在业内已经打拼了数十年之久。"

当然，家族企业更需要外部人以全新的战略视角来进行补充。即使一个家族把持着一个公司的全部股份，公司董事会中也往往包含着很大比例的外部董事。某家族制定了这样一项规则，即董事会中的半数席位应由外部首席执行官担任，且这些外部董事所经营的企业规模至少应该是本家族所经营企业规模的 3 倍。

对于企业内非家族董事人数的增加，欧美的家族制企业在全体董事会成员（包括外部董事和内部董事）的任命方面，采用了如下的程序以防止大权旁落。即董事会选择新成员后，需要首先征得内部家族委员会的同意，然后，再交由股东大会进行正式审批。正式审批机制因公司而异：对家族而言，最重要的是了解建立强有力的董事会的重要性，董事会不仅应深入参与高管事务，还要对业务组合进行积极管理。许多董事会会议甚至长达数日，以详细讨论公司的战略问题。

3. 由人事管理到文化管理

企业文化是一种价值观念，属于社会意识范畴。国内外企业发展的实践证明，企业文化是一个企业的灵魂，它对企业发展起着至关重要的作用。

从世界范围看，占主导地位的企业文化，一种是欧美型企业文化，一种是日本型企业文化，再一种是借鉴型企业文化。欧美型企业文化，所表现的是以人为本的价值观；日本型的企业文化，追求"人和""至善""上下同欲者胜"的群体共同意识；以韩国、新加坡等东南亚国家企业为代表的借鉴型企业文化，融汇吸收了东西方经济发展和企业管理的特点，具有较强的"亲和性"。

在家族企业的发展中，由于融资范围的扩大，家族所控股权将不可避免地被分散，而继续保留家族影响的一个重要方式便是进行有效的文化管理。所谓的文化管理，就是指通过在家族经营企业的较长时间里，在家族文化的感染下所形成的企业文化来影响企业的决策。一旦企业文化被确定下来之后便在很长的时间内难以改变，而受文化所影响的是全体企业员工的思维方式与心理环境。当企业面临决策时，企业的决策者不管是不是来自这个家族，都会按照从这个家族所继承的文化特征与思维方式来思考问题，而在处理问题时与此家族成员的做法极为相近，潜移默化地被创始家族所控制。而正是这种文化上的主导，创业家族即便股权被稀释，其依然会被当作精神教父而顶礼膜拜。

这一点在日式企业中体现得尤为明显，由于股权分散，家族的人事管理权已大为削弱，然而依靠在过往历史中家族文化对企业制度潜移默化的影响，家族余威依旧可以左右企业决策。所以，在企业所有权的变更中，即便一个家族依然保留着强大的股权，其成员依旧需要对企业进行文化上的管理以加强对企业的有效控制与高效管理。另外，家族式企业往往重视关爱和忠诚，这些价值观是非家族式企业所无法提供的。

4. 实现资产的有效分散与汇聚

大多数成功的大型家族式企业往往都经营着多种业务，并且会不时地对业务组合进行更新。尽管许多家族式企业建立了许多互不相关的业务，但大多数只重点关注 2~4 个主要行业。一般而言，家族式企业都努力打造这样一种组合：既有能够带来稳定现金流的业务，又有承担较大风险但能带来更高回报的业务。这样做的目的是不断更新业务组合，使家族控股公司可以逐渐从成熟行业拓展到新兴行业，从而保持良好的投资组合。

这就要求，除了核心控股以外，家族还需要具备强大的财富管理能力，这通常包括投资于流动资产、半流动资产（如对冲基金或私募股权）以及其他公司的股票。成功的财富管理既要能够分散风险，又要通过各种流动性举措为家族提供资金来源，从而帮助企业保持协调、稳健。

启用专业机构，采用强大、统一且严格的风险管理机制来监督家族式企业创造的财富是十分必要的。对于巨大的财富，最佳解决方案是为单一家族服务的财富管理机构，在产权上既可以是独立的，也可以隶属于家族。

总的来说，为了实现资产的有效分散与聚集，有五个关键要素：高度专业化并有制度化的流程和程序；严格的投资和撤资标准；严格的绩效管理；强有力的风险文化综合风险评测与监控；体贴周到的人才管理。

5. 履行社会责任——铸就恒久影响力

长期以来，企业品牌影响力的生成、维系和强化，主要依靠较为强大的广告预算来支撑。但随着时代的发展和社会的进步，企业品牌建设的这一路径依赖将会被打破，取而代之的将是"履行社会责任"这一新的路径依赖。也就是说，企业履行社会责任与企业品牌建设将产生直接的、深切的正向关联度。

"路径依赖"理论由美国经济学家道格拉斯·诺斯创立。根据这一理论，事物发展一旦进入某一路径，就有可能对这种路径产生依赖。越来越多的实例表明，企业特别是知名度较高的跨国企业，如沃尔玛、星巴克、耐克、麦当劳等，在品牌建设方面的路径依赖正在由传统的广告方式转型为履行社会责任的方式，即通过积极主动地履行社会责任来重塑企业形象，再造企业文化，并由此打造企业品牌影响力。

以沃尔玛为例。沃尔玛正在主动采取两项举措以履行对资源与环境的社会责任：一是将其庞大的物流车队的效率提高100％，以减少企业二氧化碳排放量；二是将其各卖场的能源耗费量减少30％，以达成节约资源的目标。沃尔玛这样做的动机很简单，就是使自身的品牌力量不致因对资源与环境责任的缺失而受到削弱。因为，之前的民意调查表明，由于公司在资源、环境等社会问题上的以往立场及做法，导致8％的买主表示不再光顾沃尔玛。我们同样可以想象，对一个汽车制造商来说，如果其新车设计不能充分考量应该履行的环境责任，使二氧化碳排放大幅度降低，受《京都议定书》的影响，其品牌力量也必将大打折扣。

实践已经而且还将继续证明，履行社会责任会彰显企业形象，提升企业品牌影响力；而社会责任缺失，则会丑化企业形象，令企业品牌蒙羞（即通常所说的"倒牌子"）。由此我们可以断定，履行社会责任终将成为企业品牌建设的新路径依赖。目前欧美国家各大企业所建立的基金会的不断增加也有力地证明了这一点。

履行社会责任不仅是企业家回报社会的有效方式，其对于企业的好处也是显而易见的。它能够使公司人气陡增，有效地提升企业的品牌价值与家族声望。并且，由于履行社会责任多是企业家直接出面执行，这就更牢固地把企业家与企业更永久地联系在一起，企业家的文化效应会随着公司人气的上涨而被整个公司，甚至是社会所认可，从而在提高公司声望的同时，更好地实现家族对公司的文化管理。

世界著名企业的成长史，几乎就是一部部家族企业不断转型的发展史。据意大利家族企业协会评估，意大利93％的企业是由家族经营的，这占到了该国150家最大企业中的45％。比例之高，令人咋舌。而在全世界所有企业中，由家族所有或经营的，最保守的估计为65％～80％。有人说，家族企业

"做不大"。但在世界 500 强企业中，家族企业也占到了近 40%。家族企业这种经济组织形式，不仅数量众多，而且实力极强。这就为商帮的转型提供了借鉴。

三、宁德商帮的发展之路

1. 继续开疆扩土，坐稳头把交椅

改革开放三十多年，中国的快速发展为钢材创造了巨大的市场，具有远见卓识的宁德商人更是借着这股东风，登上了中国钢材贸易行业的头把交椅。如今，钢材贸易市场的发展模式已日臻成熟，从上海到长江三角洲，再到整个中国东部地区，中国钢材贸易行业的中心地带已被宁德商帮成熟的经营方式所整合，从而形成了由宁德商帮主导，各地商人与宁德商人共同经营的钢材贸易格局。

可以预见，中国的改革开放在未来的几十年继续释放出无限的潜力，将会继续带来钢材贸易下游产业的极大发展，从而为钢材贸易行业提供一个日益扩大的市场。故而，考虑到未来中国的钢材需用量的加大，宁德商帮依旧有巨大的市场可以挖掘。所以，对于宁德商人来说，当今的第一要务便是发展，通过不断的发展，继续开疆扩土，不断地向未进入的西部与北部市场进军，同时有效地填补不断增加的本地市场的需求量。

对于已经历经二十余年发展，形成了自己高效的经营模式、有效的自我管理体系、可靠的信贷方式的宁德商人来说，他们已经具有了这些市场开放以前的先天优势。随着中国地域经济一体化的不断进行与宁德商帮自身财力积累的不断加快，中国的西部与北部这些尚处于初级阶段，且没有成熟的发展模式的混乱市场将成为宁德商帮的新奋起之地。

可以预见，随着中国钢材贸易市场的空白被日益填补，"放眼世界，走出国门"必然成为这些一流的钢材贸易经营者们所必须考虑的问题。纵观全球，虽然铁矿石等钢材上游产品的大宗贸易已为少数几家大公司所垄断，然而钢

材贸易行业仍然没有产生足以左右全球钢材贸易价格的大型商业团体，尤其是在第三世界国家，钢材贸易行业仍然处于无序竞争之中，其整合势在必行。纵观寰宇，中国商人在东南亚、美洲与非洲的成功早已是寻常之事，众多的零售行业已然掌握在华人之手，钢材贸易行业作为一种零售行业被自古便向海外发展的福建人所占据也并非难事。

2. 集中商帮力量，走向市场联合

如今的中国钢铁业掀起了一场兼并重组的浪潮。一方面，从面临能源、资源环境严重制约的实际出发，"十二五"期间，我国钢铁工业必须控制钢铁生产总量，加大节能减排工作的力度，继续淘汰落后和低水平产能，三项工作齐头并进，形成合力推动钢铁行业绿色转型。另一方面，沿袭了30年的铁矿石年度定价协议，在2010年变为季度定价协议，参考的价格也开始更多偏向现货价格，中国钢铁企业不得不继续签订"城下之盟"。同时，国际金融势力也渗透进铁矿石贸易领域，中国企业不愿看到的金融期货化趋势越来越明显，这些都给钢铁业带来了沉重的压力。

面对这种局面，兼并重组已成了钢铁业的大势所趋，无论是希望在未来的市场竞争中取得有利地位，还是想要在上游成本、终端需求不旺的环境下杀出一条"血路"，都要求钢铁业一改旧的格局，提高产业集中度，做大做强。不仅是钢铁生产企业，钢铁贸易企业同样也开始出现强强联合的大趋势，这在上海钢材贸易界已经有了不少先例。钢材贸易界的"联合"有两种形式，一是著名民企与实力雄厚的大型国企联手，二是两家或者几家民营钢材贸易企业"强强联手"，或是资金的合作投入，或是在大项目上的联合，这在闽商中比较多见。

联合可以为企业的发展带来诸多好处。首先，联合有助于取得钢材的定价权，从而可以提高钢材商户对价格的控制能力，增强盈利能力。然而，单个小户对价格没有干预作用，只有行业联合集体行动才能影响价格、控制价格。由于掌握定价权可以极大地增加企业收入，故这也应成为新发展模式探索的一个重要的尝试。现在钢材贸易市场的销售者主要是通过关注上海西本

新干线市场每天公布的行业报价来确定价格，或是通过行业的 QQ 群来发布价格，如果对该价格稍有偏离（在钢材质量一定的条件下），可能会导致销售困难。正是由于仅仅只能听从行业报价却没有能力干预报价，这样的定价方式使得这些商户没有价格控制权，从而不能创造对自己有利的经营局面。一个关于取得行业定价权的初步设想是建立"中华钢市网"，并力图将全国的众多钢铁贸易商户全部纳入，通过设置 VIP 专区，使用这些大商户的报价来确定市场价格，努力掌握定价权。这样一来，钢材的报价不仅仅是由现在的钢厂、商户、代理在参考期货价格和"西本新干线"的报价基础上所确定的，而且是钢铁贸易企业将掌握更大的话语权。通过建立统一的钢材市场网，企业不仅仅会取得钢材的定价权，更将逐步建立行业的联合，用较大的行业势力共同干预市场价格，从而使行业联合中的成员在市场竞争中取得优势，使市场价格反映自身的意愿，从而获得更强的盈利能力。

规模竞争的优势还在于节约开支、降低成本、提高利润，一旦规模经营之势形成，可以减少管理机构，进而精减管理人员从而达到节约开支、降低成本、提高利润的目的；提高抵御风险的能力，把风险降到最低。一旦规模经营之势形成，便可用相对少量资本，通过增加资本运转周期以达到提高效益的目的，抵御市场风险的能力将得到提高，市场风险自然被降到最低。一旦规模经营之势形成，便可在一定范围内规范市场，形成有序经营，扩大利润空间，用节约的资本把规模经营进一步扩大。在利润降低、风险加大的情况下，企业需要通过规模经营降低风险，提高利润，以期立于不败之地。

当年的闽东人能够从 20 世纪 90 年代初那么弱小的情况下，发展到掌握了长三角钢材销售举足轻重的地位，正是因为这些原来弱小的企业，在当初不断闯进上海的拼搏过程中，为了生存和发展的需要而联合了起来。他们借助钢材市场的集群效应，通过钢材贸易市场的平台把资金、信息、人才、销售渠道、对外形象等元素汇集起来，如同乘上了一艘坚固的海船，在躲过一波又一波的危机中劈波斩浪，不但没有被巨浪所冲击而式微，反而不断前进、不断壮大、不断扩张，从上海走向江苏、走向浙江、走向天津、走向广东、走向重庆。他们每走向一个新的地方，总是借助联合的力量，没有联合，就没有闽东商帮从上海走向全国的辉煌业绩。

当然，同样是走联合之路，在细节上也会有些不同的地方。与国企联合，可以优势互补，在资金、渠道、政策上取得不少先机；与民企携手，则可以灵活地应对市场变化，抱团过冬。与此相应的是，任何一种联合，也可能会有相互间适应、磨合的或长或短的过程。对此，应抱积极的心态去面对。一个新事物的诞生，必然会有磨合和痛苦，但经过这些曲折之后，定会发现新生的喜悦和希望。

3. 依靠技术进步，增加产品附加值

周宁钢材贸易企业的低附加值问题是企业发展的一个瓶颈。钢材贸易企业投入资金量大，但利润率却低，这无疑增加了企业发展的风险性，并直接降低了企业的营业能力。所以如何改变这样的困局，是钢材贸易企业发展前进道路上所必须解决的一个问题。

答案显而易见，唯独依靠人才，增加产品的科技含量，打造出商户独有的市场，摆脱完全竞争零利润的危局，才是解决办法。人才是支撑企业发展的中坚力量，无论是政府、商会还是企业，现在都已经认识到了人才的重要性。随着企业规模的不断扩大，宁德商帮进入了一个不缺钱而缺人的发展阶段，最初创业时的朴素和进取精神虽仍必不可少，但已不足以引导企业做大做强。能否成功引进高层管理人才和国际贸易、金融等领域专业人才已成为决定宁德在沪企业进一步发展状况的关键因素。

提高钢材技术含量，提供钢材深加工服务应该成为新发展模式探索的重要一步。增加钢材技术含量，可以提高钢材产品的竞争力，从而增加企业的平均利润率。提供钢材的深加工服务，既可以为消费者提供钢材购买的一条龙服务，更可以使得企业增加钢材的附加值，从而增加利润。有几家担保公司的总经理都提到了提高技术水平和提供深加工服务等发展思路，例如引进高技术型人才、拓宽业务范围、提供深加工服务等，这些都是他们在今后转型的一些基本思路，同时也是增加利润，将钢材市场做大做强的重要途径。

当今知识经济时代，科技创新成为经济和社会发展的主导力量。技术创

新是企业不断进步的灵魂，是企业竞争优势的根据地。技术创新适应并引导着市场需求，决定着企业的业务流程体系和产业的发展方向，是企业赢得市场份额的根本所在。赫赫有名的微软公司、IBM 公司正是通过技术创新走上欣欣向荣的康庄之路，而且这一点也正是无数优秀企业的成功之路。特别是我国加入世界贸易组织后，企业面临的环境将日益复杂且多变，不确定性日益加剧，竞争更加激烈。家族企业面临的不仅是国内企业的竞争压力，更重要的问题是如何在国际竞争中求得生存和发展。这样就要求企业必须适应市场需求变化，不断进行技术创新，开发出技术含量高、适销对路的新产品。家族企业应主要从以下几方面来推动技术创新。

（1）重视技术创新，打造具有创新精神的企业家

家族企业必须转变思想，认识到技术的落后只能造成企业生产成本高、劳动生产率低、产品的性能落后、竞争力差，而这将从根本上关系到企业的生存与发展。只有技术创新，才能提高企业竞争力，促进企业发展。而企业作为技术创新的主体，企业家是否有创新精神和创新意识，对企业的技术创新具有至关重要的作用。企业家不是一种职务，而是一种素质。企业家素质主要是指有远见、有胆量、有创新精神，只有符合这三条，才可称之为真正的企业家。企业主并不等于企业家，因而家族企业的企业主应从企业的长远利益出发，把企业的权利下放给真正的"能人"管理，让家族企业不再以"家族势力"为核心，而是以"能人集团"为核心，这样才有利于技术创新，为家族企业壮大做出贡献。

所有这些的实现则必须依托一种精神层面的生产力，这就是经济学家熊彼特所说的"企业家精神"。那么在中国的市场经济条件下，企业家精神到底是什么？是进取、是冒险、是责任。"天行健，君子以自强不息"，正是无数开拓者和冒险家成就了中国企业的今天。改革开放走到今天，大浪淘沙，成功的民营企业证明着这些企业家的人格、能力和才华。实质上企业接班人面临的是企业家精神的断层，应呼吁社会重新关注和塑造企业家精神。

罗曼·罗兰曾说"最高尚的人，不为自己活，不为自己死"。如果说开拓创新是企业家的灵魂，勇于冒险是企业家的天性，那么责任感则是企业家的

不竭动力。中国当前正处于增长模式转型的关键时期，未来经济的腾飞掌握在当下企业家的手中。企业家精神的归位与升华既是企业家自身事业的直接需求，也是时代与社会的必然召唤。

德鲁克说过："企业家精神是'超经济的'，它深刻地影响且正确地引导经济，而它本身却不是经济的一部分。"鼓励开拓创新，强调冒险拼搏，重视社会责任，这是企业家精神的应有之义，也是重塑企业家精神的核心所在。授人以鱼不如授人以渔，而授人以渔不如授人以欲，技术和物质都可以学习和复制，但只有在精神上有了追求，才会在根本上拥有改变的动力，这也就是企业家精神的责任层面。

当然，重振企业家精神，除了企业家们自己的努力以外，更要求政府放松和解除管制，强化市场功能，弱化官员造租和寻租能力。尽管一些企业家也参与了寻租活动，理所当然地受到了民众的谴责。大致的观察表明，主动与官员联手的是少数，多数企业家是不得已而为之，他们实际上也希望在透明、规范、法治、公平的商业环境中运作，不愿意冒法律和政治上的风险。寻租的根源在制度，在于不受制约的政府权力和过度管制。只有避免了寻租，才能真正调动企业家们出于天性而发扬的创新精神。只有变革永续，方能基业长青。

（2）建立技术创新人才的激励机制

创新不仅要有创新精神，还必须拥有技术创新的人才。技术创新的源泉是人力资本，技术人才是技术创新的主要承担者和完成者。家族企业要视人才为宝，制定符合市场规则的人才引进、培养、使用、评价、激励机制，真正把技术创新的效益和风险与科技人员的个人利益挂起钩来，最大限度地调动技术人员的创新积极性。家族企业可借鉴西方经验，科技人才以技术成果入股，获得企业股份，这样，不仅能成功地留住人才，而且使科技人才与企业的利益息息相关，从而最大限度地激发其创造性。另外，企业可将技术创新成果带来的利润的一部分与科技人员共享，这也是激励技术人才进行技术创新的有效措施。

传统的人才激励方式是根据绩效付薪，根据成就晋级以及"按要素分配"等。但是，在当今人力资本成为主要经济要素的知识经济时代，传统的人才激励方式具有明显的局限性。为此，许多企业为适应知识经济条件下人力资本竞争的需要，大力调整自己的人才激励模式。具体看来，可以有以下做法：

首先，创业激励。创业激励的主要表现是企业给有特殊才能的人才提供创业基地和创业基金，营造创业环境，企业与人才共担风险、共同创业和共同发展。美国的硅谷为什么能吸引世界各地的精英人才，就在于硅谷对人才的创业激励。

其次，情感激励。情感激励的突出表现是企业注重人情味和感情投入，给予人才家庭式的情感抚慰。对人才的情感激励在日本颇受重视。索尼公司董事长盛田昭夫自豪地说，一个日本公司最主要的使命，是培养它同雇员之间的关系，在公司创造一种家族式情感，即经理人员和所有雇员同甘苦、共命运的情感。企业对人才的情感激励，必须是建立在对人才尊重和信任的基础之上，只有建立在尊重基础上的情感激励才有效果，才能为人才所接受。企业与人才结成的不仅是利益共同体，还是情感共同体，人才生活与工作在这个充满温暖的大家庭中，其创业的激情就会充分发挥。

再次，制度激励。现代人才看重物质利益，但也十分看重人才发挥作用的制度体制，这就是要求企业对人才的激励要表现出一定的层次性。所谓层次性就是指：其一，岗位的差异决定了企业对不同员工在激励方式、手段和力度上应有所不同。其二，员工的需求差异，会导致不同激励方式产生不同的激励效果。即使在同一岗位，有的人追求收入的最大化，因此，加大收入分配力度是最有效的激励手段；有的人则追求自我价值的实现，给予其较大的事业空间就会取得较好的激励效果。其三，个人需求的多层次性决定了激励方式的多层次性。人的需求一方面是有层次的，同时也是综合的。因此，对同一员工也不能只采用一种激励方式。

（3）确立研究、开发与生产销售紧密结合的运作机制

熊彼特在1912年出版的《经济发展理论》一书中提出，"创新"主要是一个经济范畴，即将已发明的科学技术引入企业，形成一种新的生产能力。

目前，对技术创新，大家的共识是以市场为导向，以提高企业竞争力为目标，通过在产品上、工艺上的研究与开发，从工程化、商业化生产到投放市场，实现商业利益以及新技术扩散等一系列活动的总和。企业技术创新，就是要向市场提供新颖产品，创造或扩大市场需求；改进生产工艺，降低成本，形成产品价格优势；加强产品物流管理，使资源配置更加合理，企业整合效益提高，企业获得更大发展空间。由此可见，技术创新与企业资产重组等都是提高企业效率的手段和方法，任何企业都应重视技术创新，通过创新提高自身的经济和技术实力。

家族企业在成长的过程中，要不断地进行技术创新，才能有较高的产品市场占有率和良好的经济效益，进而才能够实现企业的"可持续发展"，这是每一个理性经营者都认同的规律。在我国，家族企业在新产品的开发和产业升级上仍存在诸多缺陷。

针对企业科技与市场结合不紧这一问题，企业立项前应组织生产、销售与研究部门有关人员相互交流与合作；并在项目进程中，定期请有关人员来讨论和评估，根据实际情况进行必要的调整。为使科技成果产业化加速，企业在项目的开发阶段就要考虑工艺、装备、生产条件和市场定位，并根据需要组成跨部门课题组。一般在项目开发前期，课题组以研究开发为主，随着项目的进展，设计和工艺方面的人员会增多。总之，技术开发课题和技术改造及市场开拓都要纳入统一的发展规划中，在技术开发产业化上形成一个有机的整体。

所以，在当今知识经济时代，科技创新成为经济和社会发展的主导力量。技术创新是企业不断进步的灵魂，是企业竞争优势的根据地。技术创新适应并引导着市场需求，决定着企业的业务流程体系和产业的发展方向，是企业赢得市场份额的根本所在。赫赫有名的微软公司、IBM 公司正是通过技术创新走上欣欣向荣的康庄之路，而且这一点也正是无数优秀企业的成功之路。特别是我国加入世界贸易组织后，企业面临的环境将日益复杂且多变，不确定性日益加剧，竞争更加激烈。家族企业面临的不仅是国内企业的竞争压力，更是如何在国际竞争中求得生存和发展的难题。这样就要求企业必须适应市场需求变化，不断进行技术创新，开发出技术含量高、适销对路的新产品。

（4）创造有利于技术创新的市场环境

首先，政府要积极地规范和完善市场体系，确保各类生产要素市场合理运作，消除价格扭曲现象，使企业真正依靠技术创新而不是单凭生产要素的低成本获得竞争优势。这一定需要尊重企业家和创业者的首创精神。企业的创新，是一种市场导向的、由企业家推进的、具有很大风险的、营利性的经济活动。企业家、创业者更贴近市场，具有敏锐发现技术的市场价值、认定可应用领域的本能，有快速捕捉市场机会的冲动，并可以将创新活动所必需的人才、资金和其他物质条件整合起来，组织并指导进行目标导向的创新实践。只有建立起企业家和创业者愿意以他们的睿智和财产倾注于创新活动的体制环境，才能使创新不是一个个偶然发生的现象。政府主导、政企不分、官本位、行政干预等可能削弱企业家首创精神的体制，都将阻碍技术进步。除此，还需要确立企业的主体地位。新技术、新产品不仅在技术上，而且在市场中都存在不确定性。创新过程，从某种意义上说，就是试错的过程；创新就是在实验中不断减少不确定性。尽管我们不断听到企业在创新方面获得成功的好消息，但可以肯定的是，大量创新活动是以失败而告终的。创新只能是企业为追求更高回报而心甘情愿冒失败风险的市场行为。因此，政府必须承认企业独立的主体地位，在严格的产权保护的环境下，由各个企业自主决策、自担风险，而不能照搬"建设型政府"的一套，让企业听命于政府的指挥，遵从政府的"红头文件"。因此，创新需要更加自由的外部环境。在法律准许的范围内，企业可以决策自己想做的事。在企业因创新的成功而获得超额回报时，政府应乐观其成。

其次，规范而充分的市场竞争。竞争一方面不断给企业施加生存的压力；另一方面，成功的创新加之良好的市场运作可以获得"人无我有"的滚滚财源。这就使市场成了"逼迫"和激励企业创新的原动力，包括在新技术突破的机会来临时，市场竞争会激起企业和创业者活力四射的创新激情。市场竞争是缩短试错过程和降低试错成本最有效的途径。此时，任何取代市场、抑制市场竞争的制度安排，都会成为压抑创新的因素。在传统制度下，政府因担心"一哄而上"，或为了支持创新而出面干预，设定"支持"的门槛、认定谁可以进入或不准进入。由此，会出现这样的局面：垄断企业明显地表现出反技术进步的倾向；"业内大企业"因得到制度性保护而增加惰性；最具创新锐气的新进入者则被拒之门外。搞不好，技术超越的机会就此失之交臂。

4. 维护商帮信用，确保融资顺畅

虽然，"五户联保"制度可以保证中小企业得到银行的信任，获得其所需要的资金，但大型企业却较少地参与这种贷款方式。由于每个地区的大企业仅有几家，所以难以组成联保单位。所以，大企业的借贷资金是依靠仓储货物抵押贷款获得的。但这样一来，大企业获得多少贷款仍取决于其货物，当货物减少时，则必须向银行归还一定的贷款，不仅造成操作上的麻烦，更会限制企业的贷款额度，难以保证其需要。

所以，在苏州地区的宁德商户想出了如下的贷款方式，以帮助大企业获得足够的贷款：对于吞吐能力达到几万吨的企业，银行需要进行大额担保。如需一万吨的货，就由自己缴纳15%，其余的部分先由银行垫缴，等生意成功之后由钢铁贸易企业偿还，这样就可以用较少的资金做成很大的生意。与此同时，还要国有的担保公司进行担保，并委托国有的物流企业进行物流业务，这样可以获得银行更多的信任。

进行融资方式的创新无疑是克服当前中小企业融资瓶颈的关键所在，而之所以会有这一瓶颈的存在，除了当前的宏观经济政策以外，更重要的是中小企业自身的信用问题，所以要解决融资问题关键在于解决信用问题。而以上的这种方法借助了国有企业的信用，实现了银行对于中小企业的充分信任，不失为一种新型有效的融资方式。

周宁钢材贸易企业的低附加值问题是企业发展的一个瓶颈。钢材贸易企业投入资金量大，但利润率却很低，这无疑增加了企业发展的风险性，并直接降低了企业的营业能力。所以如何改变这样的困局，实为钢材贸易企业发展前进道路上所必须解决的一个问题。

答案显而易见，唯独依靠人才，增加产品的科技含量，打造出商户独有的市场，摆脱完全竞争零利润的危局，才是解决问题的办法。然而，这一点却在周宁的钢材贸易企业中并未得到很强的认同。这种经营理念通过企业用工状况也会有所体现。据调查，不足半数的企业员工的学历为大学水平，员工的教育水平普遍较低，不具有科技创新的人才基础。企业对专业性技术人才愿意支付的月平均工资依旧较低，对技术人员不能构成较强的吸引力，企业对人才的引入和产品科技含量的增加没有给予足够的重视。

提高钢材技术含量，提供钢材深加工服务，应该成为新发展模式探索的重要一步。增加钢材的技术含量，可以提高钢材产品的竞争力，从而增加企业的平均利润率。提供钢材的深加工服务，既可以为消费者提供钢材购买的一条龙服务，更可以使得企业增加钢材的附加值，从而增加利润。例如引进高技术型人才、拓宽业务范围、提供深加工服务等，这些都应该成为钢贸企业在今后转型的一些基本思路，同时也是增加利润，将钢材市场做大做强的重要途径。

5. 紧跟市场潮流，更新贸易手段

传统的贸易模式已不再适应快节奏的经济发展，电子平台这一新兴的交易手段正在逐渐代替原有模式，成为未来的主导形式。销售者的宣传方式实现了从"有纸"到"无纸"的转变，可以在网上直接挂出自己的经营范围和价格，不用像以前那样挨家挨户配送宣传单；采购方也可以自己上网搜寻合适的商品，大大节约了双方的交易成本。成立于 2008 年 7 月的上海钢之源电子交易中心有限公司就是一个成功的案例。钢之源由清华大学钢铁研究生班同学共同出资组建而成，致力于构筑先进的钢铁电子商务平台，提供全面的信息、交易、结算、物流、融资等专项服务，广泛开展钢材现货交易，建立公正、公平、公开、高效的市场交易环境，进一步加快商品流通，努力在钢材生产及流通领域发挥更大的资源配置作用。一些规模较大的钢材贸易企业也已经开始着手运作自己的电子交易平台，预计未来会出现一个先竞争后整合的局面，在市场、政府、商会等力量的牵引下逐渐合并成一个大型的网络贸易平台，并建立起相应的运营规则和监管机制。

四、宁德商帮的转型之路

1. 健全委托代理制度，实现企业结构的转变

家族化的管理模式中，企业的所有权和经营权高度统一于所有者。在发展前期，企业经营领域较窄，产业链短，其问题并不突出。然而在西部大开发的形势下，很多建材企业向西部地区拓展自己的市场，这样就造成了东西跨地域、战线太长的局面，企业所有者的监督成本和信息不对称带来的制约大大增加。与此同时，经营领域以及经营所需的技术、市场、融资各方面的要求都远远高于创业初期，但所有者自身的经验、知识折旧速度使其难以胜任全方位的管理工作，而重新学习的速度又不可能与一个庞大企业的发展速度相提并论。这都要求企业任用更加专业的经营管理人员进行管理，而宁德商帮内现有的家族管理，以及跨地域发展时简单地把原地域企业交由亲友代管的方式，是远远不足以适应经济形势与企业发展的要求的。

企业家自身素质问题，事实上与管理制度问题是相伴而生的。目前宁德商户的家族企业掌舵人，大多数还是 20 世纪 90 年代外出闯荡的一批人，而这批人有一个共同特点，就是教育水平低，几乎没有专科以上学历者。他们自身知识素养不足，尤其是现代专业知识能力、对市场的判断能力不足，严重限制了其企业的跨领域发展，甚至可能导致盲目拓展、盲目投资。

除自身素质问题之外，目前的企业家们还将在未来数年至十数年间迎来一个第二代接班的高峰，因而对接班人的素质培养也同样是他们所需考虑的重点。当然从现在企业家们全力培养子女，甚至送子女留学的情况中，我们也可以看出他们对这一问题已有了高度重视。

家族企业权力高度统一的管理结构现在已成为宁德商帮企业发展的一个症结。因此制度创新，尤其是管理制度创新也就成了能否成功跨过转型期的重要因素。

现代企业制度的主要特征是经营权和所有权分离以及职业化的管理制度，

这是家族企业制度创新，提高管理效率所必须引入的元素。但从制度经济学路径依赖的视角分析，家族文化作为家族企业的制度基础，如果完全将现代企业制度作为转变目标，变革过程势必无法进行；即使完成了这种转变，也会产生巨大的成本，更丢掉了原有的文化制度优势，得不偿失。因此，管理制度的创新应当寻找到一个能尽量兼具两种制度优势的企业模式作为目标，或者至少是中间目标，我们称之为现代家族企业制度。

具体而言，一方面，至少在变革前期要保持家族企业所有权与控制权的统一。这里不同于传统的所有权与经营权的统一，企业控制权可以通过家族控股而在一定程度上实现，这样控制力虽然不及传统模式，但也可以尽可能地保持家族企业自有的优势，最大程度上避免经理人内部控制的可能性。

另一方面，从管理模式上讲，企业应当引入委托—代理制度，实现有专业分工的职业管理制度，废除"任人唯亲"的用人方式。根据岗位要求和员工能力进行合理配置，才可以避免传统家族企业管理低效率以及因为控制范围不足而无法扩大规模等问题。

（1）实现人情纽带与契约纽带的分离

前文说到，商帮的管理与公司内部治理，主要依赖宗族、乡党、血缘与地域关系，通过人情纽带实现。虽然这种通过内部人商议就可以完成的市场调整机制，可以很好地适应钢材贸易零售市场面对货源供给和货物需求的调整需要，是整个商帮赖以维系和共同发展的纽带。然而其对于公司的内部治理却存在着众多的问题，前文中所提到的中国传统商帮所出现的"软约束陷阱"与人才流失严重的前车之覆，便是单个家族企业内部依旧依靠人情纽带予以维护和管理的结果。

人情纽带，顾名思义，是人群之间先天存在的（如血缘、地域关系）或者后天形成的（如婚姻、朋友关系）感情关系。人情纽带本是维系社会生活的重要关系，与企业的发展要求有众多抵牾之处。其根本原因在于，人们的社会生活是以追求效用最大化为根本目的，而现代企业的发展却是以追求利润最大化为根本目的。众所周知，人们的总效用不仅仅与其所得利润相关，更受到了多种感情倾向的影响，在追求个人效用最大化时，个人不仅仅受金钱利益的影响，更受亲情等各种社会关系的左右。故而，企业如果将人情纽带作为企业秩序的维护方式，那么在治理企业时就不可避免地被各种除了追求利润最大化以外的因素所影响。明明有很好的赚钱机会，企业却苦于难以权衡各方利益，无法在纷乱联结的人情关系中找到有效的分配方式，从而错失大好时机。

所以，虽然商帮各企业之间通过人情纽带这种富有弹性的约束与管理机制可以在不干扰各家企业独立经营的同时，很好地维系整个商帮的整体性，然而放在各个企业内部却是弊大于利的。为此，在各个商帮的企业内部一定要驱除人情纽带的软约束，代之以通过契约关系建立的硬约束。在有着千丝万缕的人情血脉联系的员工之间建立起契约关系，依靠强硬而有效的契约关系摆脱人情纽带所带来的弊端，也就是民间所说的"亲兄弟，明算账"。

在企业内部建立有效的契约关系，则需要严格现代化管理体制，同时通过劳动契约关系规定不同员工的职责与义务，并通过明确的公司章程对于违反者进行恰当的处罚。将过去公司中实行的类似于"习惯法"的利益分配、责任承担和处罚机制通过明文规定的方式加以区分，明确各方的职责与使命，既防止出现由于竞争无序而陷入"囚徒困境"的悲剧，又可以对为企业的整体福利做出牺牲的部分员工进行明确的补偿，更可以通过契约对给企业带来损失的家族内部成员予以正当的处罚，促进了管理效率提高的同时也提高了公司的活力。

（2）职位管理与品秩管理并重

虽然在企业内部确立契约化的管理体制有着众多的好处，但是中国宗族地域社会的特殊结构却给这种体制的建立带来了众多的阻力。具体说来，许多家族企业内部的创业先辈在换代之后依旧发挥其号召力来影响企业的管理，并且许多家族内部的庸碌子弟会凭借其血缘关系进入管理层。这种问题是家族企业必须要面对的问题，家族企业正常的治理方式不可避免地被家族长辈以非契约化的管理方式即依靠血缘关系与其自身声望进行干扰，更难以避免家族其他子弟依靠血缘关系获得的股权而进入管理层，从而造成家族企业的人情纽带不可避免地存在下去。

然而这样的问题不仅是一个家族企业所面临的，更是中国传统社会所共同面对的。众多的王朝在追求管理效率的同时，由于"家天下"的存在而总是面临着人情纽带的制约。而中国古人很早就发明了用职位管理与品秩管理并重的方式来解决这类问题的方法，从而为当今家族企业的发展提供了借鉴意义。

所谓的职位管理便是从效率的角度出发，完全依靠个人才能与法律规定安排各个岗位，体现在公司管理中就是我们前面所说的契约纽带管理。而对于众多"王室"子弟、"外戚"要员以及前朝老臣，他们虽然不得不给予其官职爵位，但其若是被安排到重要的管理岗位则会带来秩序的紊乱，所以国家采取了"提秩夺权"的管理方式，即提高他们的俸禄与官位却不予实权，对于"王室"子弟虽然让他们位居王爵，但剥夺其行政权力；对于老臣则多给予象征性的官职，享受较高俸禄却不拥有实权。这便是所谓的品秩管理。

家族企业的管理依旧可以采取这样的方式，对于为公司奉献青春的老员工与家族的庸碌子弟给予较高的虚职，剥夺实际权力，让他们享受应有的待遇却不干扰公司的法度，保证正常的契约管理可以实现。

（3）实现家族人才与外来人才的统一与分治

做到公司内外部人才的统一管理是商帮企业克服家族企业先天性弊端的关键。只有按照公平的原则统一对企业员工进行管理，才能真正地应用契约化的管理方式，完善企业所有权的委托—代理关系。这就需要做到：首先，要实现公司章程的公开公正，将所有的问题都摆在台面上，按照规定予以解决，而不可以再按照私下协商的方式以偏向家族成员的方式加以解决；其次，对于员工的奖惩要采取公平统一的方式，不可有内外之偏私，造成公司契约名存实亡；再次，以公司的最大利益为行动目标，而不可仅仅以家族利益为行为导向，造成公司资产完全为家族的利益而服务，而忽视其他非家族群体的存在。

然而家族企业的家族所有权本质却需要企业在推行统一政策的同时，能够充分考虑家族的利益，防止家族内部出现分歧。这一点在商帮企业中尤其重要，因为整个商帮赖以维系的基础便是家族血缘与地域关系，一旦企业失去了家族的性质，那么便很难被商帮所认可，从而失去了被支持与合作的机会，所以这就需要家族企业在人才的统一管理与分治之间做出很好的平衡。这就需要家族企业的管理职位较大程度上为家族人员所控制，所以企业在招聘人才时，对于不同的岗位要向不同的人才开放，技术人才可以尽多地向外部人才开放，而管理人员则尽可能地在家族的优秀人才中选拔。

总之，家族企业关于内部人才与外部人才的统一管理与分治有着一定的相互矛盾，这就需要企业的决策者在保证能够保持契约化管理的同时，随时做出调整以平衡家族人士与外部人才的关系，既要维护家族利益又要激励外来成员。

（4）实现商帮内部合作形式的转变

商帮内部合作指不同的企业之间通过协议或其他联合方式，共同开发产品和市场，共享利益，以获取整体优势的经营活动。商帮的内部企业之间的合作方式基本上依靠乡党宗族的人情纽带维持着，虽然这有着巨大的优势，也很好地解决了合作双方信息不对称的现象。但在市场经济日益发展的今天，传统的礼仪道德约束正日益衰落，商业上的不确定性也不断增加，这无疑增加了商帮内部企业发生合作破裂事件的可能性。而一旦这样的事件出现，则极有可能带来商帮内部企业互相不信任的增加，从而引发更大一轮的道德伦理破坏。所以在商帮内部合作时，除了互相注意遵循道德以外，更要注重契约合同的重要性，用法律的稳定性和强制性来维系靠道德约束下不断松弛的合作体系，保证商帮内部保持充分的信任，共同依靠团结的力量来确保宁德商帮的开拓进取。国际通行的企业合作网络、战略联盟、供应链管理和企业集团等合作形式对宁德商帮而言未尝不是极好的选择。

2. 依托营销与联系网络，积极拓展其他业务

现代物流业是指原材料、产成品从起点至终点及相关信息有效流动的全过程。它将运输、仓储、装卸、加工、整理、配送、信息等方面有机结合，形成完整的供应链，为用户提供多功能、一体化的综合性服务。

现代物流业是一个新型的跨行业、跨部门、跨区域、渗透性强的复合型

产业。现代物流业所涉及国民经济行业具体包括：铁路运输、道路运输、水上运输、装卸搬运及其他运输服务业、仓储业、批发业、零售业。

可以预见现代物流业发展的成功与否将直接关系到零售行业的未来成败，更是现在尚属于传统物流模式的钢材贸易企业在未来市场争夺中必须具备的硬实力。

众所周知，随着市场经济的发展，物流业已然上升为引导生产、促进消费的先导行业。现代物流业是以现代运输业为重点，以信息技术为支撑，以现代制造业和商业为基础，集系统化、信息化、仓储现代化为一体的综合性产业。因而它的发展，必将对优化产业结构、增强企业发展后劲、提高经济运行质量起到巨大的促进作用。

所以加快发展现代物流业是商帮企业降低成本，提高经济运行质量和效益的有效途径。现代物流是流通方式的一场革命，是企业降低物资消耗，提高劳动生产率以外的"第三利润源泉"。计划经济时代是以生产为中心，生产企业、流通企业库存大，占用资金多，而运输和仓储企业有效货源不足，设施利用率低，导致企业资金周转不灵，经济运行质量不高。在市场经济条件下，生产要素、资金的流动是以获取利润为前提条件，"唯利是图"是其根本的特征。运用现代物流业，可以提高工作效率、降低生产成本，从而使企业获得更多的利润。

对于宁德商帮来说，要建设现代物流业，则需要加大对仓储业、配送中心、物流中心、批发中心以及集装箱中转站等物流设施的投入。资金不足时可以引进必要的外资，共同建设物流中心，引进先进的物流管理技术，并认真解决物流过程中部门分割、企业各自为政的状况，认真解决目前商帮企业"大而全""小而全"的状况，走专门化、集约化的道路。

同样，这种有效的网络模式也可以应用到其他的物流行业，比如超市、其他金属产品贸易、大宗粮食贸易等。将这种完善的网络模式通过宁德人的宗族乡党关系嵌套到与钢材贸易行业拥有同样性质的行业中，从而实现在这个行业的快速扩展，有效地实现宁德商帮资金的分散投资，并且可使得这些行业结束当前混乱竞争的态势，从而实现产业整合，实现资源的有效利用。

3. 依托互联网契机，创新商业模式

21 世纪是移动互联网的世纪，传统的商业模式只有配合新的技术手段和运营模式才能够重新焕发出生命力，确保在信息化的大潮中不被新事物冲垮。在（移动）互联网、大数据、云计算等科技不断发展的背景下，宁德商帮需要对市场、对用户、对产品、对企业价值链乃至对整个钢贸业务的商业模式进行重新审视。过去钢贸业务面临着较为严重的信息不对称现象，用户、经销商和厂家之间对钢材价格的知晓程度并不相同，而现在随着一些互联网企业如"找钢网"的出现，价格和物流机制逐渐透明化，传统的商业模式已经遇到了一定的瓶颈，过往的价格优势和信息优势都不复存在。在这种大趋势面前，宁德商帮可以利用自己已有的客户资源和钢厂渠道，利用最新的商业模式，谋取变革之道。

4. 进行适当的金融操作，对冲市场风险

历经改革开放三十多年资本市场的风云变化，几乎每一个中国人都明白了金融业对我国国民经济的重要作用，而几乎每一个商人也明白了投资金融对其事业的重大影响。诚然，在金融行业进行投机性的投资，将会给自身产业的发展带来较大的风险，将整个企业置于一种不可控制的外来波动性之下，从而降低自身的可信度，造成极大的负面影响。然而，随着我国资本市场的不断完善，法律体制的日益健全，尤其是对冲业务的有效开展，商帮企业如果进行正确的金融操作，不仅会使自身所面临的不可控风险降低，更引入了很好的风险调节机制，从而不失为让企业发展和资本壮大的康庄大道。对于宁德商帮来说，现阶段可以进行的金融操作大致有以下几种：

（1）龙头企业上市

宁德商帮中不乏部分有强大资金实力的企业，这部分企业以钢贸业务起家，但又不仅仅局限于钢贸业务，其转型和发展的必经之路就是资本运营。股份制是近代以来出现的一种企业组织形态，是市场经济发展的产物和要求。相对于家族企业、合伙企业等其他企业组织形式，其优势十分明显：它通过股权的多元化，有效分散了集中投资所产生的巨大风险；通过把分散资本积聚成巨额资本，适应了社会化大生产的需要；通过股票的自由买卖，实现了资本的流动和资源的优化配置。对于要求不断扩大自身资本并且追求股份制改革以适应市场竞争的家族企业来说，通过上市的方式实现跨越式发展是一条很好的道路。

①企业可以利用资本市场来推动其实现规范发展

企业改制上市的过程，就是企业明确发展方向、完善公司治理、夯实基础管理、实现规范发展的过程。企业改制上市前，要分析内外部环境，评价企业优势劣势，找准定位，使企业发展战略清晰化。改制过程中，保荐人、律师事务所和会计师事务所等众多专业机构为企业出谋划策，通过清产核资等一系列过程，帮助企业明晰产权关系，规范纳税行为，完善公司治理，建立现代企业制度。改制上市后，企业要围绕资本市场发行上市标准努力"达标"和"持续达标"，同时，上市后的退市风险和被并购风险，能促使高管人员更加诚实信用、勤勉尽责，促使企业持续规范发展。并且上市后，企业可以建立以股权为核心的完善的激励机制，吸引和留住核心管理人员以及关键技术人才，为企业的长期稳定发展奠定基础。

②利用资本市场可使企业获得长期稳定的资本性资金

世界银行国际金融公司的研究表明，中国私营公司的发展资金绝大部分来自业主资本和内部留存收益，公司债券和外部股权融资不到1％，我国企业面临着严重的直接融资瓶颈。

企业通过发行股票进行直接融资，可以打破融资瓶颈束缚，获得长期稳定的资本性资金，改善企业的资本结构；可以借助股权融资独特的"风险共担，收益共享"的机制实现股权资本收益最大化；还可以通过配股、增发、可转债等多种金融工具实现低成本的持续融资。例如，深万科1988年首次上市时融资额为2 800万元，此后通过六次再融资累计筹集资金51亿元，从一个名不见经传的小公司发展成总资产近百亿的房地产业巨头，其中持续稳定的资本供给作用巨大。与银行贷款等间接融资方式不同，直接融资不存在还本付息的压力。企业可以投入更多的资金用于研发，中小企业上市将有效地增强企业创业和创新的动力和能力。

此外，企业上市可以有效提升企业的品牌价值和市场影响力。

③企业上市可以发现公司的价值，实现公司股权的增值

股票上市，相当于为公司"证券化"的资产提供了一个交易平台，增强了公司股票的流动性，通过公开市场交易有利于发现公司的价值，实现公司股权的增值，为公司股东、员工带来财富。上市后股票价格的变动，形成对公司业绩的一种市场评价机制，也成为公司并购的重要驱动力，对公司管理层形成有效的鞭策作用。对于业绩优良、成长性好、讲诚信的公司，其股价会保持在较高的水平上，不仅能够以较低的成本持续筹集大量资本，不断扩大经营规模；而且可以将股票作为工具进行并购重组，进一步培育和发展公司的竞争优势和竞争实力，增强公司的发展潜力和发展后劲，进入持续快速发展的通道。而对于管理不善的公司来说，在价格机制的引导下，资本流向好公司，逐渐淘汰差公司，股价的下跌使公司面临着随时被收购的命运，从而可以用另一种方式将竞争机制引入宁德商帮内部，从而刺激商帮内部求新、求变的思潮，保持商帮的活力。

（2）中小商户改善资本结构、实现风险对冲

商帮内部的大多数企业是没有上市的必要和可能性的，但是这些企业依旧需要有效的运作方式以实现其自身发展和风险对冲。所以，对于许多出现了多余资本并且亟待有效的风险调整机制的企业来说，适当地投资金融衍生品市场以对冲经营风险不失为一条可以选择的道路。

①锁定筹资成本

利用衍生金融工具，企业可以将筹资成本通过重新定价进行锁定。一般而言，利用远期利率协议，企业可将单一期限的筹资利率固定下来。而当企业借入了一笔浮动利率贷款时，利用远期利率协议还可将贷款利率在未来每一个展期的利率锁定，因此，利用远期利率协议可将筹资于未来的贷款展期利率确定下来。

②降低筹资成本

企业可以选择利率低的币种作为筹资的对象，然后在外汇市场兑换成实

际需要的币种，再利用货币互换在合适的时间换回需要还款的币种。当预期浮动利率能够在一定期限内降低筹资成本时，企业可以利用固定利率换取浮动利率，通过利率互换转换债务的利率基础。

③拓宽筹资渠道

企业通过衍生金融工具的交易，可以突破特定市场对信用等级差别的限制，实现筹集资金的目的，从而拓宽筹资渠道、优化资金结构。

水能载舟，亦能覆舟。金融衍生品强大的套利能力使其内含的高风险多少被忽视了。我们希望，这种可以调节风险、实现稳定发展的双刃剑，在踏实稳重的宁德商帮手中会对社会产生更多的正效应。

5. 目光长远，进行有效的资产分散与组合

成功的家族式企业往往都有着经营多种业务的传统，对于整个商帮来说也需要如此，方能永葆自身财力，实现不断发展。并且他们在时不时地更新业务组合的同时，可以将许多互不相关的业务组合在一起，从而有效地减少市场波动对其全体资产的影响程度。值得一提的是，在分散投资建立不同业务体系的同时，商帮也只需要重点关注 2～4 个主要行业，从而避免资金和精力的过度分散。

（1）平衡物流资本与产业资本

前文讲到，中国传统商帮的衰落很大程度上就是资金几乎全部停留在物流行业造成的，而物流行业恰恰是一个很不稳定的行业，极为容易因进价和出价的频繁变动而影响收益，尤其是会因为制度的改革和社会形态的变更而受到极大的冲击。所以，在维持物流行业内部存在一个整体互助商帮的同时，商帮内部的企业也要在商帮领头者的有效安排下，将适当的资金转移向产业资本，从而为极具流动性和变化性的物流行业提供坚实的保障基础，可以在波谲云诡的市场行情变化中保证商帮企业依靠产业资本的收益渡过困难期，从而更为稳定地维系商帮共同体的存在。

（2）向物流等产业的上下游延伸

宁德商人同大多数中国近二三十年发展起来的民营企业家一样，其企业

由于中国经济环境的客观机遇而一度呈爆炸式增长。这就使他们在企业转型或二次创业时有一种过度的自信心理和攫取欲望，加之很多商人限于自身的知识水平、现代商业战略眼光的局限和企业决策层人才储备的缺乏，很容易在向其他领域扩张时盲目冒进。事实上宁德商帮所需要的企业转型，应当是科学的多元化发展，即以市场导向为基础，以企业已有的核心竞争优势为出发点，以各"元"之间的相互协调与促进为支撑进行的多元转型。从中国发展的大趋势来说，我国现在正处在一个基础设施开发建设、农村城市化阶梯式发展的新阶段，铸造、建材等宁德商帮的基本产业在城市化完全完成之前依然有巨大的市场，而宁德商帮企业转型也应当由此出发，向产业链的上游和下游延伸发展。以钢材为例，一方面，从钢材市场向产业上游追溯，可以进行铁矿山投资，以此部分地控制钢材源头，减少交易成本和信息成本；另一方面，向下游还可以发展钢材深加工业，从目前普遍供过于求的普通钢材产品市场部分地转向供给不足的附加高技术的深加工产品市场。除产业链两个方向的延伸之外，宁德商人还可以向第一产业拓展。这里的第一产业并非指传统的农业，而是在此基础上的农产品深加工与品牌化经营，特别是宁德辖下临海地区海产品资源丰富，但大多缺乏加工或只有半自然式的粗加工，品牌意识更是十分缺乏。这部分发展空间虽然并不契合宁德商帮的主要产业模式，却有着巨大的资源禀赋和地域优势，对于返乡投资的商人而言也易于获得政府政策支持，是一个有潜力的投资领域。

全球化进程的不断加快和中国开放度的不断提高还要求企业家们重视国际视角的培养。根不深，则不固；枝不广，则不阔。所以，企业领导者应在完善壮大、提升公司竞争力的同时放眼全球，从更为广阔的世界市场出发去思考问题，在国际化大背景下重新定位。另外，商会不仅要加强与海内外工商社团和工商经济界人士的联系，而且也应推进与国际商会接轨的进程。

（3）重视家族子弟的培养

调查显示，中国目前民营企业500强的当家人平均年龄接近50岁。按照中国人60岁退休的惯例，未来10到15年，中国的家族企业将迎来一个交接班的高峰。如何交接班，将是中国民企继续发展的第一热点，也是第一难点。

管理学大师德鲁克认为，家族企业的核心是"企业"，而不是"家族"。当企业为家族服务时，这个家族企业就不会长久；当家族为企业服务时，这个家族企业才可能长久。接班人问题的本质就在这里——谁为谁服务。

是以"家族"为大还是"企业"为大？是追求"基业长青"还是"家业长青"？是进行"家族的传承"还是"财富的接班"？是做"企业家族"还是"家族企业"？这是一场企业家有限的生命与无尽的时间之间的对话，这是一次关于财富的传承与消亡之间的碰撞。所谓"富不过三代"，曾经的"名门望族"，如何才能穿越历史的洗礼，驶出风暴的考验，在面临各种未知危机的汪洋大海中，成功抵达"家业长青"的彼岸？

而解决问题的关键就是做好家族企业接班人培养工作。对他们进行知识和管理能力的培养是不消多说的，高瞻远瞩的父辈企业家们基本都在不断地尝试。最关键的一点是培养下一代企业家的开阔视野和心胸，让他们不要将从父辈的手中接手企业看作理所应当之事而愈加将企业看作是家庭私产，从而造成企业制度的僵化并陷入传统商帮的衰败陷阱。说白了，就是让企业的下一代接班人具有"家族企业"情怀而不是陷入"企业家族"的错觉之中。

6. 打造文化品牌，增强商帮软实力

（1）继承传统，传承经营哲学

经营哲学也称企业哲学，源于社会人文经济心理学的创新运用，是一个企业特有的从事生产经营和管理活动的方法论原则。它是指导企业行为的基础。一个企业在激烈的市场竞争环境中，面临着各种矛盾和多种选择。这就要求企业有一个科学的方法论来指导，有一套逻辑思维的程序来决定自己的行为，这就是经营哲学。例如，日本松下公司"讲求经济效益，重视生存的意志，事事谋求生存和发展"，这就是它的战略决策哲学。宁德企业具有悠久的历史，但这些历史是隐藏在一个个具体的案例和事件后的，其中传统的经营观念、理念哲学没有得到系统的总结和归纳，尚不能对商帮日后的发展起到指导性的作用。打造宁德商帮文化品牌的第一步，就是对传统的经营哲学进行归纳和传承。

（2）提炼核心价值观，塑造企业形象

价值观不是人们在一时一事上的体现，而是在长期实践活动中形成的关于价值的观念体系。企业的价值观，是指企业职工对企业存在的意义、经营目的、经营宗旨的价值评价和为之追求的整体化、个异化的群体意识，是企业全体职工共同的价值准则。只有在共同的价值准则基础上才能产生企业正确的价值目标。有了正确的价值目标才会有奋力追求价值目标的行为，企业才有希望。但凡具有悠久历史的企业，无不具有自身的核心价值观。近年来改变人们数码消费习惯的苹果公司，其核心价值观就是"简洁"，从公司组织架构到产品设计，无不体现着这一点。围绕着核心价值观的企业形象，是企业最好的"名片"，甚至能为自己的产品进行宣传。

（3）培养团体意识，提升企业凝聚力

团体即组织，团体意识是指组织成员的集体观念。团体意识是企业内部凝聚力形成的重要心理因素。企业团体意识的形成，使企业的每个职工把自己的工作和行为都看成是实现企业目标的一个组成部分，使他们对自己作为企业的成员而感到自豪，对企业的成就产生荣誉感，从而把企业看成是自己利益的共同体和归属。团队意识一旦形成，企业的凝聚力就会大幅提升，员工会为实现企业的目标而努力奋斗，自觉地克服与实现企业目标不一致的行为。这些都将大大增强商帮的软实力。

（4）开展企业道德建设，努力承担社会责任

企业家的慈善活动是保持家族企业长盛不衰的一个重要因素，这项活动不仅可以为不在企业中工作的家族成员提供有意义的工作，并且促进家族价值观的世代传承，还能通过履行社会责任的方式分享财富，有利于企业提高声誉。

家族企业的慈善活动在国外市场中早已蔚然成风，然而在中国却还处于初步阶段。以美国而言，在排名前 20 的基金会中，有 13 家是家族企业建立的。当然，成立基金会并非是一般企业所能做到的。除了任何一项慈善活动都要面临财务和运营商的挑战以外，家族还需要克服另一项重大挑战，即在不同世代之间要保持慈善活动方向的共识和一致性。对于商帮来说也是如此，

虽然建立宁德商帮所共有的基金会可以为商帮全体带来不少的品牌效应，并为社会福利带来不少的改进，但是无疑将会对商帮的资金带来不小的压力。

回顾宁德商帮的发展历程和现状，我们不由得心生感慨。宁德的大山，竖立在华东最高海拔之处。大山的坚毅，造就了无数宁德人的铮铮铁骨；大山的抱负，成就了宁德的堂堂男儿；大山的沉默，塑造了宁德人干实事的大商本色。是谁在改变时代？是你大山般的脊梁。